Maria da Graça Corrêa Jacques
Marlene Neves Strey
Maria Guazzelli Bernardes
Pedrinho Guareschi
Sérgio Antônio Carlos
Tânia Mara Galli Fonseca

PSICOLOGIA SOCIAL CONTEMPORÂNEA

Livro-texto

EDITORA
VOZES

Petrópolis

© 1998, Editora Vozes Ltda.
Rua Frei Luís, 100
25689-900 Petrópolis, RJ
www.vozes.com.br
Brasil

Todos os direitos reservados. Nenhuma parte desta obra poderá ser reproduzida ou transmitida por qualquer forma e/ou quaisquer meios (eletrônico ou mecânico, incluindo fotocópia e gravação) ou arquivada em qualquer sistema ou banco de dados sem permissão escrita da editora.

CONSELHO EDITORIAL	PRODUÇÃO EDITORIAL
Diretor Volney J. Berkenbrock	Anna Catharina Miranda Eric Parrot Jailson Scota
Editores Aline dos Santos Carneiro Edrian Josué Pasini Marilac Loraine Oleniki Welder Lancieri Marchini	Marcelo Telles Mirela de Oliveira Natália França Priscilla A.F. Alves Rafael de Oliveira Samuel Rezende
Conselheiros Elói Dionísio Piva Francisco Morás Teobaldo Heidemann Thiago Alexandre Hayakawa	Verônica M. Guedes
Secretário executivo Leonardo A.R.T. dos Santos	

Editoração e org. literária: Jaime Clasen
Diagramação: Sheilandre Desev. Gráfico
Capa: Studio Graph-it

ISBN 978-85-326-1974-7

Este livro foi composto e impresso pela Editora Vozes Ltda.

Psicologia social contemporânea

COLEÇÃO PSICOLOGIA SOCIAL

Coordenadores:
Pedrinho A. Guareschi – Universidade Federal do Rio Grande do Sul (UFRGS)
Sandra Jovchelovitch – London School of Economics and Political Science (LSE) – Londres

Conselho editorial:
Denise Jodelet – L'École des Hautes Études en Sciences Sociales – Paris
Ivana Marková – Universidade de Stirling – Reino Unido
Paula Castro – Instituto Superior de Ciências do Trabalho e da Empresa (Iscte) – Lisboa
Ana Maria Jacó-Vilela – Universidade do Estado do Rio de Janeiro (Uerj)
Regina Helena de Freitas Campos – Universidade Federal de Minas Gerais (UFMG)
Angela Arruda – Universidade Federal do Rio de Janeiro (UFRJ)
Neuza Maria de Fátima Guareschi – Universidade Federal do Rio Grande do Sul (UFRGS)
Leoncio Camino – Universidade Federal da Paraíba (UFPB)

Dados Internacionais de Catalogação na Publicação (CIP)
(Câmara Brasileira do Livro, SP, Brasil)

Psicologia social contemporânea : livro-texto / Marlene Neves Strey et al. 21. ed. – Petrópolis, RJ : Vozes, 2013.

14ª reimpressão, 2025.

ISBN 978-85-326-1974-7

1. Psicologia Social I. Strey, Marlene Neves.

98-0583   CDD-302

Índices para catálogo sistemático:
1. Psicologia social   302

SUMÁRIO

Prefácio, 7

Apresentação, 9

Introdução, 13

PARTE 1 – PRESSUPOSTOS, 17

   História, 19

   Epistemologia, 36

   Ética, 49

   Indivíduo, cultura e sociedade, 58

   Pesquisa, 73

PARTE 2 – TEMÁTICAS, 87

   Ideologia, 89

   Representações sociais, 104

   Linguagem, 118

   Conhecimento, 133

   Comunicação, 146

   Identidade, 158

   Subjetividade, 167

   Gênero, 180

   O processo grupal, 198

   Psicologia política, 206

PARTE 3 – EXPERIÊNCIAS, 219
    Psicologia social e escola, 221
    Psicologia social no trabalho, 230
    Psicologia social e comunidade, 241

Índice, 257

PREFÁCIO

É sempre um grande prazer introduzir mais uma obra de Psicologia Social, produzida por brasileiros, para brasileiros. Pois isto significa que estamos construindo um saber próprio, que deverá refletir não só na prática de futuros psicólogos, mas também nas pessoas atendidas por eles, que esperamos serem a grande maioria tão carente de nossa população.

Ao fazer tal afirmativa, o faço ciente de que se trata de um conjunto de artigos comprometidos com uma postura crítica, visando promover relações sociais, que não neguem o poder que nos diferencia, mas que têm por objetivo último gerar a igualdade, respeitando peculiaridades individuais.

O conjunto de autores que contribuíram na elaboração desta obra já são uma garantia de que esta meta será atingida, pois não só os seus escritos, mas, principalmente, suas práticas cotidianas são o testemunho objetivo de uma psicologia social crítica.

O exame cuidadoso dos capítulos que constituem o livro também retrata esta postura, ao introduzir pressupostos que indicam a preocupação com uma inserção histórica, com um compromisso ético tanto na teoria quanto na prática da pesquisa.

O referencial teórico abrange os temas fundamentais desta nova abordagem da Psicologia Social, permitindo ao leitor superar a contradição enfrentada pela psicologia tradicional entre subjetividade vs. objetividade. Pois, hoje temos clareza de que o objeto de nossa ciência é a relação dialética unívoca entre objetividade e subjetividade na constituição do psiquismo humano.

A prática de uma psicologia social crítica, como não poderia deixar de ser, compõe a última parte deste livro, visando introduzir o aluno no que consideramos uma práxis científica. Esses capítulos tentam resgatar um saber construído numa época de repressão política, para as possibilidades que hoje se abrem para uma atuação do psicólogo em instituições como creches, postos de saúde, escolas que prestem serviços patrocinados pelo Estado, para aquela faixa da população que vem sendo alvo de uma psicologia social crítica.

Gostaríamos ainda de dedicar algumas palavras aos professores e alunos que irão trabalhar com esta teoria: ela é sempre "uma síntese precária" da qual nós partimos para a elaboração de conhecimentos concretos. Ela jamais é neutra ou universal, assim um saber gerado no sul do Brasil terá peculiaridades que o diferenciam da psicologia de outras regiões do país, principalmente pelas diferenças históricas e geográficas de um país-continente:

– a realidade concreta, construída historicamente, é o objetivo último de nossa ciência, a qual permitirá conhecer o indivíduo em sua totalidade. Jamais devemos usar fatos cotidianos para exemplificar uma teoria, pois eles sempre poderão estar questionando o saber elaborado até o presente;

– Bachelard, em sua obra *A filosofia do não*, afirma que o conhecimento científico só avança quando o pesquisador se questiona: "por que não o contrário?" Portanto, não devemos temer nossas dúvidas ou as "exceções que comprovam a lei". Certamente, elas nos estarão dando novas pistas a serem pesquisadas, abrindo caminho para análises cada vez mais próximas a um saber concreto;

– Não podemos, contudo, nos esquecer que também existem aspectos universais no comportamento humano e devemos procurar suas raízes nas condições filogenéticas que nos constituem. O reforço squineriano aumenta a frequência de qualquer organismo, do rato até o homem, este é um fato inegável. Do mesmo modo, somos capazes de sentir a beleza estética das obras primitivas (desde que conheçamos um pouco de sua história e cultura). O mesmo não se dá com valores morais e éticos, pois estes são produtos ontogenéticos, consequências da mediação da linguagem, do pensamento e das emoções;

– Aproveitem as lições contidas nesta obra, sem esquecer jamais da reflexão crítica voltada para as nossas atividades cotidianas, repletas de conteúdos emocionais, que permitirá o avanço constante de nossa consciência e de nossa identidade como metamorfose;

– Bom trabalho! Sem esquecer que o verdadeiro saber é produto de uma comunidade científica, da qual participam sujeitos e pesquisadores.

Silvia T. Maurer Lane – PUC-SP

APRESENTAÇÃO

O V e o VI Encontros Regionais da Abrapso (Associação Brasileira de Psicologia Social) realizados em 1994 e 1996 resultaram na elaboração de dois livros – *Relações sociais e ética, Psicologia e práticas sociais* –, marcos significativos da produção de conhecimentos gerada nos diversos momentos de reflexão coletiva propiciada por esses eventos científicos.

Tais obras permitiram a socialização mais ampla dos questionamentos, das inquietações, das sistematizações teóricas, metodológicas e práticas que vêm constituindo a psicologia social crítica em nosso país. O êxito de divulgação alcançado por essas produções conduziu um grupo de participantes da Abrapso/SUL a enfrentar o desafio de construir um livro que apresentasse sínteses das discussões temáticas que podem configurar o campo da psicologia social crítica de tal forma que permitisse atender às necessidades de formação nos cursos de Psicologia assim como em outros cursos que também exploram essa área do conhecimento.

Portanto, esta produção tem o caráter de um manual que apresenta os conhecimentos de forma acessível sem ser, contudo, simplista e/ou superficial. Pretende introduzir "novas" temáticas e/ou "novos" olhares sobre uma mesma temática. Pretende, ainda, ser um recurso útil de ensino-aprendizagem tanto para alunos como para professores.

O presente volume representa uma ação coletiva de construção desses conhecimentos e está organizado em três partes. A primeira tem um caráter geral, focalizando fundamentos históricos, epistemológicos e metodológicos. A segunda expõe alguns temas fundamentais da Psicologia Social e básicos para a compreensão do sujeito humano. Na terceira parte são apresentadas algumas experiências fundamentadas na concepção de psicologia social crítica as quais vêm sendo desenvolvidas em diferentes espaços como comunidades, organizações e instituições e que podem representar rupturas e avanços no saber/fazer do psicólogo ou de outros profissionais comprometidos com a transformação social.

Construíram este livro:

Adriane Roso – psicóloga, mestranda de Psicologia Social e da Personalidade (PUCRS), bolsista da Capes.

Adriano Henrique Nuernberg – psicólogo e mestrando em Psicologia (UFSC), pesquisador do Laboratório de Educação e Saúde Popular da UFSC.

Andréa Zanella – psicóloga, doutora em Psicologia da Educação (PUCSP), professora do Departamento de Psicologia da UFSC e pesquisadora do Laboratório de Educação e Saúde Popular. Foi vice-presidente da Regional Sul e presidente nacional da Abrapso.

Carmem Lígia Iochins Grisci – psicóloga, mestre em Psicologia Social e da Personalidade (PUCRS), doutora em Psicologia Social (PUCRS), professora da Faculdade de Administração (UFRGS).

Cleci Maraschin – psicóloga, doutora em Educação (UFRGS), professora do Instituto de Psicologia (UFRGS) e pesquisadora do Laboratório de Estudos Cognitivos.

Fátima O. de Oliveira – psicóloga, mestranda em Psicologia Social e da Personalidade (PUCRS), tesoureira da Abrapso/SUL.

Gislei Lazzarotto – psicóloga, mestre em Psicologia Social e da Personalidade (PUCRS), professora do curso de Psicologia da Ulbra e assessora em Psicologia Social.

Graziela C. Werba – psicóloga, mestra em Psicologia Social e da Personalidade (PUCRS), grupoterapeuta em formação (CEA-PEG) e secretária da Abrapso/SUL.

Jaqueline Tittoni – psicóloga, doutoranda em Sociologia (UFRGS), professora do Instituto de Psicologia da UFRGS.

Jefferson de Souza Bernardes – psicólogo, mestre em Psicologia Social e da Personalidade (PUCRS), professor de Psicologia Social e coordenador do curso de Psicologia da Unisinos.

Luiz F. Rolim Bonin – doutor em Psicologia Social (PUCSP) e professor de Psicologia da Universidade Federal do Paraná.

Louise A. Lhullier – psicóloga, doutora em Psicologia Social (PUCSP), professora do Mestrado em Psicologia e do Doutorado em Ciências Humanas na UFSC, pesquisadora do CNPq.

Maria da Graça Corrêa Jacques – psicóloga, doutora em Educação (PUCRS), professora do Instituto de Psicologia da UFRGS, pesquisadora do CNPq. Vice-presidente da Regional Sul da Abrapso.

Maria Juracy Toneli Siqueira – psicóloga, doutora em Psicologia Escolar e do Desenvolvimento Humano (USP), professora do departamento de Psicologia da UFSC e pesquisadora do Laboratório de Educação e Saúde Popular.

Margarete Axt – doutora em Linguística (PUCRS), professora Titular da Faculdade de Educação (UFRGS) e pesquisadora do Laboratório de Estudos Cognitivos do Instituto de Psicologia da UFRGS.

Marlene Neves Strey – psicóloga, doutora em Psicologia Social (Universidade Autônoma de Madri), professora do Instituto de Psicologia da PUCRS.

Nara Maria Guazzelli Bernardes – psicóloga, doutora em Educação (UFRGS), professora da Faculdade de Educação e do Mestrado em Psicologia da PUCRS e coordenadora do grupo de pesquisa Educação, Trabalho, Subjetividade e Gênero. Membro do Geerge (UFRGS).

Nilza da Rosa Silva – psicóloga e esquizoanalista. Realiza estudos, assessorias e consultorias sobre temas como subjetividade, cultura, relações grupais e institucionais, idosos e ansiedade.

Pedrinho A. Guareschi – graduado em filosofia, teologia e letras, doutor em Sociologia (Universidade de Wisconsin), professor e pesquisador do Instituto de Psicologia da PUCRS. Foi vice-presidente da Regional Sul da Abrapso.

Sérgio Antônio Carlos – assistente social, doutor em Serviço Social (PUCSP), professor do Instituto de Psicologia da UFRGS, coordenador do Núcleo para a Terceira Idade.

Sissi Malta Neves – psicóloga e terapeuta corporal e psicodramatista, mestre em Psicologia Social e da Personalidade (PUCRS).

Tânia Mara Galli Fonseca – psicóloga, doutora em Educação (UFRGS), professora titular do Instituto de Psicologia da UFRGS e coordenadora do Mestrado em Psicologia Social e Institucional desta instituição.

INTRODUÇÃO

> *Na vida anímica individual aparece integrado sempre, efetivamente, "o outro", como modelo, objeto, auxiliar ou adversário, e, deste modo, a psicologia individual é ao mesmo tempo e desde um princípio psicologia social, em um sentido amplo e plenamente justificado* (Sigmund FREUD).

A afirmação de Freud suscita uma importante questão para reflexão sobre a natureza da ciência psicológica: é possível uma psicologia que não seja uma psicologia social já que não tem sentido conceber um indivíduo isolado de seu contexto social?

A resposta a esta indagação passa, necessariamente, pelo exame do processo de divisão em compartimentos (as diferentes disciplinas) das Ciências Humanas e Sociais. A partir de uma visão reducionista e simplista e de uma perspectiva de dicotomia entre o individual e o social, coube à psicologia o estudo do indivíduo e à sociologia o estudo da sociedade. Esta divisão se consolida de tal forma que, por exemplo, reconhece-se os estudos de Wundt (considerado o fundador da psicologia como ciência independente) sobre psicologia individual e desconhece-se os trabalhos desse mesmo autor sobre temas hoje classificados como psicologia social.

No entanto, a constatação da impossibilidade de estudar o homem como um ser isolado – objeto da psicologia – conduz ao desenvolvimento de teorias e métodos para explicar a influência dos fatores sociais sobre os processos psicológicos básicos da percepção, motivação, pensamento, aprendizagem e memória, organizando-se, dessa forma, a Psicologia Social enquanto uma das áreas da Psicologia. Constitui-se como objeto dessa Psicologia Social o estudo da interação entre indivíduo e sociedade; portanto, indivíduo e sociedade como duas instâncias distintas que, apenas, interagem entre si. São privilegiados temas como atitudes, preconceitos, comunicação, relações grupais, liderança, entre outros; sobre uma matriz desenvolvida pela Psicologia Individual, procura-se analisar e explicar as influências do meio social e avaliar e promover o ajustamento do indivíduo à sociedade.

Essa perspectiva adaptacionista – que na opinião de alguns autores é uma característica da psicologia como um todo – enquanto obstáculo à transformação social, somada à continuidade na ausência de solução para os graves problemas sociais vigentes, instalam todo um questionamento sobre o conhecimento e a prática produzidos pela Psicologia Social, principalmente a Psicologia Social de origem estadunidense.

As críticas que se iniciam na França e na Inglaterra chegam ao Congresso Interamericano de Psicologia realizado em Miami no ano de 1976 através, principalmente, de psicólogos latino-americanos. São críticas que vão se tornando mais substantivas nos congressos subsequentes, apontando, com veemência, a ausência de consonância entre a produção da chamada Psicologia Social e os problemas emergentes dos países latino-americanos.

É neste contexto que funda-se a Associação Brasileira de Psicologia Social (Abrapso) cujo documento de proposta de criação expressa a preocupação do grupo brasileiro em redefinir o campo da Psicologia Social, descobrir novos recursos metodológicos, propor práticas sociais e construir um referencial teórico inscrito em princípios epistemológicos diferentes dos até então vigentes.

Acompanhando a tendência europeia, mas sinalizando para diferenças consistentes e próprias aos países da América Latina, esboça-se a criação de uma "nova" Psicologia Social – no Brasil representada pela Abrapso – que recebe, em um primeiro momento, algumas qualificações como Psicologia Social Crítica, Psicologia Social Histórico-Crítica, Psicologia Sócio-Histórica. São qualificações que expressam a perspectiva crítica em relação à Psicologia Social hegemônica de até então e que apontam para uma concepção de ser humano como produto histórico-social e, ao mesmo tempo, como construtor da sociedade e capaz de transformar essa sociedade por ele construída. Esta concepção de ser humano recoloca a relação indivíduo e sociedade, rompe a perspectiva dualista e dicotômica e, ao invés de considerar indivíduo e contexto social influenciando-se mutuamente, propõe a construção de um espaço de intersecção em que um implica o outro e vice-versa.

Em termos teóricos, essa psicologia social aproxima-se de alguns referenciais como os da psicanálise e do materialismo histórico propondo uma releitura desses referenciais que vão fundamentar o estudo de temas tradicionais da Psicologia Social sob nova perspectiva teórica tais como comunicação, processo grupal, linguagem, ideologia, entre outros. Da mesma forma, tal Psicologia Social gera novas e estimulantes temáticas entre as quais representações sociais são o exemplo mais representativo.

Como recursos metodológicos são privilegiados aqueles que rompem com o modelo de redução do complexo ao simples, do global ao elementar, da organização à ordem e da qualidade à quantidade.

Como objeto de estudos e pesquisas propõe a preocupação com aspectos de relevância e aplicabilidade ao contexto brasileiro e que possam responder às questões sociais específicas de sua população.

Esta Psicologia Social que se constrói no Brasil no final dos anos 1970 e a partir dos anos 1980 depara-se com uma literatura disponível que não responde às suas inquietações e que reproduz o modelo tradicional da Psicologia Social. O primeiro desafio de publicação, *O que é psicologia social*, de Silvia Lane, da Coleção nos Passos da Editora Brasiliense, editado em 1981, passa a leitura constante de alunos de cursos universitários de todo o país, sinalizando para a necessidade de um conhecimento alternativo em psicologia social. Dessa sinalização, nasce *Psicologia Social: o homem em movimento*, em 1984, texto de vários autores organizado por Silvia Lane e Wanderley Codo, que se torna, desde então, um marco referencial na Psicologia Social brasileira.

Psicologia Social que enseja a complexificação do simples, a pluralidade teórico-metodológica, a intersecção das diferentes áreas de aplicação da psicologia, a prática interdisciplinar e a preocupação ética em relação aos seus compromissos sociais e políticos. Psicologia social que vai além da simples assertiva de "um ser humano social", mas de um ser humano social com base na convicção de que não há possibilidade do humano sem ser no social.

Neste momento se retoma a proposição inicialmente exposta: a partir dessa concepção de ser humano é possível falar em psicologia que não seja psicologia social?

Assim como emprestamos o argumento de Sigmund Freud para iniciar essa exposição, emprestamos o posicionamento de Silvia Lane para concluí-la e com isto responder a nossa pergunta e definir a proposta deste livro:

Toda a psicologia é social. Esta afirmação não significa reduzir as áreas específicas da Psicologia à Psicologia Social, mas sim cada uma assumir dentro de sua especificidade a natureza histórico-social do ser humano. Desde o desenvolvimento infantil até as patologias e as técnicas de intervenção, características do psicólogo, devem ser analisadas criticamente à luz dessa concepção do ser humano – é a clareza de que não se pode conhecer qualquer comportamento humano, isolando-o ou fragmentando-o, como existisse em si e por si.

Também com essa afirmativa não negamos a especificidade da Psicologia Social – ela continua tendo por objetivo conhecer o indivíduo no conjunto de suas relações sociais, tanto naquilo que lhe é específico como naquilo em que ele é manifestação grupal e social. Porém, agora a Psicologia Social poderá responder à questão de como o homem é sujeito da história e transformador de sua própria vida e da sua sociedade, assim como qualquer outra área da Psicologia (Silvia Lane[1]).

---

[1] LANE, Silvia. *A psicologia social e uma nova concepção de homem para a psicologia*. In: LANE, Silvia & CODO, Wanderley (orgs.). *Psicologia Social*: o homem em movimento. São Paulo: Brasiliense, 1984, p. 19.

PARTE 1

PRESSUPOSTOS

HISTÓRIA

Jefferson de Souza Bernardes

Falaremos aqui da história da psicologia social no Brasil e no Ocidente. Propomos revisitar os critérios constituídos para os relatos históricos que quase sempre se resumem ao mundo dos autores e das ideias e não às instituições e fatos que marcaram os destinos e trajetórias da psicologia social no Ocidente, conforme Robert Farr (1996) nos mostra. A história da psicologia social reduzida a determinados autores e ideias, encontradas nos clássicos manuais de Psicologia Social (LINDZEY, 1954; LINDZEY & ARONSON, 1968-1969; LINDZEY & ARONSON, 1985), acaba por privilegiar uma determinada filosofia da ciência, a saber, o positivismo, estabelecendo um recorte grosseiro na construção e desenvolvimento do conhecimento da psicologia social. O privilégio do positivismo vem em decorrência da crença de alguns pesquisadores de que a definição de pensamento científico praticamente se resume ao método ou ao caminho para se estudar algum objeto ou fenômeno, no caso o método experimental.

Abordaremos o florescimento da psicologia social moderna como um fenômeno caracteristicamente norte-americano, embora suas raízes sejam europeias.

Seguindo esta lógica, no Brasil, apontamos para a importância de associações, instituições e fatos relevantes que marcaram o surgimento da psicologia social no país e finalizamos com indicações de alguns dos principais desdobramentos e atravessamentos epistemológicos e teóricos que vivenciamos contemporaneamente na psicologia social.

Algumas rápidas palavras sobre "histórias"

Iniciamos com o óbvio: existem formas e formas de se contar histórias. Trabalhamos aqui em uma perspectiva relativista da história. Em última instância, a perspectiva do autor, seu texto e seu contexto, crenças, conceitos e pré-conceitos delimitam os recortes do contar a história. A forma como se conta a história também influencia o que e como esta será contada. Se nos prendemos às pessoas (reais ou imaginárias) a história de determinada ideia, cultura ou sociedade ganha contornos inimagináveis. Como exemplo desta questão, citamos os norte-americanos, que são mestres nisto. Basta passarmos rapidamente os olhos na história dos Estados Unidos e percebermos a enorme habilidade de transformações de sujeitos simples em mártires. Ao nível imaginário, os super-heróis da Era Moderna surgem ali! Por outro lado, se nos prendemos a fatos, instituições ou acontecimentos relevantes, a história ganha novos limites, novas cores e texturas. Assim, de imediato algumas questões se colocam: a perspectiva determinista-linear de história se encontra em xeque. A relação entre passado (determinando) o presente (que determina) o futuro, apresentada nesta linearidade, na maioria das vezes mais obscurece o desenvolvimento de determinada questão do que lança luzes. Procuraremos adiante, através da história da psicologia social, mostrar que fatos presentes acabam por ressignificar o passado e, consequentemente, modificar o presente. Os caminhos do futuro, antes já delimitados, tornam-se incertos e imprecisos. Abala-se a estrutura linear da temporalidade. Tempo e espaço se modificam, se ampliam e entra em cena um ponto extremamente importante: o simbólico. Em outras palavras, este simbólico se define pelos sentidos e significados que conferimos às coisas e aos fenômenos. É exatamente nestes sentidos que conferimos às coisas e aos fenômenos que nossa relação com o tempo, e com a história, se transforma.

    O processo histórico é contínuo, mas não linear. Não é uma linha reta, muito ao contrário, possui idas e vindas, desvios, avanços e recuos, inversões etc. Todos os acontecimentos presentes possuem relações com os fatos passados, todas as chamadas rupturas históricas não acontecem da noite para o dia e, sim, são lentamente preparadas (BORGES, 1987). Por exemplo, uma guerra não estoura de uma hora para outra. Os conflitos fazem parte de tradições e histórias entre os povos. Às vezes são abafados anos a fio por estados ditatoriais, governando à mão de ferro, como vimos recentemente com a derrocada do Muro de Berlim e a corrida pela independência de vários povos que habitam o Leste Europeu ou no Brasil com o golpe militar de 1964. Todas as rivalidades, ódios, jogos de interesses econômicos, sociais, políticos e relações de poder estavam sempre presentes no cotidiano dos povos envolvidos e agora assistimos boquiabertos vizinhos em duros conflitos. Já no Brasil, a todo momento novos documentos vêm à tona, ressignificando o passado e transformando o presente.

Um passeio pela psicologia social no Ocidente

Três pontos importantes para a história da psicologia social: primeiro, (a) resgataremos alguns pontos fundamentais da história que foram, senão deliberadamente, ao menos ingenuamente "esquecidos" da história da psicologia social. Dentre outros, destacaremos, o que foi chamado de o "repúdio positivista de Wundt". Em segundo lugar, (b) tentaremos mostrar que a história da psicologia social narrada até o momento, excessivamente trabalhada nos cursos de graduação em Psicologia no país e no mundo, são permeadas por uma filosofia da ciência claramente vinculada ao positivismo. Decorre daí que a própria perspectiva histórica dos acontecimentos levam de forma indelével a marca do positivismo. Finalizamos este tópico (c) com a perspectiva de narrativa histórica da psicologia social apresentada por Farr (1996), apontando para a importância e influência de determinadas instituições e fatos históricos no desenvolvimento da psicologia social. Com isto, enfocamos a história da psicologia social através de um olhar crítico sobre o desenvolvimento da própria psicologia social.

a) O "Repúdio positivista de Wundt"

Wilhelm Wundt (1832-1920), que é por muitos considerado o pai da psicologia, era um filósofo e estudioso extremamente metódico. Por volta de 1860, estabeleceu três objetivos para sua carreira profissional, sendo que ao final de sua vida cumpriu aquilo a que se propôs. Seu primeiro objetivo era a construção de uma psicologia experimental ou também conhecido como o projeto wundtiano de estabelecer um projeto de psicologia como ciência independente. Objetivo este alcançado pela criação do Laboratório em Psicologia em 1879 em Leipzig, através da criação de uma psicologia experimental da mente, com seu objeto de estudo definido: a experiência imediata à consciência; assim como seu método: experimental-introspectivo. Além disso, Wundt publicou a primeira edição de sua *Psicologia fisiológica* (Physiological Psychology) em 1874 e em 1881 a revista *Estudos Filosóficos* (Philosophische Studien).

Seu segundo objetivo, elaborado entre 1880 até 1900, era a criação de uma metafísica científica ou uma filosofia científica. Aqui Wundt elabora três obras que compõem sua metafísica científica: uma de Lógica (conjunto de estudos que visam determinar quais são os processos intelectuais ou as categorias racionais para a apreensão do conhecimento), uma de Ética (conjunto de estudos dos juízos de apreciação da conduta humana) e uma de Sistemas Filosóficos (conjunto de estudos das principais concepções filosóficas para Wundt). Para um positivista uma filosofia que se proponha a ser metafísica científica é um retrocesso no desenvolvimento do pensamento científico. Pois de acordo com Augusto Comte, formulador do pensamento positivista, existem três estágios no desenvolvimento do conhecimento para atingir a verdade: toda forma de conhecimento origina-se da teologia (pensamento mítico, religioso, sensitivo, intuitivo), a partir daí o conhecimento se aprimora e se acumula, transformando-se em metafísica (pensamento filosófico, mas sem métodos rigorosos e sistemáticos de comprovação da realidade) e daí, também em processos de aprimoramentos e acúmulos, chegamos ao estágio positivo ou científico onde, através do método científico, o conhecimento transforma uma leitura da realidade em verdade. A partir daí, para os positivistas, a ciência dita o conhecimento, a luz e a verdade.

O terceiro objetivo wundtiano era a criação de uma psicologia social. Entre 1900 e 1920, Wundt elabora sua *Volkerpsychologie* (Psicologia do povo ou Psicologia das massas). Uma obra de 10 volumes, onde Wundt elabora sua psicologia social, tendo como objeto de estudo, principalmente, temas como a Linguagem, Pensamento, Cultura, Mitos, Religião, Costumes e fenômenos correlatos. Para Wundt, tais temas são fenômenos coletivos que não podem ser explicados nem reduzidos à consciência individual. Não somente seu objeto de estudo primeiro (consciência) era incapaz de fornecer subsídios para suas explicações, como seu método (experimental-introspectivo) também era limitado a pequenos experimentos de laboratório. Sobre as limitações do uso da introspeção na exploração do fenômeno mental coletivo, Wundt dizia:

> É verdade que se tem tentado frequentemente investigar as funções complexas do pensamento na base da mera introspeção. No entanto, estas tentativas foram sempre frustradas. A consciência individual é completamente incapaz de nos fornecer uma história do pensamento

humano, pois está condicionada por uma história anterior sobre a qual não nos pode dar nenhum conhecimento sobre si mesma (WUNDT, 1916, p. 3).

William James referiu-se à utilização do método experimental-introspectivo para os estudos de processos psíquicos superiores como um total absurdo. James "comparou este empreendimento com a estupidez de acender uma luz a fim de ver melhor a escuridão que nos cerca" (GUARESCHI et al, 1993, p. 81). Neste terceiro objetivo Wundt revê suas primeiras posições acerca de sua psicologia experimental, estabelecendo seus limites.

Assim, faz-se mister este breve retorno a Wundt, resgatando sua obra na integralidade e não estabelecendo recortes e vieses comprometidos com uma única perspectiva filosófica na psicologia. É exatamente este recorte grosseiro e abusivo de Wundt que Danziger (1979) chama do "repúdio positivista de Wundt". É contra esta ética utilitarista, de determinados historiadores, aproveitando o que lhes interessava e jogando fora o que não condizia com seus valores e ideias, que fez com que a influência positivista e os fortes atravessamentos ideológicos se estabelecessem de forma clara no surgimento e desenvolvimento da psicologia como um todo.

b) "O longo passado e o curto presente da psicologia"

Propomos agora um pequeno esforço de memória: lembrarmos como estudamos, em geral, a história da psicologia. A psicologia tinha um pai (Wilhelm Wundt), uma mãe (a filosofia), uma maternidade (Laboratório de Psicologia Experimental), toda uma certidão de nascimento (1879, Leipzig – Alemanha, Objeto de Estudo e Método próprios, uma revista de psicologia – *Philosophische Studien*), e um rompimento de seu cordão umbilical (o projeto da psicologia como ciência independente) claramente colocados.

Diante da tentativa de transformar a psicologia em uma ciência independente surgem algumas indagações e dúvidas, compartilhadas por autores como Farr (1996), Koch e Leary (1985), dentre outros: por que a psicologia se preocupa com esta "data de nascimento"? Quer dizer que a partir daí é ciência e o que temos para trás não mais interessa? Que outro campo amplo do conhecimento possui este tipo de preocupação? A filosofia ou os campos da área das Ciências Humanas também possuem data de nascimento? Encontramos alguma data de fundação da filosofia? Da física, da história, da pintura, da literatura?

A história e pré-história das grandes áreas de investigação ou de produção do conhecimento se mesclam, não possuindo limites e fronteiras claras para delimitá-las. No caso da psicologia, as questões lançadas do que venha a significar o ser humano ou seu psiquismo têm sido perseguidas na história da humanidade há muito tempo.

No contexto da época (final do século XIX), Wundt representava para os positivistas o desgarramento da filosofia e o início do projeto da psicologia como uma ciência independente. Assim como para os psicólogos experimentais Wundt é o pai da psicologia, para os psicólogos sociais experimentais tal paternidade é dedicada a Augusto Comte. Gordon Allport (1897-1967) deixa isto muito claro no prefácio do *Handbook of social psychology* (LINDZEY, 1954). E vai mais além: dedica-se a pensar que é a partir do próprio *Handbook* que a psicologia social científica (leia-se com base experimental) floresce nos Estados Unidos:

> Por que se preocupar com o 'estágio metafísico' da especulação, como Comte o chamou, quando a nova era do positivismo e do progresso já nasceu? (ALLPORT, G.W. 1954, p. 3).

O longo passado e a curta história da psicologia é a frase cunhada por Ebbinghaus em 1908, quando se referia que a curta história da psicologia se iniciava com Wundt em 1879 com seu Laboratório de Psicologia. Do mesmo modo, G.W. Allport e Lindzey assinalam o corte positivo da psicologia social, o ponto sem retorno da ciência, à publicação do *Handbook of Social Psychology* de Lindzey em 1954.

Sequer o *Handbook* de Murchison (1935) é considerado como sendo parte do curto presente ou da curta história da psicologia social como uma ciência experimental. Lindzey (1954) trata de rebater o *Handbook* de Murchison como fazendo parte do passado metafísico da psicologia social que agora deve ser jogado no ostracismo.

c) Formas e formas de contar histórias da psicologia social

Ao invés de tratarmos da história da psicologia social através das teorias e autores da Era Moderna, preferimos lidar com a perspectiva adotada, principalmente, por Robert Farr (1996), quando releva a importância de fatos, instituições e pesquisas publicadas para o surgimento e desenvolvimento de um determinado conhecimento.

Neste sentido, procuraremos destacar a influência do positivismo, provocando distorções na historiografia da psicologia social no mundo ocidental.

Assim, o próprio Farr (1996), de imediato, destaca a importância, por exemplo, das guerras para a psicologia social, ao afirmar que a psicologia social está para a Segunda Guerra Mundial assim como os testes psicométricos estão para a Primeira Guerra Mundial.

O melhor exemplo disto é a publicação do The American Soldier (O soldado Americano, 1949), publicado após a Segunda Guerra, sob a editoração geral do sociólogo Stouffer e várias outras obras com estudos referentes ao período da guerra. Os temas de estudo versavam, por exemplo, sobre a adequação de soldados à vida no exército, avaliação da eficácia nas instruções no exército, mudança de atitudes e comunicação de massa.

Ainda nesta perspectiva, o Tribunal de Nurenberg sobre crimes de guerra foi decisivo para apresentar os principais procedimentos éticos em pesquisas experimentais com seres humanos e foi também decorrente do período entre guerras. O Tratado de Nurenberg extraído do Tribunal teve peso fundamental no desenvolvimento de pesquisas em psicologia social, principalmente com relação aos experimentos com humanos. Não precisamos ir além dos exemplos de pesquisas realizadas com humanos durante as guerras mundiais, principalmente nos campos de concentração nazistas, para demonstrar a importância do tratado.

Outro exemplo sobre como as guerras influenciaram o pensamento em psicologia social é a famosa Escola de Frankfurt de Ciências Sociais (representada por autores como Adorno, Horkheimer, Marcuse, Fromm, dentre outros), que imigraram no período entre guerras, principalmente após Hitler ter fechado seus institutos de pesquisa. Construíram, imediatamente, após a imigração, o estudo da personalidade autoritária (ADORNO et al., 1950), marco na psicologia social europeia.

Farr (1996) acredita que a psicologia social na Era Moderna é um fenômeno tipicamente americano, embora suas raízes sejam europeias. "O surgimento do nazismo na Alemanha, com o intelectualismo e o antissemitismo pernicioso que o acompanharam, resultou, como todos sabemos muito bem, na migração para a América de muitos líderes acadêmicos, cientistas, artistas da Europa... Mal poderíamos imaginar como seria a situação hoje se pessoas tais como Lewin, Heider, Kohler, Wertheimer, Katona, Lazersfeld e os Brunswiks não tivessem ido aos Estados Unidos no momento em que foram" (CARTWRIGHT apud FARR, 1996, p. 6). O florescimento da psicologia social em solo americano se deve em grande parte à migração de grandes pesquisadores para os Estados Unidos na era entre guerras.

A principal migração foi dos gestaltistas da Áustria e Alemanha para os Estados Unidos. E foi este fato que possibilitou o surgimento da psicologia social cognitiva, com raízes na fenomenologia:

> Foi desse conflito entre duas filosofias rivais, mas incompatíveis (isto é, fenomenologia e positivismo), que a psicologia social emergiu na América, na forma específica de como se deu, logo no início do período moderno. [...]
> A psicologia da gestalt foi o ingrediente crucial nessa transformação. O conflito ocorreu no solo americano, e também o resultado – uma forte psicologia social cognitiva – foi um produto claramente americano. A psicologia social moderna pode, pois, ser, na verdade, um fenômeno caracteristicamente americano, mas ao menos a fenomenologia era europeia (FARR, 1996, p. 7).

Em termos institucionais, destacamos algumas universidades que realizaram importante papel no desenvolvimento da psicologia social moderna como um fenômeno caracteristicamente americano. A primeira delas é a Universidade de Yale, com o Núcleo do Programa de Pesquisa do Pós-Guerra, com temática central em comunicação e mudança de atitude. Aqui foram elaboradas por Stouffer, por Hovland e outros a série American Soldier (em seus três volumes). Uma segunda universidade importante foi o Instituto de Tecnologia de Massachusetts (MIT), com Kurt Lewin, onde ele fundou em 1945 o Centro de Pesquisa em Dinâmica de Grupo. Foi o grupo, por excelência, que refletiu na América toda a influência da Psicologia Gestalt para a psicologia social. Seu papel foi vital no desenvolvimento de uma psicologia social cognitiva. Após a prematura morte de Lewin, em 1947, o Centro de Pesquisa em Dinâmica de Grupo do MIT se transfere, sob a direção de Cartwright, para a Universidade de Michigan, onde se tornou parte do Instituto de Pesquisas Sociais.

Em termos de desenvolvimento das ciências cognitivas (dentre elas a Psicologia Cognitiva), os psicólogos da Gestalt e seus trabalhos em psicologia social foram determinantes para o desenvolvimento da área. "*Os psicólogos sociais na América eram teóricos cognitivistas numa época em que não em moda, isto é, no auge do behaviorismo*" (FARR, 1996, p. 7).

Um outro ponto de destaque para a narrativa histórica são os manuais de Psicologia escritos até o momento. Os *Handbooks of Social Psychology* (MURCHISON, 1935; LINDZEY, 1954; LINDZEY & ARONSON, 1968-1969; 1985).

Na primeira edição do *Handbook* em 1954, Lindzey diz provocar o rompimento com o que chama de "Psicologia social metafísica" presente nas raízes (europeias) da psicologia social. A "Psicologia social metafísica", para Lindzey, é aquela forma de psicologia social não científica, pois não utiliza em sua construção de conhecimento o rigor e sistematização do método experimental. Seguindo a tradição positivista, o ponto sem retorno para Lindzey é o *Handbook* de Murchison (1935). Embora, ainda para Lindzey, a obra inicial que *aponta* para *a modernidade na psicologia social,* ou seja, "agora nos transformamos em ciência", é o seu *Handbook* de 1954. Allport escreve, no *Handbook* de 1954, o capítulo sobre a história da psicologia social. Nele a ancestralidade da psicologia social é remetida a Comte. Para Allport a psicologia social era uma ciência eminentemente social. Já nos *Handbook* de 1968-1969 e de 1985, o capítulo de Allport sofre pequenas alterações, mas o mais interessante é a inclusão do capítulo da "Psicologia social moderna" por Jones (1985), onde o mesmo desenvolve uma linha de raciocínio situando o capítulo da psicologia social, escrito por Allport, como um relato do longo passado da psicologia social e o seu capítulo, que descreve a trajetória da psicologia social a partir do pós-guerra, trazendo o início da curta história da psicologia social como uma ciência eminentemente experimental.

Os desdobramentos epistemológicos e teóricos relacionados à psicologia social como um fenômeno que floresceu na América do Norte serão melhor desenvolvidos no último tópico deste capítulo, mas, de antemão, destacamos que a psicologia social ali florescida é uma forma de psicologia social psicológica (FARR, 1995; 1996). Seus princípios básicos nas explicações dos fenômenos sociais são: tratá-los como fenômenos naturais através de métodos experimentais, sendo que seus modelos explicativos nos remetem sempre, em última instância, a explicações centradas no indivíduo. É o fenômeno da individualização da psicologia social que Farr (1991; 1994; 1996) tanto refere. Um outro desdobramento desta lógica positivista é o esquecimento ou abandono de determinadas ideias ou autores que foram essenciais nos rumos e projetos da psicologia social. Citaremos dois casos: o primeiro a negação de perspectivas e referenciais histórico-críticos. A perspectiva marxista da história e do fazer psicológico não se encontram contemplados como psicologia social nos *Handbooks* (LINDZEY, 1954; LINDZEY e ARONSON, 1968-1969; 1985), nem tampouco nos principais livros clássicos de história da psicologia como, por exemplo, um livro bastante trabalhado nos cursos de graduação em Psicologia no Brasil: Schultz & Schultz (1994). Os autores iniciam seu prefácio da seguinte forma:

> O tema deste livro é a história da psicologia moderna, aquele período que se inicia no final do século XIX, no qual a psicologia se tornou uma disciplina distinta e basicamente experimental. Embora não ignoremos o pensamento filosófico anterior, concentramo-nos nos fatores que têm relação direta com o estabelecimento da psicologia como campo de estudo novo e independente (SCHULTZ & SCHULTZ, 1994, p. 5).

A perspectiva positivista se encontra claramente explicitada logo no início da obra anteriormente citada, através da apresentação da psicologia moderna, não como uma reflexão sobre a própria psicologia ou um recorte histórico em torno de fatos e instituições e, sim, pelo surgimento de determinadas ideias e a aplicação do método experimental. Os autores continuam mais adiante: "Preferimos narrar a história da psicologia em termos de suas grandes ideias ou escolas de pensamento. Desde o começo formal do campo (1879), a psicologia tem sido definida de várias maneiras, à medida que novas ideias conseguem o apoio de grande número de seguidores e passam, por algum tempo, a dominar a área" (SCHULTZ & SCHULTZ, 1994, p. 5).

Outro ponto interessante é que no quarto capítulo do SCHULTZ e SCHULTZ (1994), denominado "A Nova Psicologia", que dedica 13 páginas a Wilhelm Wundt, apresentando o projeto da psicologia como ciência independente, sequer é mencionada sua "Volkerpsychologie" (ou sua psicologia das massas, do povo, enfim, sua psicologia social)! O positivismo influenciou e influencia a forma de contar a história da psicologia em geral e da psicologia social em particular de maneira significativa, estabelecendo com a própria psicologia reducionismos em sua construção de conhecimento e deixando transparecer questões ideológicas marcantes no universo psicológico.

O segundo caso desta influência positivista se refere ao abandono nos manuais clássicos do pensamento do filósofo George Herbert Mead e, como parte integrante de seu pensamento, sua teoria do behaviorismo social que é eminentemente uma psicologia social. Mead era um behaviorista, mas produzia um pensamento muito distinto de Watson e de Skinner. Estava mais preocupado com os estudos da linguagem como um comportamento social: *"Mead construiu foi uma explicação behaviorista da mente, baseada em sua concepção da linguagem"* (GUARESCHI et al., 1993, p. 82). Na literatura e tradições norte-americanas há uma certa confusão de Mead com o interacionismo simbólico. Na realidade, interacionismo simbólico foi o nome dado por Blumer aos estudos de Mead logo após a sua morte em 1931.

Os principais pontos que distinguem o behaviorismo social de Mead do behaviorismo clássico de Watson e do behaviorismo radical de Skinner são: em primeiro, o estudo da linguagem e do pensamento humano dentro de um contexto evolucionista. Em segundo, a linguagem como um fenômeno intrinsecamente social. E, em terceiro, o "self" de Mead estabelece a intermediação entre mente e sociedade. Mead rompe com o modelo de mente proposta pela psicologia da consciência do "primeiro" Wundt. Seu modelo da mente era síntese de fenômenos tanto em nível coletivo quanto em nível individual.

Finalizamos este terceiro tópico resgatando seu objetivo: o de mostrar ao menos duas formas diferentes de história da psicologia social: uma primeira com forte influência positivista, centrada em ideias e determinados autores, e uma segunda, apresentada por Farr (1996), centrada em instituições e fatos históricos. Deixamos a tarefa de encerrar ao próprio Farr:

> A história da psicologia social, como uma investigação do passado conduzindo a uma compreensão melhor do presente, ainda está para ser escrita' (SAMELSON, 1974, p. 229). A rejeição de distinções extremamente simplistas entre o "passado longínquo" e a "curta história" da disciplina pode ser um bom ponto de partida. Deveria ser possível escrever uma história da psicologia social que seja tanto internacional como interdisciplinar. Não seria nem a história de ideias (como a que Allport escreveu), nem uma narrativa etnocêntrica das realizações de psicólogos sociais experimentais na América (como a que Jones escreveu). Não há nada de errado, a meu ver, em fazer distinções entre o passado e o presente de uma disciplina, desde que a distinção não esteja tão estreitamente ligada a uma filosofia específica de ciência. Historiadores "internos" (à disciplina) têm maiores probabilidades que os historiadores "externos" de aderir a tal filosofia, pois, ao mesmo tempo em que são historiadores de uma ciência, são também praticantes dessa ciência (FARR, 1996, p. 167).

Psicologia social no Brasil

No Brasil assim como em quase toda a América Latina, nas décadas de 1960 e 1970, a psicologia social seguia um rumo muito próximo à forma de psicologia social importada dos Estados Unidos. A transposição e replicação das teorias e métodos norte-americanos fica evidente em algumas obras de psicologia social da época como, por exemplo, Rodrigues (1976; 1979; 1981).

Tal posicionamento colonialista, onde a importação desenfreada e acrílica de posturas teóricas estava muito presente, levou alguns psicólogos sociais latino-americanos, no final da década de 1970, a constatar o período que se chamou de "a crise da psicologia social". Ou a "crise de referência". Vale retomar que esta crise era europeia já na década de 1960.

No Brasil e na América Latina, a crise começa a tomar corpo nos Congressos da Sociedade Interamericana de Psicologia, principalmente em Miami – EUA (1976) e em Lima – Peru (1979). Como pontos principais da crise da psicologia social, estavam a dependência teórico-metodológica, principalmente dos Estados Unidos, a descontextualização dos temas abordados, a simplificação e superficialidade das análises destes temas, a individualização do social na psicologia social, assim como a não preocupação política com as relações sociais no país e na América Latina em decorrência das teorias importadas. A palavra de ordem era a transformação social. Nos anos de 1960, surge a Associação Latino-Americana de psicologia social (Alapso). Vários psicólogos sociais experimentais como, por exemplo, Aroldo Rodrigues e J. Varela levam a Alapso ao extremo da psicologia social norte-americana. Em toda a América Latina começa um movimento de rechaço à Alapso e várias associações começam a surgir identificadas com uma nova proposta de psicologia social. Como exemplo, na Venezuela surge a Associação Venezuelana de Psicologia Social (Avepso) e no Brasil a Associação Brasileira de Psicologia Social (Abrapso).

A Abrapso surge em 1980 no Brasil através da mão de alguns pesquisadores, dentre tantos outros, Silvia Lane. Lane e Codo organizam em 1984 a obra marco da ruptura da psicologia social brasileira: "Psicologia social: o homem em movimento". Aqui o rompimento com a psicologia social norte-americana está claramente colocado. A discussão de fundo é como extrair entidades psicológicas de fenômenos sociais. O materialismo histórico dialético ditava as discussões da época. Também conhecida como a psicologia marxista, tal perspectiva no Brasil rompe de vez com a psicologia social cientificista (norte-americana).

O contexto da época do surgimento da Abrapso: o país mergulhado na ditadura militar. Hoje a realidade parece ser outra. Os países latino-americanos conseguem construir uma produção em psicologia social que não deixa nada a desejar à produção do restante do Ocidente. Contextualizada, histórica, preocupada com a cultura, valores, mitos e rituais, brasileiros e latino-americanos em geral, já não veem mais necessidade de importação desenfreada de teorias e métodos cientificistas. A interlocução, principalmente com os países europeus, está acirrada, como nos diz Farr:

> No início da Era Moderna, a psicologia social nas universidades da América Latina foi fortemente influenciada pela forma psicológica dominante de psicologia social da América do Norte. A psicologia social na Era Moderna foi um fenômeno caracteristicamente americano. Muitos dos proeminentes professores de Psicologia Social nas universidades latino-americanas receberam sua formação de pós-graduação nos Estados Unidos da América. Essa é uma situação que agora está começando a reverter, na medida em que a psicologia social está se fortificando mais na Europa e a hegemonia da língua inglesa como veículo de publicação em psicologia social está sendo desafiado pela literatura florescente, em psicologia social, nos idiomas latino-americanos (FARR, 1996, p. 11-12).

Indicações de leituras dos desdobramentos e atravessamentos teóricos

Iremos situar agora, rapidamente, algumas concepções teóricas que se desdobraram ou que se atravessaram na psicologia social. Cada uma dessas concepções teóricas ou atravessamentos daria, no mínimo, um livro. Portanto, optamos por uma rápida apresentação do desdobramento ou atravessamento teórico e remetemos o leitor a obras ou textos recomendados para o estudo e aprofundamento destas concepções.

Segundo Farr (1994), existem duas formas diferentes de psicologia social: formas psicológicas e formas sociológicas. As formas psicológicas de psicologia social reduzem as explicações do coletivo e do social a leis individuais. O indivíduo é o centro da análise. Indivíduo aqui é entendido como uma entidade liberal, autônoma, independente das relações com o contexto social que o cerca e consciente de si. Isto gera a individualização da psicologia social. Um bom exemplo desta perspectiva se encontra em Allport quando afirma que "não há psicologia dos grupos que não seja essencialmente e inteiramente uma psicologia dos indivíduos" (ALLPORT, 1924, p. 4). Para Allport não existem pensamentos sociais, pois são os indivíduos que expressam suas opiniões (as clássicas pesquisas de opinião pública), ou não é a nação quem decide, são os leitores que votam. A individualização do social é a característica marcante da forma de psicologia social psicológica predominante, atualmente, nos Estados Unidos da América. Tanto o behaviorismo quanto a Gestalt sustentam formas de psicologia social psicológica. Atualmente, a Psicologia Cognitiva de Tratamento de Informações cumpre esta função. Já as formas sociológicas de psicologia social refletem a relação entre o individual e o coletivo. Buscam uma superação desta dicotomia, não reduzindo as explicações da psicologia social ao individual, nem tampouco ao coletivo. São exemplos desta perspectiva a Teoria das Representações Sociais (MOSCOVICI, 1978) e o behaviorismo social (MEAD, 1934; 1982), dentre outros.

Para a história da psicologia recomendamos também Luís Cláudio Figueiredo em *Matrizes do pensamento psicológico* (1991), *psicologia: 4 séculos de subjetivação* (1992); *Revisitando as psicologias* (1995) e *Psicologia: uma introdução* (1995). Nestas obras Figueiredo traz a história da psicologia sob uma perspectiva epistemológica, antropológica, ontológica e ética. Discute o contexto sócio-histórico-cultural para o surgimento da psicologia, e que concepções de ser humano e psiquismo surgem daí. Embora de fundamental importância, não abordaremos tal perspectiva aqui pura e simplesmente por uma questão de tempo e espaço.

Contribuindo com a discussão da psicologia social como um todo, mas ainda seguindo uma tradição da forma de psicologia social sociológica, as perspectivas mais culturalistas com autores como, por exemplo, Erving Goffman (1978; 1987) (*Estigma*, *Manicômios, presídios e conventos*) e Berger e Luckman (1996) (*A construção social da realidade*). Sob a influência da psicanálise, primeiro em Freud (1974) (*O mal-estar na civilização; O futuro de uma ilusão*). Em tradição mais lacaniana, enfocando o conceito de Sintoma Social, encontramos Otávio de Souza (1994) (*Fantasia de Brasil*), Contardo Caligaris (1993; 1991) (*Hello Brasil* e *Clínica do social*), e Mário Fleig (1993) ("Psicanálise e Sintoma Social").

Para finalizar, mas não menos importante, recomendamos a revista da Abrapso: *Psicologia e Sociedade*. Com periodicidade semestral, a revista da Abrapso traz importantes artigos sobre a psicologia social no Brasil e no mundo. Assim como os livros que Manualmente são editados das regionais da Abrapso, principalmente resultantes dos Encontros Regionais da Abrapso.

Bibliografia

ADORNO, T.W. et al. *The authoritarian personality.* New York: Harper and Row, 1950.

ALLPORT, F. *Social Psychology.* Cambridge, Mass: Riverside Press, 1924.

ALLPORT, G. The Historical background of modern social psychology. In: LINDZEY, G. & ARONSON, E. *The handbook of social psychology.* Vol. 1. Addison – Wesley, 1968.

_____. The Historical background of modern social psychology. In: LINDZEY, G. *The handbook of social psychology.* Vol. 1. Reading, Mass. Addison – Wesley, 1954.

BERGER, L. & LUCKMANN, T. *A construção social da realidade*: tratado de sociologia do conhecimento. 13. ed. Petrópolis: Vozes, 1996.

BORGES, V.P. *O que é história.* 12. ed. São Paulo: Brasiliense, 1987.

CALLIGARIS, C. *Hello Brasil*: notas de um psicanalista europeu viajando ao Brasil. 3. ed. São Paulo: Escuta, 1993.

CALLIGARIS, C. et al. *Clínica do social:* ensaios. São Paulo: Escuta, 1991.

CIAMPA, A.C. Entrevista com Silvia Tatiana Maurer Lane – Parar para pensar... e depois fazer! In: *Psicologia e sociedade.* Revista da Abrapso, 1996. Vol. 8, n. 1.

DANZIGER, K. "The positivism repudiation of Wundt". *Journal of the History of the Behavioural Sciences,* 1979. Vol. 15, p. 205-230.

FARR, R. *The roots of modern social psychology:* 1872-1954. Oxford: Blackwell Publishers, 1996.

_____. Representações sociais: a teoria e sua história. In: GUARESCHI, P. e JOVCHELOVITCH, S. (orgs.). *Textos em representações sociais.* Petrópolis: Vozes, 1994.

_____. Individualism as a collective representations. In: AESBISCHER, V., DECONCHY, J. & LIPIANSKY, E. (eds.). *Idéologies et representations sociales*. Paris: DelVak, 1991.

FIGUEIREDO, L.C. *Psicologia*: uma introdução. São Paulo: EDUC, 1995.

_____. *Revisitando as psicologias: da epistemologia à ética das práticas e discursos psicológicos*. São Paulo, Educ. Petrópolis: Vozes, 1995.

_____. *A invenção do psicológico* – Quatro séculos de subjetivação: 1500-1900. São Paulo: Escuta, 1992.

_____. *Matrizes do pensamento psicológico*. Petrópolis: Vozes, 1991.

FLEIG, M. et al. *Psicanálise & sintoma social*. São Leopoldo: Unisinos, 1993.

FREUD, S. O mal-estar na civilização. In: *Obras completas*. Vol. XXI, Rio de Janeiro: Imago, 1974, p. 73-171.

_____. O futuro de uma ilusão. In: *Obras completas*. Vol. XXI. Rio de Janeiro: Imago, 1974, p. 13-71.

GOFFMAN, E. *Manicômios, prisões e conventos*. 2. ed. São Paulo: Perspectiva, 1987.

_____. *Estigma*: notas sobre a manipulação da identidade deteriorada. 2. ed. Rio de Janeiro: Zahar, 1978.

GUARESCHI, P.; MAYA, P.V. & BERNARDES, J. Repensando a história da Psicologia Social: comentários ao curso de Robert Farr. *Psico*. Vol. 24, n. 2, p. 75-92, jul/dez, 1993.

KOCH, S. & LEARY, D.E. *A century of psychology as science*. New York: McGraw-Hill, 1985.

LANE, S. *O que é psicologia social*. 11. ed. São Paulo: Brasiliense, 1986.

LANE, S. & CODO, W. (orgs.). *Psicologia social*: o homem em movimento. 4. ed. São Paulo: Brasiliense, 1986.

LINDZEY, G. *The handbook of social psychology*. Reading, Mass: Addison-Wesley, 1954. 2 vols.

LINDZEY, G. & ARONSON, E. *The handbook of social psychology*. Reading, Mass.: Addison – Wesley, 1968-199. 5 vols.

_____. *The handbook of social psychology*. New York: Random House, 1985. 2 vols.

MEAD, G.H. *The individual and the social self*: unpublished work of George Herbert Mead. Organizado por D.L. Miller. Chicago: University of Chicago Press, 1982.

_____. *Mind, self and society*: from the standpoint of a social behaviorist. Organizado por C.W. Morris. Chicago: University of Chicago Press, 1934.

MOSCOVICI, S. *A representação social da psicanálise*. Rio de Janeiro: Zahar, 1978.

MOSCOVICI, S. & FARR, R. *Social representations*. Cambridge: Cambridge University Press, 1984.

MURCHISON, C.A. *Handbook of social psychology*. Worcester Mass.: Clark University Press, 1935.

RODRIGUES, A. *Psicologia social*. 9. ed. Petrópolis: Vozes, 1981.

_____. *Estudos em psicologia social*. Petrópolis: Vozes, 1979.

_____. *A pesquisa experimental em psicologia e educação*. 2. ed. Petrópolis: Vozes, 1976.

SCHULTZ, D.P. & SCHULTZ, S.E. *História da psicologia moderna*. 5. ed. São Paulo: Cultrix, 1994.

SOUZA, O. *Fantasia de Brasil*. São Paulo: Escuta, 1994.

STOUFFER, S.A. et al. *The american soldier: adjustement during army life* – Studies in social psychology in world war II. Princeton, NJ: Princeton University Press, 1949. Vol. 1.

STOUFFER, S.A. et al. *The american soldier: – combat and its aftermath* – Studies in social psychology in world war II. Princeton, NJ: Princeton University Press: 1949. Vol. 2.

WUNDT, W. *Elements of Folk Psychology*: outlines of a psychological history of the developmental of mankind. London: George Allen and Unwin, 1916.

EPISTEMOLOGIA

Tânia Mara Gali Fonseca

Viver há apenas três anos do nascimento de um novo século e de um novo milênio torna-se para muitos de nós um dispositivo de provocação a respeito do que fomos, do que estamos sendo e do que queremos vir a ser. A questão da temporalidade, seja como experiência, memória e/ou como categoria analítica, reaparece revigorada. Nosso entorno faz-nos reconhecer os tempos e suas formas; pede e dá passagem a discussões que nos remetem à busca de sentidos e significados, mais do que à história linear dos fatos e das cronologias. Importa-nos saber as condições que tornaram possíveis os fatos históricos; importa-nos, pois, a tessitura genealógica dos acontecimentos que, na perspectiva das ciências, devem ser analisados desde uma escala temporal lentificada e ampliada. Os "nascimentos", as "mortes" e as transformações processuais, quando se trata de ciência, são gastados em tempos de longa duração; engendram-se nunca de forma natural, uma vez que em ciência tudo é arbitrário, historicamente determinado e não necessário. Assim, o tempo da ciência nunca pode ser referido à ordem do eterno, do estável e do imutável. Ele pertence somente à história e às suas contingências.

No contexto da Modernidade, a ciência ocupa um lugar preponderante na tessitura dos poderes sociais e simbólicos, sendo considerada, segundo Feigl (apud FIGUEIREDO, 1988), como uma reação contra a servidão imposta pelo dogma e pelas especulações metafísicas, razão oponente à razão teocêntrica, fundada na racionalidade do cogito e no expurgo do "impensável". A ciência é capaz de nomear as espécies que existem no universo; possui um poder simbólico performativo, instituinte de "verdades" e supostas realidades; é considerada, pois, como legitimadora ontológica e fonte da verdade. Falar de ciência implica falar do projeto de tornar centrais o homem e sua capacidade racional de analisar, conhecer e dominar o mundo. Implica simultaneamente em falar de luzes e sombras, de conquistas e de exclusões, de finitude/infinitude, enfim, de crises do próprio conhecimento como das formas de conhecer. A ciência, como invenção da humanidade – referente aos modos de conhecer e controlar o universo e seus elementos –, longe de manter-se no suposto e pretendido lugar de intocável reitora e juíza do conhecimento, revela-se, antes do que conjunto de verdades objetivas, como reflexo objetivante das faltas e precariedades do sujeito conhecedor.

Se epistemologia, de acordo com o dicionário Aurélio, diz respeito ao estudo crítico dos princípios, hipóteses e resultados das ciências já constituídas e visa determinar os fundamentos lógicos, o valor e o alcance objetivo deles; que se trata, enfim, da teoria da ciência, ou seja, da teoria das teorias, torna-se fácil reconhecer o valor de tal discussão num momento em que não apenas a cronologia indica a proximidade da passagem de século e de milênio, como também se colocam novas perspectivas para a própria discussão, ensaiada e auspiciada por novos paradigmas ou modelos, eles próprios gerados e geradores dos novos tempos sociais e humanos. Se é verdade que a ciência e suas práticas necessitam ser criticadas e reconhecidas como importantes fundadoras de realidades humanas e sociais, também se torna significativo que tal produção seja dotada do mais agudo, sutil e permanente espírito ético, visto que o conhecer constitui o mundo ao nomeá-lo, muito antes do que apenas representá-lo. Se pelo conhecimento inventamos mundos, que possamos inventá-los de maneira decente!

A crise e a perda da confiança na epistemologia

Muitos são os sentidos atribuídos à palavra crise. Em sua maioria, entretanto, eles se evidenciam como inevitavelmente associados às ideias de transição, decisão e mudança.

A crise por que passa a psicologia social não pode ser considerada como distante desses significados e tampouco alheia à lógica do pensamento científico e do pensamento social. Embora possamos saber de épocas em que a psicologia parece ter estado em paz com seus objetos e métodos de estudo, na verdade ela, enquanto ciência, está sempre em causa. Tal como as demais ciências sociais, sua característica é a de autocriticar-se, fazendo daí sobressair o fato de que a realidade social e humana é viva, complexa, dinâmica, contraditória, em contínuo devir. Os objetos de estudo da psicologia estão em constante transformação, da mesma forma que os métodos para conhecê-los. Quando termina o século XX e já se anuncia o XXI, pode-se dizer que o objeto de estudo da psicologia social torna-se mais complexo e ao mesmo tempo menos conhecido, visto que o patrimônio teórico acumulado revela-se insuficiente para dar conta de relações, processos e estruturas ainda pouco estudados, ou propriamente desconhecidos. As metamorfoses do objeto de estudo da psicologia revelam que não basta apenas acomodar ou reformular conceitos e interpretações. Trata-se de repensar os fundamentos da própria reflexão psicológica. Nesta época de contemporaneidade, o que vinha germinando há muito tempo parece mais explícito. Para Ianni (1994), o que singulariza o mundo contemporâneo, quando já se anunciam as características fundamentais dos começos do século XXI, é que se tornam explícitas algumas das profundas transformações sociais e mentais que se vinham elaborando ao longo do século XX. Um emblema desse tempo está simbolizado nos contrapontos Modernidade e Pós-modernidade, realidade e virtualidade, globalização e diversidade.

Nesse final de milênio, vivemos um tempo de transição, caracterizado por complexidades e ambiguidades. É possível dizer, junto com Boaventura de Souza Santos (1996), que, se olharmos para o passado, em termos científicos vivemos ainda no século XIX e que o século XX ainda não começou. Podemos também, ao olhar para o futuro, reconhecer que o século XXI começa antes mesmo de começar. Nosso tempo contemporâneo é marcado tanto pela duração de um passado quanto pela obcecada tendência pela instantaneidade. Duração e instantaneidade, tal como num campo de batalha, realizam a luta pela constituição e prevalência de sentidos. A contemporaneidade revela-se como um tempo social que, antes do que requerer nossa nostalgia, pode nos incitar à construção coletiva de novos modos de existir e de conhecer. Para tanto, deve-nos fazer pensar sobre os reducionismos que temos praticado em nossa noção de história, seja quando a entendemos como um tempo circular e de repetição, que reatualiza o imemorial, seja quando a entendemos como linearidade que estabelece o que permanece e o que fica, como declínio ou progressão. A contemporaneidade nos instiga à fragmentação de nossa visão, para que possamos apreender outros regimes temporais consistentes e potenciais. Ela pode nos ensinar que, na memória social e subjetiva, todos os dados encontram-se acessíveis e em remanejo constante. Que não há mesmo um passado, senão o seu remanejo. Que o passado se torna um presente disponível. Que o tempo, enfim, torna-se uma rede de multiplicidades e a história é a matéria para as virtualizações possíveis, para múltiplos futuros simultâneos "compossíveis".

Esta mesma condição contemporânea traz consigo a perda da nossa confiança epistemológica que, gestada nos padrões científicos da Modernidade, nos aponta para o fim de um ciclo de uma certa ordem científica.

Sabemos que as crises – e a da psicologia social não seria uma exceção – podem ser tão tênues e circunstanciais, que sua extinção acontece por si mesma; podem ser tão radicais a ponto de suscitar transformações radicais na situação que a motivou. A crise da psicologia social não é da espécie tênue. Ela a sacode, já por décadas, como de resto a toda psicologia, reclamando por ações de mudança. Como intervir na crise, nós, professores, psicólogos e pesquisadores de psicologia, se nossos instrumentos de pensamento constituíram-se eles próprios nos elementos que a geraram? Como pode alguém ser sujeito de uma cura se vê a si mesmo contaminado pelo que quer curar? Como os cuidados com o conhecer se implicam nos cuidados de si?

Estes são alguns dos nossos desafios quando constatamos ao mesmo tempo a potência e a impotência de nossas práticas profissionais, de ensino e pesquisa. Quer em seus efeitos produtivos, quer em suas omissões e inafetabilidades, nossas práticas revelam-se muito distantes daquilo que sonháramos que fossem. Chamam-nos, contudo, a atenção, por produzirem o efeito, senão suficiente, necessário de registrarem em nossos juízos os descompassos nelas existentes.

Para Tomás Ibañez (1994), a crise da psicologia social, longe de constituir um fenômeno localizado, conjuntural e específico, tem suas raízes em uma problemática muito mais geral que atinge a própria concepção da racionalidade científica. Esta problemática tem se configurado em torno de fenômenos que marcam os tempos da contemporaneidade, tais como: a derrubada das bases neopositivistas do paradigma epistemológico vigente, em especial no que concerne à sua formulação verificacionista, à sua concepção da natureza e do papel desempenhado pela atividade teórica em relação aos dados empíricos; a configuração de uma sociologia do conhecimento e de uma sociologia da ciência que não podiam senão apontar para o caráter "construído", "reflexivo" e "sócio-histórico" do conhecimento científico e de suas práticas constitutivas. Estes são alguns dos elementos que têm propiciado intenso clima de discussão filosófica e epistemológica, próprio de uma época de mutação dos grandes paradigmas científicos. E precisamente esta discussão que nutre o novo pensamento sobre o social e que têm alimentado a crítica que afeta a Psicologia Social e outras disciplinas.

Com relação à racionalidade científica moderna, estendida, no século XIX, das ciências naturais para as sociais, pode-se dizer tratar-se de um modelo global e totalitário, *"na medida que nega o caráter racional a todas as formas de conhecimento que não se pautarem pelos princípios epistemológicos e pelas regras metodológicas"* (SANTOS, 1996, p. 11). Desta forma, o empirismo lógico (ou positivismo) projetou-se na história do pensamento ocidental moderno como uma continuação e renovação do projeto iluminista, tornando nítida sua pretensão de ser a encarnação moderna da cultura sensata, viril e racional, de permanente combate aos fantasmas, às ilusões, às tradições e autoridades ilegítimas que não se sustentam diante dos tribunais da experiência e da razão (FIGUEIREDO, 1988). A confiança epistemológica infundida pela Modernidade pode ser pensada ainda como resultado de uma concepção a respeito da natureza como sendo uma espécie de mecanismo passivo, eterno e reversível, passível de se deixar desmontar e depois relacionar sob a forma de leis. Passível, assim, de ser dominado e controlado.

A implementação de tal cultura científica implicava a procura de um conjunto de regras de aplicação mecânica e universal, que permitisse, além da exclusão de falsos problemas e de falsas soluções, a construção metódica de conceitos e leis. Tal conjunto de regras deveria ter a sua operatividade independente de quem as aplicasse e da natureza específica dos objetos; buscava a validade intersubjetiva universal, a objetividade dos enunciados científicos, a homogeneidade dos procedimentos e a possibilidade de fundação do projeto de uma "Ciência universal unificada". Tal ideal de um saber universalizante encarna o ideal iluminista de uma comunidade formada por seres iguais e dotados de instrumentos capazes de garantir entre eles o consenso. Os particularismos, seja dos sujeitos, seja do mundo, seriam, em última análise, redutíveis à fórmula universal da cultura científica. Ao método é então creditado o poder de realizar o padrão de convivência idealizado. Agora, deste reino, acham-se excluídas as decisões acerca de valores éticos e políticos, supostamente não passíveis de uma avaliação objetiva pelos fatos e pela lógica. Obtendo a expulsão da intenção dos agentes, e gerido não pela causa material, e sim pela causa formal/eficiente/final, o conhecimento científico avança pela observação descomprometida, sistemática e tanto quanto possível rigorosa dos fenômenos naturais. Opõe a incerteza da razão entregue a si mesma à certeza da experiência ordenada (KOYRÉ, apud SANTOS, 1996); orienta-se das ideias para as coisas, e não das coisas para as ideias e estabelece a prioridade metafísica como fundamento último da ciência. Matematiza o universo, quando adota a lógica das matemáticas como instrumento privilegiado de análise. Conhecer significa quantificar. O rigor científico é aferido pelo rigor das medições, passando a ser irrelevante tudo o que não é quantificável. Realizando de forma plena a regra cartesiana de *"dividir cada uma das dificuldades em tantas parcelas quanto for possível e requerido para as resolver"*. O método científico apregoado reduz a complexidade, revelando aí que conhecer também significa reduzir e classificar para depois determinar as relações sistemáticas entre o que se separou. Impondo-se como esquecimento de que a complexidade está na realidade social e não numa vontade (BOURDIEU, 1990), também, hoje, nos permite ver aquilo que diz Bachelard: o simples nunca é mais que um simplificado (apud BOURDIEU, 1990). Cria-se, nesse contexto, a ideia de um mundo máquina, capaz de ser regulado desde a manipulação externa, porque uma vez compreendido desde a ordem e a estabilidade torna-se mesmo uma pré-condição para que seja transformado. Mais do que para compreender o real, este conhecimento mostra pretensões funcionais e utilitárias.

Se tal racionalidade se pretendia instituinte de um regime de verdade e foi capaz de estabelecer uma arrogante confiança epistemológica através tanto da deslegitimação dos chamados saberes ordinários – provindos da experiência imediata –, como de suas concepções mecanicistas a respeito da natureza, ela também percebia, como potencialmente perturbadoras, as chamadas humanidades que, colocadas em lugar marginal, passaram a perseguir seu estatuto social enquanto ciência, a partir da adoção daqueles preceitos ditados pela própria racionalidade que as negava. Para colocar-se como ciência e não filosofia, a psicologia inaugura, nos idos do século passado, com Wundt, seu ingresso na galeria das ciências, desvinculando-se, então, de sua longa história com a filosofia, tal como assinala Robert Farr (1996). Transbordado, assim, para o estudo dos homens e das sociedades, o empirismo lógico vê-se confrontado com obstáculos epistemológicos, mostrando-se, contudo, não mais capaz de opor-se à maré de irracionalismo então suscitada. Sofre algumas variantes que, mesmo estando assentadas numa postura antipositivista e fenomenológica, revelam-se ainda subsidiárias do modelo de racionalidade das ciências naturais.

A crise do paradigma dominante que acabo de descrever é o resultado interativo de uma pluralidade de condições, dentre elas as de ordem teórica. Assim, no início do século XX, as descobertas da física, especialmente as da Teoria da Relatividade de Einstein, as da mecânica quântica, no domínio da microfísica, o princípio da incerteza de Heisenberg, e as experiências do físico-químico Ilya Prigogine relacionadas à teoria das estruturas dissipativas e ao princípio da ordem através de flutuações, são exemplos de que o aprofundamento do conhecimento permitiu ver a fragilidade dos pilares em que se funda (SANTOS, 1996).

Neste novo contexto, a reflexão crítica tem mostrado, dentre outras coisas, o declínio da hegemonia das leis e das causas. Incide, outrossim, mais sobre o conteúdo do conhecimento científico, do que sobre sua forma e permite, portanto, revelar que o aviltamento da natureza, operado pelo paradigma mecanicista e empiricista, acaba por aviltar o próprio cientista, na medida em que reduz o suposto diálogo experimental ao exercício de uma prepotência.

Novos espaços, novos paradigmas

Do movimento crítico acima caracterizado originam-se múltiplos efeitos, sendo possível detectar, no contexto da psicologia social atual, pluralizações diversas que apontam para um quadro de fragmentação antes do que para a unidade. Novos espaços se constituem pelas conjunções e disjunções realizadas. Implicações antigas são questionadas e descentramentos são propostos. Tornam-se vigorosos os discursos da interdisciplinaridade e das conjunções, bem como o da ecologia social e cognitiva que lhe é consequente, revelando um contexto propício à análise cujos componentes se amalgamam, não se comportando como configurações isoladas. Redes de saberes se propõem a interconexões, possibilitando uma infindável trama de possibilidades de conhecer. A consciência crescente do papel criativo da desordem (PRIGOGINE, 1996), da auto-organização (MATURANA & VARELA, 1990) e da não linearidade fazem reconhecer que o mundo é rico em evoluções imprevisíveis, cheio de formas complexas e fluxos turbulentos, caracterizado por relações não lineares entre causas e efeitos, e fraturado entre escalas múltiplas de diferente magnitude que tornam precária a globalização (SCHNITMAN, 1996).

Vive-se uma espécie de apogeu do instituinte, mesmo que se saiba do peso das determinações do já instituído. O novo discurso científico é um convite à busca antes do que a certeza e privilegia, como nunca dantes o fizera, a multiplicidade, a polifonia, a descentralização do sujeito e da razão. O duvidar sobre a dúvida, a perda das certezas e das metanarrativas, introduzem aquilo que se pode chamar de processos de segunda ordem, ou seja, a reflexividade sobre a reflexividade. O pensamento se constitui como potencialmente relativista, relacionante e autocognoscitivo (SCHNITMAN, 1996) e a ciência reconhece-se como não suficiente se tomada como referência à legitimação do conhecer. É olhada e olha-se como constituída e constituinte nas/das redes de poder, reconhecendo-se como efeito de regimes de verdade antes do que fonte de verdades. A ciência revela-se contingente e não autoevidente; mostra-se como construção social.

Sendo construída, pode-se dizer que ela pode vir a ser desconstruída, interrogada e questionada. Assim é que na seção final deste capítulo pretendo enfocar algumas discussões que têm animado o cenário científico e acadêmico. Ibañez (1994) chama a atenção para o surgimento de uma espécie de galáxia construcionista da ciência, ou seja, um conjunto heterogêneo de disciplinas, assentado em preocupações e formulações comuns que apontam para uma posição de ruptura com boa parte dos pressupostos da "concepção herdada de ciência". Para o psicólogo espanhol acima referido, o fato de que o construcionismo transite por disciplinas tão diversas, como a Física, a Biologia e a Psicologia, por exemplo, dota-o de um caráter de metadiscurso, ou seja, trata-se de um tipo de discurso cujo alto nível de generalidade e de abstração permite inspirar concretizações diversas segundo as particularidades de cada disciplina.

Desde o intuito simultaneamente construtivista, desconstrutivista contemporaneamente proposto, uma das primeiras questões a ser reconhecida pela psicologia é a do seu caráter autoritário. Pretendendo constituir um conhecimento científico acerca da complexa realidade psicológica e dele utilizar-se para incidir sobre a infinidade de problemas psicossociais propostos e existentes, almejando assim melhorar a qualidade de vida dos sujeitos, as "boas" intenções da psicologia necessitam ser desconstruídas, com o objetivo de fazer aflorar perigosas ingenuidades que têm sustentado nossas práticas.

Assim é que, para dar início a esse processo, chamo a atenção, juntamente com Ibañez (op. cit.), para a concepção de conhecimento e realidade implicada nas hegemônicas tradições psicológicas.

Em princípio, a psicologia considera como separados a realidade e o conhecimento desta, fundando uma tradição representacional do conhecimento, que simultaneamente é desimplicado das intenções e valores do sujeito cognoscente e dos efeitos do saber sobre a realidade. Nessa perspectiva, a realidade é o que deve estar em correspondência com a teoria, e o conhecimento privilegiado da realidade é o obtido através da objetividade científica.

Ora, os novos paradigmas permitem-nos colocar não a dúvida sobre a existência, ou não, da realidade, mas de privilegiar a questão de que a realidade não exista com independência de nosso acesso a ela. A realidade existe e está composta por objetos, mas não porque estes objetos sejam intrinsecamente constitutivos da realidade, mas porque nossas próprias características os "põem", por assim dizer, na realidade. E é precisamente porque são nossas características as que os constituem que não podemos crer que se a realidade depende de nós, então, podemos construir a realidade que queiramos (IBAÑEZ, 1994). Assim é que podemos compreender que os objetos que compõem a realidade psicológica não procedem de uma suposta "natureza humana" na qual estariam pré-contidos de forma natural, mas que resultam das práticas de objetivação que a ciência tem desenvolvido. Os fenômenos psicológicos não são dados, mas construídos através de práticas contingentes, sociais e históricas. Isso quer dizer, também, que os fenômenos psicológicos estão parcialmente conformados pela maneira como os representamos, ou seja, pelos conhecimentos que produzimos a seu respeito. E ainda significa dizer que os psicólogos auxiliam a conformar a realidade psicológica, não somente utilizando conhecimentos para incidir sobre ela, mas muito mais diretamente a partir dos próprios conhecimentos elaborados sobre a realidade.

Como dispositivo autoritário, a psicologia tende a naturalizar a realidade psicológica e social, mascarando o papel que desempenham certas práticas humanas na construção dessa realidade, sugerindo, por exemplo, a existência de certos padrões de normalidade psicológica marcados pela própria natureza e aos quais devemos nos conformar e adequar. Desde sua intenção de fazer incidir o seu corpo de conhecimentos sobre a realidade humana e social no intuito de transformá-la e melhorá-la, a psicologia é, então, evidentemente exercida como prática normativa e autoritária. Herdeira da concepção cartesiana de ciência e devotada filha dos ideais da Modernidade, a psicologia alimenta a crença de que existe um acesso privilegiado à realidade, que permite, graças à objetividade, conhecermos a realidade "tal como ela é". Tal crença se impõe com importante força, conduzindo ao dilema assim colocado por Ibañez (1994): *"Como posso aceder à realidade com independência do conhecimento que tenho dela para compará-la com o conhecimento da realidade?"* (p. 269)

Não tem sentido pensar que o conhecimento nos diz como é a realidade porque não há forma de saber como é a realidade com independência do seu conhecimento e não há forma de saber se o conhecimento científico acerta em sua descrição da realidade. O conhecimento científico tem muitas virtudes, mas nunca a virtude de refletir sobre a realidade tal como ela é. É bastante útil esta discussão se concordamos com a ideia de que, quando se trata de eleger um modo privilegiado de acesso à realidade, a defesa da perspectiva objetivista é uma forma de impedir a presença do sujeito nos conhecimentos que este produz. A produção de "verdades", neste sentido, tende a ser encarada como absoluta e transcendente. A retórica da verdade funda-se no próprio mito da objetividade.

As tensões resultantes de tais considerações e os princípios norteadores que elas evocam tornam imperativo o reconhecimento do fato de que a realidade psicológica é uma construção contingente, dependente de nossas práticas sócio-históricas e que não nos define como essência, em termos de algo que estaria inscrito em nossa natureza. Da mesma forma, deve permitir revelar o discurso do psicólogo nunca desatado das convenções nele inculcadas, constituindo-se, portanto, em uma das maneiras de interpretar a realidade dentre tantas outras possíveis.

Nesse final de texto, podemos dar as mãos aos diversos autores aqui citados e mais a outros, como Maritza Montero, da Venezuela, para ressituarmos nossa ciência e a nós mesmos no contexto de nossa própria condição: frágil, contingente, histórica, processual e relativa. Juntamente com Ibañez (1996), afirmamos que este giro recoloca o ser humano no centro mesmo da razão científica e da disciplina psicológica, mas sem apelações humanistas, pois temos aprendido que o ser humano é socialmente construído e que sua autonomia não deixa de ser, o mais das vezes, uma ilusão e que não há nenhuma natureza humana a resgatar.

Sugestão de leituras

Com a finalidade de saber mais a respeito de epistemologia e psicologia social, sugere-se a paciente leitura do livro *Psicologia social construcionista*, de Tomás Ibañez, editado pela Universidade de Guadalajara, México, em 1994. Esta obra trata com detalhamento da história da Psicologia vista sob o ponto de vista de sua ideologização, crises e rupturas. Ibañez privilegia o enfoque epistemológico, fundamentando sua análise em levantamentos quantitativos e qualitativos do acervo bibliográfico em psicologia disponível em especial na Europa e nos EUA. Para os mais apressados e para os que preferirem encaminhar suas reflexões mais diretamente ao estado atual da arte, sugiro, neste mesmo livro, a fixação do estudo nos seus capítulos V, VI, VII e VIII.

Um outro importante livro para auxiliar a contextualizar a discussão propriamente psicológica é o denominado *Um discurso sobre as ciências*, de Boaventura de Souza Santos, produzido em Portugal pela Editora Afrontamento e que se encontrava em 1996 na sua oitava edição. Trata-se de uma versão ampliada da *Oração da sapiência* proferida pelo autor na abertura solene das aulas da Universidade de Coimbra, em 1985/1986. Refere-se a uma ampla e crítica visão sobre a discursividade científica, suas tendências e rupturas, bem como seus compromissos éticos e políticos.

Da mesma forma, em *Revisitando as psicologias*, editado pela Vozes, em 1995, Luís Cláudio M. Figueiredo conjuga textos importantes que versam sobre epistemologia, ética e práticas da psicologia. O livro, em especial seu capítulo intitulado "Os lugares da psicologia", fornece muitos elementos a uma discussão bem fundada e sobretudo crítica.

Dora Fried Schnitman organiza o muito bem-vindo livro *Novos paradigmas, cultura e subjetividade,* que, editado em 1996 pela editora Artes Médicas/Porto Alegre, apresenta como núcleo as apresentações e diálogos do "Encontro Interdisciplinar Internacional Novos Paradigmas, Cultura e Subjetividade", levado a efeito em Buenos Aires no início da década de 1990. Trata-se de uma importante obra, seja pelas manifestações científicas, culturais e terapêuticas que expressa, seja pela alta qualidade de seus manifestantes, cientistas de diversas áreas, caracterizados pelas mais altas distinções e reconhecimento.

O livro de Isabelle Stengers – *Quem tem medo da ciência?* –, editado em 1990 pela Siciliano/São Paulo, mostra-se também como importante contribuição à discussão epistemológica, levando a considerar a importância das relações entre ciência e poder. Torna-se significativo registrar que Stengers é parceira de trabalho intelectual de Ilya Prigogine, atuando com o mesmo na consolidação de novos paradigmas.

E, por fim, gostaria de sugerir a leitura do artigo *Paradigmas, corrientes y tendencias de la psicologia finisecular,* escrito por Maritza Montero e publicado na revista *Psicologia e Sociedade* da Abrapso, volume 8, n. 1, janeiro/junho 1996, p. 102-119. Neste texto, Montero, além de examinar as tendências de mudança de paradigma na psicologia social contemporânea, apresenta uma perspectiva que considera o objeto de estudo da disciplina como uma construção coletiva, histórica e transitória. Para a autora, tal nova perspectiva coexiste com os demais modelos científicos e pretende colocar a Psicologia Social a serviço das transformações sociais demandadas pelas maiorias oprimidas.

Bibliografia

BOURDIEU, Pierre. *Coisas ditas.* São Paulo: Brasiliense, 1990.

FARR, Robert M. *The roots of modern Social Psychology.* Cambridge/Massachusetts: Blackwell Publishers, 1996.

FIGUEIREDO, Luís Cláudio M. *Revisitando as psicologias*. Petrópolis: Vozes, 1995.

_____. Empirismo lógico: valores, vicissitudes, perspectivas. *Cadernos PUC/SP*, n. 32. Educ, 1988.

IANNI, Octavio. *A sociologia no horizonte do século XXI*. Aula inaugural proferida no doutorado em sociologia/UFRGS, 1994.

IBAÑEZ, Tomás. *Psicologia social construcionista*. México: Universidade de Guadalajara, 1994.

MATURANA, Humberto R. & VARELA, Francisco G. *El árbol del conocimiento*: las bases biológicas del entendimiento humano. Santiago del Chile: Editorial Universitária, 1990.

PRIGOGINE, Ilya. *O fim das certezas*. São Paulo: Unesp, 1996.

SANTOS, Boaventura de Souza. *Um discurso sobre as ciências*. Porto Alegre: Afrontamento, 1996.

SCHNITMAN, Dora F. (org.). *Novos paradigmas, cultura e subjetividade*. Porto Alegre: Artes Médicas, 1996.

ÉTICA

Pedrinho Guareschi

Introdução

Ao nos aproximarmos do Terceiro Milênio, tem-se a impressão de que estamos vivendo um paradoxo: ao invés de vermos a humanidade superar, empregando a linguagem de Teilhard de Chardin, a milenária fase da individualização, que levou ao individualismo e ao liberalismo na sociedade em geral, para entrar numa nova fase de super-humanização e de socialização, na base do uma nova percepção da realidade e da vida como relação, estamos presenciando, e aqui está o paradoxo, uma excrescência de individualismo, de egocentrismo, de luta e competição, de maneira aguda e esquizofrênica, que leva o mundo a uma situação de apartação e exclusão. Os pressupostos da filosofia liberal são hegemônicos e tomam conta do cenário mundial.

Mas ao mesmo tempo é preciso ver que essa situação está ocasionando tantas contradições e conflitos, que não pode perdurar. Percebem-se sinais de estertores de uma era que teve profunda influência em quase todas as instituições da sociedade, mas que não consegue mais resistir e se legitimar.

O modelo antropológico individualista está em crise; vemos nascer um novo modelo de ser humano e de uma sociedade fundada na comunhão, na convergência, na superação de barreiras físicas e psicológicas, espaciais e temporais, territoriais e culturais. Esse trabalho quer discutir, da maneira mais simples possível, dentro de um tema complexo, alguns pressupostos éticos que julgamos importantes para um estudante de psicologia que queira desenvolver uma visão crítica e global da sua disciplina e dos grandes e importantes acontecimentos mundiais que modelam a problemática atual.

Ética, o que é isso?

Você já tentou perguntar a alguém, quando fala em ética, o que ele entende por isso? Ou melhor: você já tentou, alguma vez, responder a você mesmo o que seja ética? É interessante notar que a toda hora escutamos alguém dizendo que tal procedimento não é ético, que tal ação é antiética etc. Que significa isso?

Quando se começa a refletir sobre o que seja ética, e sobre os fundamentos da ética, damo-nos conta de quão complexa é a questão. Mas ao mesmo tempo vemos que todos nós, de um modo ou de outro, temos nossas convicções "éticas", possuímos nossa "ética". Para termos tal "ética", temos de nos basear em algum fundamento, algum pressuposto filosófico e valorativo. Mas é curioso notar que a maioria das pessoas, apesar de possuírem esses fundamentos e pressupostos, poucas vezes pararam para refletir e tomar consciência de quais seriam esses pressupostos. Essa rápida discussão quer trazer à baila esses pressupostos e facilitar, a quem desejar, descobrir qual o fundamento de sua ética. Mesmo os estudos de Kohlberg, e em parte os de Piaget, apesar de ajudarem a identificar "estágios" de consciência ética, não fornecem elementos para que se possa identificar os pressupostos filosóficos e, consequentemente, se possa fazer uma crítica a esses pressupostos.

Podem ser identificados dois "paradigmas" principais que fundamentariam as exigências éticas, ou os valores éticos. O primeiro é o da "lei natural"; o segundo é o da "lei positiva".

O paradigma da lei natural

O grande referencial do paradigma da lei natural é a "natureza". Esse referencial tem a pretensão de dizer que a partir do exame, da análise e da atenção que se dá à compreensão "natureza", é possível, de um lado, identificar uma ética que governe todos os povos e em todas as épocas e, de outro lado, é possível descobrir uma "fonte" para essa ética que não sejam os costumes ou instituições de determinados povos ou nações. Entre os defensores de tal paradigma podemos citar Aristóteles, os estoicos, Cícero, e muitos outros seguidores até os dias de hoje (quem sabe até você mesmo que está lendo esse trabalho).

Essa tradição dividiu-se em duas vertentes: uma pré-moderna, religiosa, inspirada em Tomás de Aquino, centrada na ideia de um Criador e numa ordem imutável estabelecida por Deus; outra moderna, secular, inspirada nos escritos de Grotius e John Locke, fiel à mentalidade do mundo moderno, sem negar a origem divina da natureza, investe em defender os "direitos humanos". João Batista Libânio diz que a primeira se caracteriza como o "momento do objeto", como pré-moderna; a segunda como o "momento do sujeito", típica do pensamento moderno. Uma privilegia a estabilidade do objetivo, e a outra a liberdade e a iniciativa do subjetivo. Mas para ambas o critério que as fundamenta é algo exterior: a natureza como produto de Deus Criador para a primeira, ou a dignidade e os direitos fundamentais do ser humano que podem ser racionalmente conhecidos e justificados, para a segunda.

O paradigma da lei positiva

O paradigma da lei positiva surge como reação ao paradigma da lei natural, tanto na sua versão religiosa como na versão secular. Há uma rejeição, tanto em nível epistemológico, como em nível ideológico, de um apelo a uma ordem natural como referencial ético. Em nível epistemológico, a partir do relativismo cultural, questiona-se a possibilidade de dar conteúdo concreto a leis ditas naturais, que sejam as mesmas em todas e para todas as épocas e culturas. Em nível ideológico, a partir da experiência histórica do abuso, tanto de poderes religiosos como civis, de apelar para leis "naturais" para esmagar seres humanos que se opunham a determinados regimes, levou à rejeição de uma ordem humana e social determinada por uma lei natural preestabelecida. O critério ético passa a ser o que foi escrito e promulgado após as diversas instâncias de discussão. É o que passou a se chamar de contratualismo. Uma vez discutida e estabelecida uma negociação social, ela passa a ser válida. Com isso se evita a arbitrariedade e pode-se apelar para algo objetivo que foi formulado e promulgado. Podemos nos libertar, assim, de uma natureza cega, de um lado, e dos mandos e desmandos autoritários de governantes e grupos, de outro.

Pode-se perceber logo que se as leis fossem justas, discutidas democraticamente e aplicadas da maneira mais imparcial possível, o estado de direito poderia ser um forte defensor do direito e das liberdades dos seres humanos. Mas o que acontece quando os governadores e os juízes são autoritários e quando alguns legislam em causa própria? Que dizer quando grupos e minorias poderosas forçam a criação de acordos e negociações em proveito próprio? Pode-se ainda dizer que o que é instituído é ético? Que dizer de exemplos como o das ditaduras militares, e especificamente o caso do Brasil e outros países da América Latina, onde alguns grupos, à base da força e da pressão, impuseram sobre uma maioria suas vontades e seus privilégios? E tudo através de "constituições" escritas e promulgadas.

Como acabamos de ver, o fundamento da ética é colocado por alguns na lei natural (tanto por ser essa lei originada de um Deus Criador, ou por estar radicada na dignidade do ser humano e de seus direitos inalienáveis), ou num positivismo jurídico, que se radica no texto de uma lei escrita e promulgada.

Mas damo-nos conta também das limitações e perigos que se originam de tais pressupostos. Que fazer, então? Haveria outra alternativa para fundamentar a dimensão ética? O que seria, afinal, a ética?

Ética como instância crítica

Se as colocações acima discutidas mostram suas limitações e precariedades, ao mesmo tempo indicam pistas por onde se pode iniciar uma busca de uma fundamentação ética das ações e relações. Mas é decisivamente importante que, ao perseguirmos tais fundamentações, tenhamos sempre em mente seus possíveis limites. E a isso poderíamos chamar de postura crítica diante de todo criado e de todo o institucionalizado. Enquanto permanecermos dentro do humanamente instituído, sem apelarmos para o eterno e o transcendente, temos de reconhecer nossa limitude histórica. E, ao reconhecermos essa limitude, temos de deixar sempre uma porta aberta, a porta de possibilidade de alternativas, de crescimento, de transformações, de aperfeiçoamento.

Nesse contexto, creio que nos seria muito útil uma noção de ética como sendo uma *"instância crítica propositiva sobre o dever ser das relações humanas em vista de nossa plena realização como seres humanos"* (DOS ANJOS, 1996, p. 12).

Perscrutando a fundo essa colocação, podemos extrair dela duas dimensões fundantes: a dimensão crítica e propositiva, e a dimensão das relações. Elas são centrais para a compreensão mais profunda da ética.

a) A dimensão crítica e propositiva

A dimensão crítica da ética significa que ela pode ser considerada como algo pronto, algo acabado. Ao contrário, ela está sempre por se fazer. E ao mesmo tempo ela está presente nas relações humanas existentes. À medida em que ela se atualiza, ela passa a sofrer suas contradições, e por isso deve ser questionada e criticada. Ao mesmo tempo ela tem que ser propositiva. Não pode se furtar a colocar exigências e desafios. Mas esses desafios e exigências podem ser reelaborados, redimensionados, refeitos e retomados. E a ética é sempre do "dever ser das relações humanas em vista de nossa plena realização". É uma busca infinita, interminável; é uma consciência nítida de nossa incompletude; é um impulso permanente em busca de crescimento e transformação.

Não seria fora de propósito mencionar aqui a posição de alguns autores da escola crítica, como Karl Otto Apel e Jurgen Habermas, que procuram resgatar a dimensão ética a partir do discurso. O discurso é o que temos de mais próximo, de mais real, e ao mesmo tempo de mais interminável; ele possui a maior possibilidade de criar todas as alternativas possíveis. E ao mesmo tempo ele possui pressupostos indispensáveis, sem os quais ele mesmo não pode se sustentar, isto é, ele traz consigo também uma infinidade de caminhos diferentes, e entre eles a possibilidade de seu próprio resgate. Os pensadores acima citados são chamados por Lima Lopes (1996, p. 31) de *"críticos, somando tanto a crítica kantiana quanto a marxista: podem ser tidos como herdeiros dos ideais de liberdade dos modernos ao mesmo tempo que levam a sério a impossibilidade de existência do ser humano não socializado"*.

É minha convicção que é fundamental enfatizar a dimensão da crítica ao se discutir a questão da ética. Num trabalho anterior (GUARESCHI, 1992) tentei mostrar como o uso cuidadoso e sério da crítica, mesmo ao se discutir as diferentes teorias científicas, leva a própria evidência da impossibilidade de uma ciência, ou de uma prática científica neutra, isto é, sem uma dimensão ética. A crítica resgata a dimensão ética de toda ação humana. Mas ao mesmo tempo não fecha a questão sobre a presença de uma dimensão ética específica. Aliás, a própria Teoria Crítica (também chamada de Escola de Frankfurt ou Crítica da Ideologia) tem como pressuposto a impossibilidade de neutralidade das ações humanas. Toda ação humana, segundo essa escola de pensamento, deve ter como finalidade iluminar e emancipar; a ação que se diz "neutra", se não estiver direcionada a tais fins, possivelmente estará servindo a propósitos contrários de ocultação da realidade e de manipulação das consciências (GEUSS, 1988).

É também iluminador notar, nesse contexto, como John B. Thompson (1995, p. 76), um dos melhores analistas da ideologia, define esse conceito. Para ele ideologia é o "uso de formas simbólicas que servem para criar ou manter relações de dominação". Uma forma simbólica só é ideológica quando se puder mostrar que ela serve aos propósitos de criar ou manter relações que sejam de dominação, isto é, relações assimétricas, desiguais, injustas. Dominação é aqui um conceito diferente de "poder". "Poder" é uma capacidade, uma qualidade individual de pessoas, algo singular, particular. Nesse sentido, todos os que "podem" fazer algo (trabalhar, falar, escrever etc.) têm um "poder". Já "dominação" é uma "relação", isto é, sempre se dá entre dois ou mais sujeitos, e acontece quando há uma expropriação de poder, isto é, quando um retira, de maneira assimétrica ou injusta, um poder de outro parceiro. Para essa concepção de ideologia, então, a dimensão "ética", isto é, a dimensão do "dever (ou não dever) fazer", está presente. A análise ideológica, nesse sentido, é sempre uma demonstração e uma denúncia da existência de relações assimétricas, desiguais. Ela leva, naturalmente, à constatação de situações que provocam uma tomada de posição, que dificilmente vai deixar as pessoas impassíveis, tranquilas. Esse o grande risco de se tomar ideologia na acepção crítica. E ao mesmo tempo a grande vantagem. Na verdade, de que ajuda aos grupos humanos dizer, simplesmente, que "as coisas são assim", sem que se apresentem elementos de transformação e superação de tais situações? Mas o mais importante, contudo, é o fato de que uma postura teórica que simplesmente toma a ciência como uma prática que diz "como as coisas são" esconde, por detrás dela, uma postura conservadora. E tanto uma como a outra possuem dimensões éticas, pois ser conservador (isto é, permitir que as coisas sejam assim, ou impedir que elas mudem) é uma ação tão ética como lutar pela mudança (lutar para que a situação se transforme).

b) A dimensão da relação

Uma segunda dimensão que gostaríamos de discutir a partir da definição acima é a questão das "relações", ou da ética como ética das relações. Essa é uma discussão extremamente provocante. Dentro de uma cosmovisão individualista, onde o ser humano é considerado como indivíduo ("indivisum in se et divisum a quolibet alio"), sob o império do liberalismo, fica difícil de se perceber que a ética só pode ser dita das relações, e onde ela mesma é sempre uma relação. Entendemos por relação a "ordenação intrínseca de alguma coisa em direção a outra", que a filosofia define como "ordo ad aliquid". Em outras palavras, relação é algo que não pode ser sem outro. Vejamos como a questão da relação tem a ver com a justiça e a ética.

Olinto Pegoraro (1996) acaba de publicar um livro cujo título é: *Ética é justiça*. O que o referido autor faz é recuperar a argumentação de Aristóteles, na *Ética a Nicômaco*, onde ele afirma que a justiça é a virtude central da ética, pois ela comanda os atos de todas as virtudes. *"Essa forma de justiça não é parte da virtude, mas a virtude inteira e seu contrário, a injustiça, também não é uma parte do vício, mas o vício inteiro"* (ARISTÓTELES, V, 3, 1130a 9-12).

Dizer que ética é justiça torna-se muito claro quando pensamos sobre o que significa "justiça". Justiça provém de "jus", que no latim quer dizer direito. Alguém é justo quando estabelece relações com outros que são justas. Em outras palavras, alguém sozinho não pode ser justo. Alguém sozinho pode ser alto, branco, simpático etc., pois isso não implica "relação", isto é, não implica "outros". Agora, justo, ele não consegue ser sozinho, pois a justiça, ou a injustiça, só entram em campo no momento em que alguém se relaciona com outros. Isso quer dizer que é só à "relação" que se pode aplicar o adjetivo "justo", e não de um polo apenas da relação. Eu sou justo quando estabeleço relações com outros que são justas, isto é, que respeitem os direitos dos outros. Justiça tem a ver, pois, com o respeito aos direitos das pessoas. Há justiça quando os direitos das pessoas são respeitados.

Do mesmo modo com a ética. Dizer que ética é relação, ou dizer que ética só se pode aplicar às "relações", é afirmar que ninguém pode se arvorar o predicativo de "ético" a partir de si mesmo, como quer, exatamente, o liberalismo. O pensamento liberal, ao partir da definição de ser humano como "indivíduo", centraliza tudo no "eu", no sujeito da proposição. Perdemos a dimensão relacional, e como consequência mistificamos o verdadeiro sentido de ética. Chegamos, assim, a absurdos sociais como os que vivemos hoje, em que um terço da população não possui seus direitos garantidos, e nos blasonamos como éticos, ou como um país onde exista a ética. Por incrível que pareça, quem vai decidir se somos, ou não, éticos, são os outros. Isso parece chocante, e de fato o é, dentro da cosmovisão egocêntrica e individualista, como é a cosmovisão do liberalismo.

No documento "Exigências Éticas da Ordem Democrática, da CNBB, a seguinte afirmação vem mostrar quem é o juiz da ética numa verdadeira democracia: *"a existência de milhões de empobrecidos é a negação radical da ordem democrática. A situação em que vivem os pobres é critério para medir a bondade, a justiça, a moralidade, enfim, a efetivação da ordem democrática. Os pobres são os juízes da ordem democrática de uma nação".*

Conclusão

Entendemos o ser humano como um ser dialógico, relacional, que se vai construindo a partir das relações que vai estabelecendo com os outros seres humanos. Sem perder sua singularidade, pois continua sempre sendo um ser único e irrepetível, sua subjetividade é composta dos milhões de relações que ele estabelece durante toda sua existência. A dimensão ética se apoia diretamente sobre essa antropologia personalista e dialógica. Reconhecemos o "outro" como pessoa com quem entramos em diálogo, e não como um simples "indivíduo" que está ao nosso lado, com quem entramos em contato pelo simples motivo de sobrevivência, em competição potencial conosco. Na afirmação de Dussel (1977, p. 98), no reconhecimento dessa alteridade "consiste toda eticidade da existência".

Leituras complementares

Um livro acessível, que traz vários artigos sobre ética, principalmente na sua aplicação, é *Relações sociais e ética*, Porto Alegre: Edições Abrapso/Sul, 1995, organizado por Maria da Graça Jacques. Pode ser conseguido na PUCRS.

Outro livro que pode ajudar a aprofundar essa questão é *Ética é Justiça*, de Olinto Pegoraro, Petrópolis: Vozes, 1995. Mostra como a ética é sempre uma relação e que a essência da ética reside na relação de justiça.

Finalmente, o livro *A emergência da consciência ética* de Pedrinho Guareschi e Luiz Carlos Suzin, Aparecida: Editora Santuário, 1995.

Bibliografia

ARISTÓTELES. *Ética a Nicômaco*. Brasília: Ed. da Universidade, 1985 [Kury, Mário da Gama (org.)].

CNBB (Conferência Nacional dos Bispos do Brasil). *Exigências éticas da ordem democrática*. São Paulo: Paulinas, 1994.

DOS ANJOS, M.F. Apresentação. In: DOS ANJOS, M.F. & LIMA LOPES, J.R. *Ética e direito*: um diálogo. Aparecida: Santuário, 1996.

DUSSEL, Enrique. *Para uma ética da libertação Latino-Americana*. Vol. II: Eticidade e Moralidade. São Paulo: Loyola-Unimep, 1977.

GEUSS, R. *Teoria crítica*: Habermas e a Escola de Frankfurt. Campinas: Papirus, 1988.

GUARESCHI, P. *Sociologia crítica*. 38. ed. Porto Alegre: Mundo Jovem, 1996.

_____. Ética e Relações Sociais: entre o existente e o possível. In: JACQUES, M.G. (org.). *Relações sociais e ética*. Porto Alegre: Abrapso/Sul, 1995.

_____. A emergência da consciência ética. In: GUARESCHI, P. & SUZIN, L.C. *Consciência moral emergente*. Aparecida: Santuário, 1992.

LIMA LOPES, J.R. Ética e Direito – Um panorama às vésperas do século XXI. In: DOS ANJOS, M.F. & LIMA LOPES, J.R. *Ética e direito*: um diálogo. Aparecida, São Paulo: Santuário, 1996.

PEGORARO, O. *Ética é justiça*. Petrópolis: Vozes, 1996.

THOMPSON, J.B. *Ideologia e cultura moderna*: teoria social crítica na era dos meios de comunicação de massa. Petrópolis: Vozes, 1995.

INDIVÍDUO, CULTURA E SOCIEDADE

Luiz Fernando Rolim Bonin

Para compreender o ser humano, além de estudar seu corpo e sua origem animal, é necessário pesquisar, principalmente, como ele se constitui em um contexto sociocultural.

O homem é também um animal, mas um animal que difere dos outros por ser cultural. Os outros primatas podem ser considerados como entes protoculturais, pois transmitem hábitos através de gerações como peneirar alimentos, nadar e lavar batatas. Usam instrumentos simples e aprendem por mera observação o comportamento de outrem. Para a teoria histórico-cultural, o primata humano pode ser definido como um ser biológico antes de possuir o domínio da fala, mas pode-se considerá-lo nessa fase como tendo uma protocultura (BONIN, 1996). Por exemplo, as crianças de um a dois anos já aprendem usar instrumentos simples da cultura por imitação ou reforço, mas não entendem ainda uma informação verbal. No entanto, entram num processo plenamente cultural quando já dominam o uso da fala, o que as permite processar o simbólico contido nas instituições culturais. Entretanto, não é possível deixar de considerar o aspecto biológico do ser humano, apesar deste ser histórico-cultural. Afinal, o homem está no mundo por ter um corpo. Os neuropsicólogos têm demonstrado que as habilidades envolvidas na atividade humana supõem uma condição necessária, mas não suficiente e elementar, um sistema nervoso e hormonal. Pode-se dizer que o homem é um animal que usa símbolos porque houve um desenvolvimento do seu cérebro para tal, no decorrer de sua filogênese. No início do desenvolvimento da criança, que é um animal da espécie humana, os processos da atividade se dão de maneira semelhante à de outros primatas, isto é, não envolvem a fala, ou melhor, processos simbólicos. A primeira comunicação da criança recém-nascida com o outro seria através do choro. Esta ainda é uma expressão direta do estado afetivo da criança não sendo, contudo, uma comunicação que envolva, neste momento, uma representação mental.

Indivíduo e sociedade

A teoria histórico-cultural considera importante a filogênese dos processos psicológicos. O ser humano, ao nascer, traz consigo determinados comportamentos inatos, ligados à sua estrutura biológica. Entretanto, no decorrer de seu desenvolvimento, é moldado pela atividade cultural de outros com quem ele/ela se relaciona. Cada indivíduo, ao nascer, encontra um sistema social criado através de gerações já existente e que é assimilado por meio de inter-relações sociais. A sociedade com suas instituições, crenças e costumes, não paira acima dos indivíduos, mas sim ela é constituída por indivíduos. Não se trata de colocar a sociedade acima do indivíduo ou o indivíduo como um ser isolado acima da sociedade. Ela também não é uma *gestalt* (forma) física como os tijolos em uma casa, mas sim uma rede de inter-relações individuais em constante mobilidade. Uma dança de quadrilha seria uma metáfora adequada, já que os indivíduos não só interagem exteriormente como bolas de bilhar, mas também se inter-relacionam cada um procurando entender e se adaptar aos movimentos intencionais e futuros de outrem. O indivíduo histórico-social, que é também um ser biológico, se constitui através da rede de inter-relações sociais. Cada indivíduo pode ser considerado como um nó em uma extensa rede de inter-relações em movimento. O ser humano desenvolve, através dessas relações, um "eu" ou pessoa (self), isto é, um autocontrole "egoico", que é um aspecto do "eu" no qual o indivíduo se controla pela autoinstrução falada, de acordo com sua autoimagem ou imagem de si próprio. É um ser que, tendo "instintos" ou comportamentos pré-programados, passa através da vida social a adquirir a fala e planejar e controlar sua atividade e de outrem, através de representações mentais (ELIAS, 1994; 1995). Neste ponto, é importante mencionar que a noção de "eu" supõe dois aspectos fundamentais: 1. a do sujeito ativo que toma decisões e se orienta no mundo; 2. uma autoimagem e uma autoestima que, para alguns autores, estão relacionadas ao conceito de identidade e constituem o que George Mead denominou de "me" ou "mim" (MEAD, 1953). O desenvolvimento do controle da fala sobre o comportamento é realizado a partir dos comandos da mãe sobre a criança (relação interpessoal), que passa a se autoinstruir sobre como deve se comportar (controle intrapessoal). Isto é, o indivíduo passa de uma relação interpessoal para um controle e planejamento intrapessoal da sua própria atividade.

Isto se torna possível pela existência da fala o que, no fundo, envolve um controle "egoico" (LURIA, 1987; VYGOTSKY, 1984).

Não há, basicamente, uma contradição entre indivíduo e sociedade. O indivíduo é um ser histórico-cultural que é constituído pelas interpelações sociais. Mesmo quando está sozinho, como Robinson Crusoé, é um ser humano que tem o *habitus* de sua sociedade. Isto é, tem o jeito de andar, hábitos de higiene, de expressar emoções, de usar instrumentos que adquiriu das relações pessoais com indivíduos da sociedade que o constituiu. Na sociedade ocidental atual, extremamente individualista e conflituosa, os indivíduos podem se representar como seres isolados em oposição à sociedade. Isto, entretanto, é uma criação da própria sociedade neste momento histórico. Necessariamente, não há por que ter um alto grau de competição e tensão grupal, tornando difícil um equilíbrio entre as inclinações pessoais e as tarefas sociais. O "verdadeiro" eu não está enclausurado e isolado dessa sociedade. É somente uma ilusão. O indivíduo não é estranho à sociedade. A vida social supõe entrelaçamento entre necessidades e desejos em uma alternância entre dar e receber. A razão e a mente não são substâncias, mas produtos de relações em constantes transformações. Os "instintos" e as emoções sofrem transformações no decorrer da vida social.

Os papéis sociais e as instituições humanas se originam de inter-relações pessoais que são cristalizadas através de regras e que inicialmente são hábitos adquiridos e as instituições, além das relações sociais, envolvem também determinados materiais e artefatos e códigos. Assim, uma universidade é uma instituição que basicamente supõe determinadas inter-relações humanas e locais como laboratórios, onde existem determinados materiais, aparelhos e instrumentos. Como já se sabe, é possível estudar a sociogênese das instituições através da história e, por exemplo, uma instituição como o Parlamento Britânico surgiu para resolver conflitos entre os nobres, através do entendimento entre as partes litigantes, pelo constante diálogo em direção ao consenso.

Cultura, indivíduo e atividade

Neste tópico serão examinadas quatro perspectivas sobre a noção de psicologia cultural. O termo cultura pode ser definido inicialmente de maneira simples, como um conjunto de hábitos, instrumentos, objetos de arte, tipos de relações interpessoais, regras sociais e instituições em um dado grupo. Em primeiro lugar, a) a cultura como uma variável independente, em que cultura e mente eram consideradas separadas. Em seguida, b) a perspectiva de que a mente está inserida nas práticas e atividades culturais. Em terceiro lugar, c) a cultura na mente, ou seja, a cultura como uma descrição ou narração das atividades e práticas de um grupo. Por último, d) a cultura e a pessoa, isto é, a pessoa como agente intencional em um mundo que é constituído de interpretações e objetos culturais.

a) Nas décadas de 1960/1970, as relações entre cultura e cognição eram pesquisadas em formas tradicionais como estudos-relações entre variáveis. A cultura era considerada como variável independente e a atividade mental e prática como variável dependente. Nesta época certas pesquisas de alfabetização em determinadas culturas eram relacionadas a testes de memória e outras atividades cognitivas. Só posteriormente é que surgiu uma outra perspectiva que procurava desvendar como se processam a cognição e a aprendizagem num contexto cultural. Mas, inicialmente, a cultura era vista como separada da mente, ou seja, supunha-se um dualismo ou dicotomia entre mente e cultura. O mental era concebido como um processador interno de alguma coisa que poderia ser pensamento abstrato, raciocínio, etc., que era afetado de fora pela cultura, mas não por ela constituído, ainda que parcialmente. Por exemplo, escolhia-se uma atividade cognitiva como a memória, classificação ou percepção tomadas como unidades de medida e chegava-se à conclusão que, em determinada cultura como a dos Wolops, não há ordenação de cor e forma desenvolvida. Nessa época, também passou-se a estudar o efeito da escolaridade e tipos de escrita em um grupo de uma dada sociedade. Aqui já se procurava a interação entre mente e cultura. Esse é um período de transição em que cultura e cognição já não são vistas como meras variáveis externas. Propõe-se que a cultura seja definida face ao uso de mediações, isto é, artefatos físicos e simbólicos, ou seja, além de considerar um conjunto de condições biológicas, é necessário levar em conta as mediações como o uso de artefatos para entender o desenvolvimento humano (LURIA, 1990 & VYGOTSKY, 1984; 1990).

Nesse período, seguidores de Piaget estavam interessados em provar que os estágios de desenvolvimento infantil eram universais e, portanto, foi dada pouca atenção a como os processos culturais constituíam a cognição e também qual o papel da fala nessas atividades. Atualmente essas concepções estão sendo revisadas pelos piagetianos.

Nos estudos interculturais desse período, também não se levava em conta a formação histórico-cultural do "eu" ou pessoa, que também supõe a identidade do sujeito na cultura. O sujeito não era concebido como ativo intencional. Isto não quer dizer que já não existissem teóricos como G. Mead que já tratassem da questão.

b) Passou-se então da concepção da cultura e mente, como variáveis independentes, para a ideia que a mente está inserida nas práticas e atividades de um grupo cultural. A cultura também se revela nos objetos utilizados e/ou fabricados pelo homem. Assim, a execução de uma tarefa a ser pesquisada passa a ser considerada como pertencendo a um contexto de atividade prática. Foi então considerado importante prestar atenção às práticas locais para estudar a cognição. Por exemplo, verificou-se que pessoas em determinada cultura tinham mais facilidade para usar pratos utilizados para comer arroz, assim como para medida de quantidade, do que outros artefatos. As pessoas desse grupo estão familiarizadas com o uso desse objeto tanto para medida quanto como figura geométrica (LUCARIELLO, 1995).

A escola histórico-cultural já enfatizava a cultura como práticas coletivas e normativas, envolvendo expectativas e formas de agir em conjunto. Essas atividades passam a ser apropriadas pela criança com o apoio dos adultos. A cognição passa a ser estudada como uma habilidade prática na vida cotidiana.

No sentido acima, estudou-se a cognição nas diferentes formas de escrita na cultura. Outros autores estudaram a cognição numérica na ação de vender, preparar e comprar alimentos. Propõe-se que a teoria histórico-cultural não defina cultura como a soma de artefatos e seus usos, mas sim que estes são aprendidos no contexto das atividades do grupo através de gerações. O comando verbal de um adulto sobre a criança passa a ser utilizado e internalizado como autoinstrução para comandar o próprio comportamento. Este é um exemplo do princípio de Vygotsky que afirma que o que ocorre no plano interpessoal passa para o plano intrapessoal. Isto quer dizer que a criança internaliza o que aprende nas relações interpessoais, o que supõe a ideia que o que se consegue fazer hoje com a ajuda de outrem, amanhã poderá ser feito sozinho.

A tradição cultural se faz através de ações e interpretações nas práticas cotidianas que são transmitidas através da história de um grupo. Propõe-se que, nas atividades culturais, membros de uma coletividade ensinam os mais inexperientes através da manutenção de interesse, apresentando um modelo de tarefa e modelos de inter-relações, oferecendo suporte ou apoio, conforme o nível de progresso de sua aquisição. A ação dos novatos não é passiva, mas participativa nas tarefas do grupo. Os novatos procuram se inserir e ter um papel na rede de atividades. Por exemplo, o aprendiz de alfaiate começa com tarefas simples e paulatinamente e simultaneamente adquire sua identidade profissional. Neste sentido, a prática da cultura não se reduz a uma dimensão abstrata ou ao estudo de variáveis independentes. É necessário entender os processos no contexto da atividade grupal.

c) Um terceiro enfoque envolvendo a relação indivíduo-cultura é denominado a cultura na mente ou na narrativa dos atores culturais. Aqui as tarefas cognitivas não são mais unidades de análise. Essa proposta supõe um conjunto de interpretações ou, mais especificamente, as narrativas das atividades do sujeito no cotidiano, isto é, descrições sobre modos de pensar e agir que incluem ações, situações e intenções. Pode-se imaginar esse processo como se fosse uma descrição autobiográfica de vários atores. Não se limita a categorias cognitivas como memória, pensamento, percepção e motivação, mas implica um pensar sobre a vida, incluindo a psicologia do cotidiano. Essa noção leva ao extremo a ideia da cultura como sistema simbólico. Toda a atividade humana implicaria uma classificação e interpretação; qualquer percepção ou ação seria mediada pelo simbólico. Por exemplo, se ingerimos alguma coisa, é porque esse objeto já foi classificado como alimento. Da mesma forma, um local debaixo de uma pedra que pode servir como abrigo envolve uma interpretação prévia. Nem sempre tudo supõe uma interpretação prévia. Por exemplo, uma pedra pode revelar-se como abrigo no decorrer de uma ação sem necessariamente ter passado por uma classificação prévia. Assim, os bebês podem descobrir também informações sobre objetos, sem que outrem os ensine. Considera-se também que não é possível descartar a possibilidade de a criança que ainda não domina a fala aprender a lidar com objetos guiada por um membro experiente da cultura. A questão de fundo é a discussão entre uma aprendizagem mediada e não mediada pela fala.

d) O quarto e último tipo de teoria de psicologia cultural é a que propõe a cultura na pessoa, considerada como agente intencional em atividade prática no seu grupo. O sujeito cria e seleciona percursos de ação, podendo aceitar ou não a interferência de outrem. Os objetos são criados coletiva ou individualmente e revelam uma intenção do produtor. Pode-se fazer com que objetos em um meio lembrem de nossas intenções para nos autocontrolarmos. Por exemplo, pode-se acionar um despertador para despertar ou um bilhete na geladeira para não comer ou, ainda, colocar objetos longe do alcance de crianças. Esta posição supõe que a pessoa seja um agente intencional em um mundo de objetos culturais e que o mundo é constituído de interpretações. As relações interpessoais não revelam só comportamentos sem significado, mas intenções e ironias sobre a própria intenção, através de gestos significativos. Por exemplo, pode-se fazer um gesto para uma segunda pessoa e piscar de maneira sorrateira para uma terceira pessoa, mostrando que o gesto não é sério. O homem pode enganar simbolicamente, já que tem facilidade para se colocar no lugar de outrem e mesmo tomar atitudes hipotéticas sobre suas interações. George Mead já havia demonstrado que as relações interpessoais são uma conversação de gestos e, o que é importante nesta atividade, é saber se colocar no lugar do outro. Tem-se também uma noção do outro generalizado e internalizado. Os chimpanzés têm dificuldade de conceber o outro como agente intencional e, portanto, de colocar-se no lugar do outro. Essas características parecem ser próprias do ser humano.

Outros enfoques sobre a relação indivíduo-cultura

As pessoas se constituem em um sistema cultural dado previamente, formando uma rede de inter-relações, mas são sujeitos ativos e não constituídos passivamente pelo meio. Isto quer dizer que não são constituídos automaticamente pelo processo narrativo cultural estabelecido. As pessoas tomam posições fazendo novas interpretações, ou seja, recebendo e construindo criativamente e coletivamente um processo cultural em determinada época histórica.

É importante lembrar que a psicologia cultural tem uma longa história, uma vez que Vico, no século XVII, já tratava do tema. Na América Latina existem poucos trabalhos sobre o tema. É um tópico de pesquisa bastante recente nessa região.

A teoria histórico-cultural não enfatiza somente as mediações, mas leva em conta também o papel da pessoa como sujeito e não se limita a processos lógico-cognitivos. Não deixa de lado a emoção e o contexto onde surgem essas atividades. Em defesa dessa posição teórica, pode-se dizer que a mente não é só um componente, mas é produto emergente da inter-relação entre pessoas face a objetos, supondo também o uso de instrumentos. A mente não está no corpo e nem nos instrumentos, mas se revela através das atividades humanas, na cultura. Os sujeitos também criam regras e instituições através de atividades coletivas (COLE & ENGESTROM, 1995).

A teoria histórico-cultural, como já foi dito, colocou também a questão da pessoa e da intencionalidade. Uma outra vertente enfatiza a questão semiótica e enfoca a mente como formada através de um diálogo de vozes, envolvendo a produção de representações e de ideologias. O ser humano assimila a narrativa de sua cultura, que supõe uma diversidade de diálogos que incluem conformidade, contradição e discordância.

Neste ponto também é importante mencionar a concepção de cultura de Geertz (1978), que é extremamente complexa. A cultura, para ele, não é redutível ao fenômeno mental nem a meros padrões de comportamento e de desejos exclusivamente individuais. O que importa é estudar esses processos em estruturas de significados formadas publicamente. Público aqui significa que algo é compartilhado também visualmente, como em rituais e na fabricação e uso de artefatos. Por exemplo, a apresentação de um quarteto tocando Beethoven supõe a habilidade dos músicos para tocar, assim como a sensibilidade e o conhecimento dos ouvintes. Produzir música envolve ações humanas no decorrer de um tempo, mas não se trata aqui de mencionar especificamente crenças, conhecimentos e outros processos mentais individuais. A ênfase está nas atividades, nos objetos, nos artefatos e nos símbolos compartilhados.

Viver em grupo já é difícil, mas o mais problemático é tentar conviver com grupos que têm diferentes regras de relações e de poderes. O trabalho principal do antropólogo é narrar interpretando o que observa e o que lhe foi narrado, supondo sempre atividades concretas dos indivíduos em inter-relações (GEERTZ, 1978).

Outro enfoque que enfatiza também a questão semiótica (ciência que trata de sinais e símbolos) concentrando-se no simbólico-interpretativo e de caráter histórico-cultural coloca que a concepção de Geertz não dá suficiente atenção aos problemas de poder e de conflito nos contextos culturais, onde mensagens são transmitidas e recebidas. Nessa visão, é importante também considerar que o sujeito humano é criado dentro de instituições e que pode, coletivamente, alterá-las, assim como é por elas afetado. Resumidamente, as instituições envolvem recursos, tipos de inter-relações pessoais, regras e esquemas, supondo recursos materiais e simbólicos (THOMPSON, 1995).

Considera-se também necessário estudar a produção e reprodução do simbólico, seus agentes, receptores e as condições de produção. Os processos de formação de valores, legitimação de *status*, exclusão, estratégias de resistências e de aceitação. As atividades de Gandhi na Índia servem como exemplos encarnados do processo de valorização e de resistência cultural.

A cultura, o "eu" e as atividades, a emoção e a motivação

Como já foi dito, o "eu" é construído através da conversação de gestos em determinados grupos sociais. Esse "eu" supõe um *eu* que decide sobre o curso das ações e um *"me"* ou *"mim"* que envolve autoestima e imagem de si próprio. Já foi demonstrado que a concepção de si como indivíduo na Idade Média e na Renascença eram diferentes. Na época atual o "eu" é mais enfatizado do que o "nós" na cultura ocidental (BONIN, 1997). Uma questão interessante é verificar como a construção do "eu" em diferentes grupos ou culturas afeta as atividades dos indivíduos.

Foi realizado um mapeamento de problemas, pesquisas e considerações teóricas relativas à última questão. Dedicaram-se especialmente a comparações entre a cultura japonesa e à cultura americana contemporânea. Colocam que principalmente na cultura americana em geral as pessoas se veem como independentes e autônomas, tendo habilidades e valores únicos e agindo segundo atributos internos. Esta concepção pode ser denominada de eu *independente*. Na cultura japonesa em geral tem-se a ideia que o "eu" não existe em si e é um produto de relações que se definem face aos outros em determinadas situações – o "eu" faz parte do grupo ou da família. Esta é uma visão contextualista relacional em que os outros participam na definição de si. Afirmam que a pessoa age como é esperado pelos outros, não se colocando em primeiro lugar, procurando harmonizar seus desejos e atributos pessoais com os de outrem. Por exemplo, no Japão se diz às crianças: "o prego que está fora leva batidas". A concepção de indivíduo na cultura japonesa pode ser considerada como eu *interdependente*. Nos EUA: "a roda que chia leva graxa", a expressão revela uma concepção de eu *independente*. É importante lembrar que na maioria dos países existe uma pluralidade cultural. Assim, nos EUA, existem diferentes grupos. Por exemplo, em um grupo como os Amish a tendência é a de ser interdependente e pacifista. Isto não quer dizer que um país não possua características gerais, em que certos valores predominam devido a correlação de forças internas (MARKUS & KITAYAMA, 1991).

Na cultura japonesa a concepção de "eu" envolve uma ênfase na empatia pelo outro, cujo resultado é um comportamento polido e autocontido para harmonizar-se com o comportamento do outro. O sujeito não se gabará de sua criatividade, mas dirá: sou criativo junto com meus colegas, a não ser que seja figura notável. O pesadelo japonês é o da exclusão do grupo. Nos EUA, e provavelmente em alguns países da Europa e da América Latina, o pesadelo é não se firmar, não ser notado e não se distinguir. Supõe-se que o indivíduo seja um agente com autocontrole individual e assertivo na afirmação de seus atributos. Para os indivíduos na cultura americana é mais importante sobressair-se, ser único elevando sua autoestima, mesmo que isto cause dificuldades em relação aos outros; o que para um japonês é uma atitude imatura, não autêntica, pois não se deve sobressair ao grupo e querer ser tratado de maneira especial. Só aos artistas e pessoas notáveis se permitem atitudes individualistas não conformistas. Os sujeitos na cultura japonesa, devido a esta concepção de "eu", são treinados a procurar "ler" as necessidades de outrem para servi-lo. Considera-se, então, que o tipo de sistema de "eu" está relacionado a formas de cognição: percepção, afeto e motivação, afetando a atividade cotidiana dos indivíduos.

Informações baseadas em dados antropológicos e, na maioria das vezes, em pesquisas envolvendo entrevistas, estudos de variáveis dependentes e independentes e respostas a histórias propostas pelos experimentadores, propõem inicialmente como hipótese o fato de que é de se esperar que "eus" interdependentes sejam mais atentos e mais sensíveis aos outros do que "eus" independentes. Isto produziria uma cognição mais elaborada em relação aos outros do que em relação a si. Em segundo lugar, os "eus" interdependentes representariam a si e aos outros em contextos sociais específicos, enquanto que os "eus" independentes produziriam representações mais abstratas e generalizadas. Pesquisas revelaram que na cultura indiana as pessoas consideram seu "eu" mais semelhante ao de outros do que o outro se considera em relação a ele. Diferente do que em geral é encontrado na cultura americana. Outra pesquisa revelou ainda que sujeitos indianos descrevem mais outros indivíduos de maneira situacional e relacional e não qualidades abstratas e fora de contexto. Por exemplo, os americanos descreveriam genericamente a *qualidade* de uma pessoa como "mão de vaca" ou "pão dura", enquanto que um indiano diria que seu amigo não gosta de contribuir para festas do grupo a que pertence, *contextualizando a ação,* isto é, de que maneira foi realizada a ação, onde e com quem. Sujeitos americanos também procuram descrever mais a disposição interna dos agentes do que seus papéis sociais.

Apesar da emoção ser vista como uma expressão de atividade formada na filogênese e ligada à automanutenção do organismo, é também, em parte, constituída pela cultura, como por exemplo no caso da emoção-sentimento de piedade e patriotismo (BONIN, 1996).

As emoções complexas (tipo emoção-sentimento) dependem do tipo de sistemas de "eu", já que são organizadas através de significados culturais envolvendo ações interpessoais que supõem justificação e persuasão. As emoções podem reforçar uma construção dependente ou interdependente do "eu". Assim, emoções como frustração e agressão ou de orgulho (gabar-se) podem ser denominadas de "focalizadas no 'eu'". Um indivíduo que diz que correu mais do que seu companheiro sendo, portanto, melhor do que ele, demonstra um sentimento egoísta. Para um sujeito de ego interdependente, isto é visto como uma dificuldade para uma harmonia grupal. Para que haja harmonia é mais importante demonstrar solidariedade e até mesmo timidez. Pessoas de culturas europeias, com as quais a americana está relacionada, provavelmente também seriam fonte de um *self* independente. Nas culturas ocidentais ainda se discute se é necessário expressar ou controlar a emoção. Já para os japoneses em geral, é óbvio que certas emoções têm que ser controladas.

A motivação se revela através de sequências de ações para atingir um objetivo maior, na teoria histórico-cultural (LEONTIEV, 1978; 1984). Nas culturas que enfatizam o "eu" independente, as motivações estão ligadas a necessidades de expressar realização individual. Assim, o indivíduo procura ser bem-sucedido, realçar sua autoestima e aumentar a autorealização. Por outro lado, os "eus" interdependentes consideram mais importante demonstrar e desenvolver motivações sociais, como é o caso de socorrer e proteger os outros, afiliar-se, procurar ser modesto e agir segundo expectativas de seus pares. Pode-se propor que motivos como autoconsistência, autorrealização e autoanalise, terão suas formas e intensidades dependendo do tipo de "eu". Estudos revelam que motivação para autoconsistência é menor em culturas que enfatizam o self interdependente; neste caso, os indivíduos valorizam mais os papéis e obrigações sociais que seus motivos privados de coerência. Por exemplo, um indivíduo do tipo acima pode dizer para si: "para ser coerente eu penso desta maneira, mas devo agir segundo as regras de meu grupo".

Em geral, os motivos ligados à realização em sujeitos do tipo acima estão principalmente mais ligados à realização e sucesso do grupo e da família do que relacionados a padrões de excelência e coerência pessoal. Neste caso, por exemplo, espera-se que um líder seja protetor e orientador como um pai, e que os membros do grupo realizem harmonicamente suas tarefas, em vez de competir.

Considerações finais

De início, concluiu-se a necessidade das ciências sociais se posicionarem aos achados das ciências biológicas, principalmente no que diz respeito ao comportamento animal. O indivíduo como ser corpóreo, incluindo seu sistema nervoso e hormonal, não pode ser ignorado. Ao se estudar a vida social de populações de diferentes faixas etárias não é possível ignorar os aspectos biológicos *específicos* das diferentes fases da vida, como é o caso da infância, da adolescência, da vida adulta e da velhice.

As relações entre indivíduo e sociedade/cultura são complexas e envolvem pesquisas com conceitos de difícil definição. Assim como os antropólogos ainda debatem o conceito de cultura, também os sociólogos divergem quanto ao conceito de instituição social.

Procurou-se utilizar em grande parte as ideias de que a sociedade não paira sobre os indivíduos e sim é o conjunto das relações interpessoais. Estas são cruciais para conceituar instituições, atividades culturais e o "eu". Considerou-se importante enfatizar o papel da pessoa sem incorrer em um solipcismo ou individualismo exacerbado, mostrando que o "eu" é construído na vida social e que esta constitui as atividades e habilidades dos sujeitos na sua vida emocional, motivacional e cognitiva.

É importante salientar que alguns autores, como Goodnow, Bourdieu, Foucault e Habermas, sugerem que grupos e indivíduos apresentam resistências a práticas e valores culturais "globais" contrárias às suas identidades grupais e pessoais. É então necessário estudar a relação dialética entre valores globais, nacionais e regionais. Os valores culturais afetam a aquisição de conhecimentos e habilidades. As preferências e julgamentos estéticos, morais e acadêmicos são afetados por esses processos. Também as práticas de poder e exclusão, regras de expressão e consenso e tipos de comunicação dependem da sociedade/cultura em que os indivíduos foram criados. Por exemplo, indivíduos de determinados grupos sociais têm seus gostos musicais ligados à sua identidade cultural e resistem a mudanças.

É importante considerar que, apesar de o indivíduo ser concebido como um produto da história e da cultura, é também um ser intencional e criativo, em constante transformação, e que, coletivamente, pode mudar o próprio processo cultural que o constitui.

Esta perspectiva supõe a utilização de diferentes métodos de pesquisa ainda sobre os quais ainda não existe consenso. Por exemplo, até que ponto um relato verbal se relaciona com as práticas reais dos indivíduos? Como é possível traduzir conceitos sobre emoção em diferentes culturas? Será que as atividades culturais afetam somente a expressão ou o estilo emocional/motivacional, ou constituem um processo básico?

Um dos maiores problemas ao pesquisar os temas acima apresentados está relacionado ao fato de que nas culturas não existem grupos totalmente homogêneos, ou seja, existem variações tanto individuais como subgrupos. Fica difícil, por exemplo, falar em cultura japonesa, já que esta não é homogênea e sofreu informações no decorrer da sua história.

O fato de o indivíduo pertencer a um grupo interdependente não significa, necessariamente, que se sinta interdependente ou solidário em relação a outros grupos e à humanidade em geral. Um tema importante para a psicologia social é como desenvolver a solidariedade em relação a outros grupos, superando um certo etnocentrismo e desenvolvendo um sentimento que não se restrinja ao próprio grupo, mas que englobe também a humanidade.

Em países como o Brasil existem inúmeras variações culturais. Apesar disso, pode-se dizer que existem valores, preferências e maneiras de comunicação que são comuns e perpassam as diferenças culturais internas. Existem questões teóricas difíceis em relação a este tema.

Leituras complementares recomendadas

ANTHROPOS. Revista de documentación científica de la cultura. Barcelona, n. 156, mayo, 1994. – Apresenta um panorama da psicologia social latino-americana, incluindo temas de EtnoPsicologia ou, em outros termos, Psicologia Cultural.

ELIAS, Norbert. *A sociedade dos indivíduos*. Rio de Janeiro: Zahar, 1994. – Nesta obra é discutida profunda e extensamente a relação entre indivíduo e sociedade de maneira original.

LANE, Silvia Maurer & CODO, Wanderley. (orgs.) *Psicologia social*. São Paulo: Brasiliense, 1984. – Um importante livro de psicologia social realizado no Brasil, que contém temas referentes a questões sobre o indivíduo e sociedade, em diferentes contextos sociais.

LARAIA, Roque de Barros. *Cultura*: um conceito antropológico. Rio de Janeiro: Zahar, 1986. – É uma interessante introdução aos diferentes usos do conceito de cultura. A leitura é agradável, com inúmeros exemplos.

LURIA, Alexandre. *Desenvolvimento cognitivo*. São Paulo: Ícone, 1990. – Um dos poucos livros em língua portuguesa que trata da relação entre cognição e cultura. Contém inúmeras pesquisas e é uma obra clássica de fácil leitura. Continua importante, apesar de ter sido escrita há algumas décadas.

RODRIGUES, José Carlos. *Antropologia e comunicação*: princípios radicais. Rio de Janeiro: Espaço e Tempo, 1989. – Explica as diferentes teorias e temas da antropologia, com exemplos adequados. A leitura exige um conhecimento mínimo sobre o tema.

Bibliografia

BONIN, L.F.R. Considerações sobre as teorias de Elias e de Vygotsky. In ZANELLA, Andréa V. et al. (orgs.). *Psicologia e práticas sociais*. Porto Alegre: Abrapso/Sul, 1997.

_____. *A teoria histórico-cultural e condições biológicas*. Tese de Doutorado. PUC/SP, 1996.

COLE, M. & ENGESTRÖM, Y. Commentary. *Human Development*. 1995, 38: 19-24.

ELIAS, N. *O processo civilizador*. 2 vol. Rio de Janeiro: Jorge Zahar, 1995.

_____. *A sociedade dos indivíduos*. Rio de Janeiro: Zahar, 1994.

GEERTZ, C. *A interpretação das culturas*. Rio de Janeiro: Zahar, 1978.

LEONTIEV, A. *Activité, conscience, personnalité*. Moscou: Éditions du Progrès, 1984

_____. *O desenvolvimento do psiquismo*. Lisboa: Livros Horizonte, 1978.

LUCARIELLO, J. Mind, culture, person: elements in a cultural psychology. *Human Development*. 1995, 38: 2-18.

LURIA, A.R. *Desenvolvimento cognitivo*. São Paulo: Ícone, 1990.

_____. *Pensamento e linguagem*. Porto Alegre: Artes Médicas, 1987.

MARKUS, H.R. & KITAYAMA, S. Culture and the self: implications for cognition, emotion and motivation. *Psychological Review*, 1991, 98, 2: 224-253.

MEAD, G.H. *Espíritu, persona y sociedad*. Buenos Aires: Paidós, 1953.

THOMPSON, J.B. *Ideologia e cultura moderna*. Petrópolis: Vozes, 1995.

VYGOTSKY, L.S. *Storia dello sviluppo delle funzione psichiche superiore*. Roma: Giùnti, 1990.

_____. *A formação social da mente*. São Paulo: Martins Fontes, 1984.

PESQUISA

Jaqueline Tittoni
Maria da Graça Corrêa Jacques

A atividade de pesquisar está, geralmente, associada ao trabalho do cientista. Inscreve-se no nosso imaginário como uma atividade que se desenvolve em um laboratório, em meio a instrumentos da Física e da Química. O cientista, via de regra, nos parece um "gênio"; alguém cujas descobertas são obras do acaso, ou, melhor dizendo, das possibilidades que sua genialidade tem de "explicar" o acaso. Estes "gênios" povoam nossas lembranças desde a escola básica, construindo uma forma de compreender o que é ciência, produção de conhecimento e pesquisa. A imagem do laboratório expressa uma concepção de ciência conhecida como "tradicional" cujos pressupostos básicos são a neutralidade, a objetividade, a experimentação e a generalização.

Estas lembranças e imagens fixadas nas nossas histórias pessoais não são, também elas, frutos do acaso, mas de uma forma de pensar e viver a definição do que é "ser científico" que sustenta a história da própria construção do conhecimento. Até o século XVIII, a discussão sobre a ciência moderna tinha como centralidade tornar o conhecimento o mais objetivo possível, cultivando uma ideia de que o conhecimento científico detinha o poder de construir uma verdade sobre a vida "real". A problemática da verdade, da aproximação maior ou menor do conhecimento com o real, instalou-se como questão principal de confronto entre os diferentes pontos de vista sobre quem melhor garantiria o domínio deste real, através do conhecimento produzido.

O século XX instaura todo um questionamento a respeito do critério de verdade enquanto "Verdade-Absoluta", relativizando a noção de verdade e instaurando a importância da dúvida e dos erros na produção do conhecimento científico (BACHELARD, 1968). Esta relativização instaura uma crítica importante ao modelo de ciência dominante na época e vai influenciar autores contemporâneos de diferentes perspectivas epistemológicas como Foucault (1987), Morin (1986) e Kuhn (1989). Consequentemente, a busca do conhecimento e não da verdade seria o objetivo da ciência. Do mesmo modo, a constatação de que o "dado" é, ao mesmo tempo, resultado teórico e empírico, pois é mister antes decidir o que procurar (definição do objeto da pesquisa e do problema) e como procurar (estratégias metodológicas).

Desta forma, a pesquisa não pode ser compreendida, exclusivamente, como um conjunto de técnicas utilizadas para o conhecimento da vida, mas como um recurso ligado a diferentes modos de produzir conhecimento e a história de suas legitimações. Vinculando a pesquisa às diferentes formas de produção do conhecimento, associamos a atividade de pesquisar, não exclusivamente, ao trabalho do cientista, mas a esta infindável atividade humana de tentar recobrir, com alguma racionalidade, o "desconhecido". Atividade esta que é um imperativo de sobrevivência e, portanto, fala da vida e das suas múltiplas formas de expressão, inscrevendo-se no nosso cotidiano e não se restringindo às regradas e controladas situações de laboratório.

A pesquisa em psicologia social será abordada através da análise de alguns pressupostos que fundamentam a noção de ciência e seus efeitos na produção do conhecimento em psicologia social. Assim, a pesquisa será pensada como uma estratégia para a produção do conhecimento científico, possuindo um aspecto técnico – que orienta para as técnicas e discussões "internas" ao campo científico e outro aspecto ético, que aponta para a relação dos pesquisadores com a sociedade.

Definindo a atividade de pesquisa em psicologia social

A atividade de pesquisar em psicologia social, de imediato, coloca em questão as nossas imagens vinculadas ao cientista e ao seu laboratório, por ter o "social" como referência para sua produção de conhecimento. Mas, ao colocá-las em questão, parece remeter-nos a um certo "vazio". Como ficaria a produção do conhecimento científico em um campo onde a referência não é o imaginário do laboratório, como no caso das ciências sociais?

A referência às ciências sociais não é obra do acaso. Retoma uma particularidade da psicologia social: a de "dialogar" com as ciências sociais, por vezes até de modo mais íntimo do que com a psicologia, na medida em que têm em comum o estudo dos processos e dos fenômenos sociais.

A história da psicologia, recontada por alguns autores contemporâneos como Farr (1996), aponta que o estudo dos processos sociais, para além dos chamados processos básicos em psicologia, sempre acompanhou sua trajetória. Mesmo Freud (1970), ainda que estudando no campo da psicanálise, nos lembra que toda a psicologia individual é, ao mesmo tempo e por princípio, psicologia social. Portanto, pode-se concluir que a separação entre processos sociais e individuais talvez não seja fruto das características do objeto de estudo da psicologia, mas das diferentes formas como abordamos a produção do conhecimento em Psicologia.

A separação entre o indivíduo e o social não é uma questão exclusiva da psicologia. Durkheim (1989), quando define o campo da sociologia, define, concomitantemente, o da psicologia, reservando às ciências sociais o estudo dos processos sociais e à psicologia, o estudo dos processos individuais. Tal divisão procurava dar conta de um todo, formado pelos indivíduos e pelo social, mas se fundamentava em uma concepção de que as regras que regem a vida individual (no caso das representações individuais) não são as mesmas que regem a vida coletiva (no caso, as representações coletivas); buscar estas diferentes regras seria abordar de forma diferenciada os fenômenos da vida, separando indivíduo e coletivo.

A definição de que o estudo do indivíduo é do âmbito da psicologia tornou necessário, também, "adequar" esses estudos ao formato do modelo de ciência vigente, pautado nos parâmetros das ciências físicas e naturais, cujos métodos e procedimentos deveriam se estender a todo o domínio do conhecimento que pretendesse ser qualificado como científico. Esta concepção de ciência que rege a fundação da Psicologia como disciplina independente, a qual propõe que os chamados processos psicológicos sejam passíveis de experimentação, objetivação e generalização, procurando romper com um certo romantismo filosófico que acompanhou os estudos sobre o sujeito e o subjetivo ao longo da história.

É neste cenário que vai se definir o que é pesquisar em psicologia e em psicologia social e é onde vão se estabelecer os parâmetros de cientificidade para os estudos sobre o social. A nascente psicologia social sofre importante influência da psicologia norte-americana tanto na concepção do objeto quanto das estratégias metodológicas para abordagem dos processos sociais. Esta influência se expande para além das fronteiras norte-americanas e, no caso do Brasil, fica explicitada na tradução da obra de Otto Klineberg em 1959, que introduz a psicologia social no Brasil.

A partir da década de 1970, evidencia-se um questionamento da hegemonia desta forma de conceber a ciência, tanto no que diz respeito ao objeto da psicologia social, quanto aos seus objetivos e estratégias metodológicas.

Nesta época, a América Latina vive uma situação de turbulência, marcada pela violência dos regimes políticos. Nesse cenário, emerge a necessidade de pensar uma estratégia política capaz de dar conta das diferentes (e violentas, no sentido foucaultiano) formas de repressão social e política. Possivelmente, também por esses fatores, pensar a produção de conhecimento em psicologia social requer pensá-la de forma estratégica, sempre vinculada a alguma forma de prática social e política capaz de articular as questões da teoria com os aspectos empíricos, os objetivos da produção do conhecimento com as transformações sociais. As vertentes da psicologia social derivadas desta perspectiva estão bem representadas nas chamadas psicologia política e psicologia social histórico-crítica, fortemente influenciadas pelo materialismo histórico.

Todo esse processo marca profundamente a concepção da pesquisa em psicologia social. Num primeiro momento (e essa discussão, em muitos níveis, permanece até nossos dias) questiona-se o pressuposto da neutralidade científica, incorporando as questões políticas à produção do conhecimento. A visão de mundo e de homem como produto e produtor da história, que vai fundamentar a crítica à psicologia social tradicional, implica a impossibilidade de gerar um conhecimento "neutro" ou um conhecimento do outro que não interfira na sua existência. Como propõe Lane (1985, p. 18):

> Pesquisador e pesquisado se definem por relações sociais que tanto podem ser reprodutoras como podem ser transformadoras das condições sociais onde ambos se inserem; desta forma, conscientes ou não, sempre a pesquisa implica em intervenção, ação de uns sobre os outros.

O privilégio reservado às práticas e aos objetivos da transformação social proposto pela pesquisa em psicologia social, se em um primeiro momento reserva a um segundo plano o rigor metodológico, conduz por outro lado à construção de novas e importantes estratégias metodológicas.

Além de incorporar a problematização quanto à objetividade científica a partir do questionamento do critério de verdade enquanto "Verdade-Absoluta", qualificada criticamente por Morin (1986, p. 79) como "Ciência-Solução", "Ciência-Farol" ou "Ciência-Guia" e à neutralidade do cientista e consequente separação entre teoria e prática social, a pesquisa em Psicologia Social, nos anos 1990, assume outras peculiaridades. Adota como suporte uma concepção de ciência que propõe a complexificação, a pluralidade teórico-metodológica (rompendo o falso dilema de evocar UM objeto, de almejar UMA unicidade para dar conta da complexidade do real), a intersecção de diferentes áreas do conhecimento e a prática interdisciplinar e, ainda, uma preocupação ética em relação aos seus compromissos sociais e políticos. Desta forma, relativiza o tensionamento entre o científico e o político, a teoria e a prática. Do mesmo modo, relativiza a importância da separação entre o indivíduo e o coletivo através da redefinição da noção de subjetividade e de uma concepção de homem em que as dimensões individual e social se interpenetram.

Decorrências metodológicas

A discussão sobre o "científico" tem várias consequências, sendo importante ressaltar seus efeitos na concepção sobre a pesquisa científica e, em especial, sobre metodologia. Neste caso, ressalta-se a subordinação das estratégias metodológicas às teorias explicativas escolhidas pelo pesquisador. Como apontam-nos alguns autores, "[...] o método está vinculado a uma concepção de realidade e de vida em seu conjunto" (FRIGOTTO, 1989, p. 77) e "[...] método é instrumento, caminho, procedimento e por isso nunca vem antes da concepção de realidade. Para se colocar como captar, é mister ter-se ideia do que captar (DEMO, 1990, p. 24). No caso de psicologia social tais teorias explicativas geralmente estão fundadas em uma concepção de natureza humana, de relação indivíduo-sociedade e de necessidade e (im)possibilidade de transformação social.

Com base no pressuposto de complexidade, onde uma teoria é incapaz de dar conta do conhecimento do real como um todo e muito menos fornecer todas as respostas passíveis de serem levantadas, há sempre uma opção teórica pelo pesquisador que vai determinar suas escolhas metodológicas. Nessa concepção, os procedimentos metodológicos não são vistos como técnicas desvinculadas dos pressupostos derivados da teoria, mas como estratégias utilizadas para integrar o empírico e o teórico.

Essas ideias trazem efeitos importantes para a pesquisa em psicologia social, alterando a forma de conceber e realizar a pesquisa nesta área. Ao tomar como pressupostos a complexidade, a relativização da verdade, a não neutralidade do pesquisador, entre outros, pressionam para transformações importantes no desenho da pesquisa, coleta, análise e interpretação, em geral mais identificadas com as abordagens qualitativas da pesquisa.

Cabe ressaltar, no entanto, que a pesquisa quantitativa pode constituir-se em importante recurso para a pesquisa em psicologia social, dependendo da temática a ser pesquisada. Estudos populacionais na área da saúde (os estudos em epidemiologia, por exemplo) são fontes fundamentais para o conhecimento das condições de vida social. A metáfora utilizada por Montero (1996) para explicitar a discussão entre a pesquisa qualitativa e quantitativa é bastante esclarecedora. Refere a autora que se quisermos conhecer uma floresta no seu aspecto geral, recobrindo ao máximo possível a totalidade de sua extensão, devemos pegar um helicóptero e sobrevoá-la. Se quisermos conhecer os caminhos "internos" da floresta, aprofundar nosso conhecimento sobre as árvores e sobre as particularidades do local, deveremos abandonar o helicóptero e andar pela floresta. Não teremos, possivelmente, uma visão do conjunto, mas seremos capazes de descrever e interpretar de modo mais aprofundado os caminhos que percorremos.

A *abordagem qualitativa* se apresenta como uma possibilidade de escolha do pesquisador, não como uma simples alternativa aos modelos quantitativos a partir das vantagens sumárias de uma abordagem e os defeitos congênitos de outra, mas como necessária dentro do quadro teórico construído pelo pesquisador. Ou seja, partindo de uma referência teórica, o pesquisador passa a lidar com categorias analíticas e explicativas e não exclusivamente com dados quantitativos. Estas categorias são formuladas na interface do empírico com o teórico, buscando evidenciar as possibilidades de interpretação dos fatos estudados e não exclusivamente demonstrar sua evidência.

A necessidade mútua de teoria e prática, na maior profundidade possível, como um princípio da pesquisa em psicologia social enseja que *o problema* de pesquisa se constitua muito mais como um ponto de partida do que de chegada, possível de ser reformulado, recolocado, substituído, na trajetória da pesquisa. A formulação, em geral, de *questões norteadoras*, visto sua maior flexibilidade e abrangência, encontra apoio na afirmativa de Morin (1986) de que as interações entre os diversos fenômenos sociais são tantos que não é possível isolá-los, e que, portanto, não se encontra um meio verdadeiramente seguro de verificação de uma hipótese em ciências humanas.

A questão da *amostragem* também assume uma outra especificidade, pois nem sempre o objetivo é a generalização estatística, mas a "generalização analítica", termo cunhado por Yin (1989) quando discute o método do estudo de caso, para se referir à articulação dos dados com a teoria proposta. Deste modo, nem sempre são os procedimentos estatísticos que pautam a escolha da amostra, mas os indivíduos estudados poderão ser escolhidos em função de aspectos ou condições consideradas significativas aos propósitos do estudo e, muitas vezes, a opção não é definida *a priori*, emergindo no próprio desenvolvimertto do trabalho (LANE, 1985).

Os procedimentos de *análise e interpretação* empregados na pesquisa em psicologia social admitem uma diversidade de propostas cuja opção depende da conceitualização do objeto, do material pesquisado e do aporte teórico de fundamentação. Os quadros teóricos de referência vão "recortar" o real, permitindo variações de leitura deste real. Um exemplo apresentado por Demo (1990) nos permite compreender melhor essa diversidade de leitura do real: a taxa inflacionária medida pelos diferentes institutos de pesquisa. Uma taxa de inflação não acusa "a" inflação como tal, mas aquela inflação que a respectiva taxa foi teoricamente predeterminada a medir através da determinação dos itens do consumo que deverão entrar na coleta de preços e do peso atribuído no cômputo geral a cada item. Quando nos referimos à leitura do real estamos chamando a atenção para a questão da interpretação já que o dado empírico só adquire sentido a partir de uma concepção de caráter interpretativo da realidade.

Neste aspecto, o método de análise de conteúdo proposto por Bardin (1977) tem sido largamente empregado na pesquisa em psicologia social, em seu modelo original, com ênfase nos indicadores quantitativos, ou através de adaptações mais ou menos fiéis à proposição original. Outros modelos como a análise de discurso (BRANDÃO, 1994), a hermenêutica de profundidade (THOMPSON, 1995) ou, ainda, o método dialético de análise de conteúdo (PAGÈS, 1990) por exemplo, também são empregados.

Uma ênfase especial recai na capacidade do pesquisador tanto de construir estratégias metodológicas de análise e interpretação como de "emprestar" métodos e técnicas alheios ao objeto de pesquisa construído.

Outro aspecto de vital importância na pesquisa em psicologia social é a relação pesquisador-pesquisado enquanto inerente ao processo investigatório. A recusa de aceitação do postulado de distanciamento entre sujeito e objeto de pesquisa e o princípio ético de que a ciência não pode ser apropriada tão somente por grupos dominantes, propõem a participação efetiva da população pesquisada no processo e a socialização do conhecimento produzido. Atendendo a estes propósitos é que a pesquisa-ação e a pesquisa participante se constituíram em importantes estratégias de pesquisa em psicologia social, ainda que não sejam as únicas estratégias neste campo.

Alguns modos de pesquisar: a pesquisa-ação e a pesquisa participante

Os termos pesquisa-ação e pesquisa participante têm origem na perspectiva em psicologia social de Kurt Lewin, embora não tenham se restringido a este modelo teórico e tenham sofrido grandes transformações. Para alguns autores a diferenciação entre essas duas propostas reside na ênfase no componente "ação"; sob este ponto de vista a pesquisa-ação é uma forma de pesquisa participante, mas nem toda a pesquisa participante concentra suas atenções no requisito da ação (THIOLLENT, 1985). Outros autores discordam, pois registram experiências de pesquisa participante em que o componente ação é privilegiado (HAGUETTE,1987). O ponto comum entre as duas modalidades é o envolvimento efetivo da população pesquisada em todas as etapas do desenvolvimento da investigação, desde a formulação do problema até a divulgação dos conhecimentos produzidos.

Os diferentes contextos sociais de emprego dessas propostas de pesquisa determinaram alternativas diversas de aplicação. Na Europa, especialmente na França, a pesquisa-ação se direcionou para as instituições sociais e para os movimentos sociais de libertação, incluindo enfoques diferenciados representados pelos trabalhos de Thiollent (Enquête operária, inspirada em Marx), Touraine (Intervenção sociológica) e Barbier (Pesquisa-ação institucional). Na América Latina, esta alternativa de investigação dirigiu-se para a população da base da pirâmide social, aproximou-se dos princípios humanistas e adquiriu um caráter próprio representado, principalmente, pela vertente educativa de Paulo Freire. É também na América Latina que o termo pesquisa participante assume primazia sobre termos correlates e é, conceitual e metodologicamente, definida.

A definição de pesquisa participante não é unânime entre os autores (BRANDÃO, 1983; GIANOTTEN e DE WITH, 1985; DEMO, 1985), embora alguns elementos se apresentem consensuais em todas as propostas: a realização concomitante da investigação e da ação, a participação conjunta de pesquisadores e pesquisados e a proposta político-pedagógica a favor dos oprimidos. Um quarto elemento – o objetivo de mudança ou transformação social – pela sua ambiguidade contempla diferentes concepções do que seja mudança ou transformação social, podendo incluir efeitos transformadores, reformistas, conservadores ou até reacionários (HAGUETTE, 1987).

A metodologia da pesquisa participante e da pesquisa-ação afasta-se, sobremaneira, dos procedimentos propostos pela pesquisa tradicional. A população interessada (ou seus representantes) participa, junto com os investigadores, da definição do objeto de pesquisa, dos seus objetivos e do seu planejamento. Embora possam ser empregadas algumas técnicas de coleta de informações também utilizadas na pesquisa tradicional como o questionário, a observação participante e a entrevista, o trabalho de campo é conjunto e a análise dos dados inclui a participação de todos os envolvidos onde são esperados *feedbacks* para validação dos resultados e onde são estabelecidas as propostas de ação daí decorrentes.

A pesquisa participante e a pesquisa-ação não representam os únicos modelos de pesquisa em psicologia social muito embora alguns de seus princípios tenham sido generalizados para a pesquisa em geral neste campo de conhecimento. Alguns processos são melhor desvendados e compreendidos a partir de outras estratégias metodológicas desde que consoantes com os fundamentos teóricos escolhidos pelo pesquisador. Um cuidado especial deve ser conferido à falsa concepção de que o conhecimento "popular" é o "verdadeiro", pois recai-se na mesma questão inicialmente apresentada e criticada: o critério de verdade enquanto Verdade-Absoluta.

"É preciso construir a necessidade de construir caminhos" – Pedro Demo.

É importante frisar que a forma como se pesquisa em psicologia social, sobretudo nas suas vertentes mais críticas, é uma forma de pesquisa científica. É uma forma de pesquisa que se orienta por uma epistemologia crítica que tem seus fundamentos no pensamento de Bachelard (1968), entre outros autores mais contemporâneos. Assim, não se pode buscar na pesquisa em psicologia social os pressupostos de uma concepção de ciência que tenha por base a neutralidade, a objetividade ou a generalização e experimentação, pois são outros seus fundamentos. Do mesmo modo, não se pode buscar uma metodologia que se oriente para a análise das causas e dos resultados, pois neste modo de pesquisar se tem por objetivo interpretar os processos, os movimentos, as relações. Trata-se, portanto, de uma epistemologia de suporte e de uma forma de pesquisar que inscreve-se em outra concepção de ciência e de produção de conhecimento científico.

A pesquisa em psicologia social também implica no ponto de vista ético, ou seja, na relação do pesquisador com o(os) pesquisado(os), na relação com os outros pesquisadores, na relação com a sociedade. Trata-se, portanto, de pensar como Morin (1996), de uma "ciência com consciência". Consciência no duplo sentido que aponta o autor, de consciência moral associado ao controle ético e político da atividade científica e à consciência como atividade autorreflexiva, associada à capacidade da ciência pensar-se a si própria através de uma reflexão filosófica.

Assim, não se trata de uma atividade de pesquisa pronta, acabada e com estatuto de verdade absoluta e invariável. Nesse sentido coloca sempre a necessidade de construir caminhos e refletir sobre esta construção. Pode-se pensar que o estatuto de ciência traduzido pela ideia de que o conhecimento científico explica, orienta e ilumina, íntima do pensamento de século XIX, precisa ser redefinido na perspectiva contemporânea. Para tanto, pode-se pensar com Barthes (1986), quando refere ao fato de que "o lugar mais escuro é sempre debaixo de uma lâmpada". Construir caminhos pode parecer uma tarefa árdua, mas, por certo, é através deste percurso que se pode enriquecer o conhecimento em psicologia social.

Sugestão de leituras

A bibliografia sobre pesquisa em psicologia social é extensa e contempla diferentes concepções de ciência, consequentemente, procedimentos muito diferenciados sobre a atividade de pesquisar. Uma discussão interessante sobre ciência pode ser encontrada na obra de Edgar Morin, *O método: o conhecimento do conhecimento*, referendada na bibliografia.

Se o interesse recair no estudo das particularidades da pesquisa-ação e da pesquisa participante recomenda-se as obras de Thiollent, *Metodologia da pesquisa-ação* e de Brandão, *Pesquisa participante* e *Repensando a pesquisa participante*. Essas duas últimas contemplam o ponto de vista de diferentes autores e relatam algumas experiências concretas. Estão também apresentadas na bibliografia de forma completa. Ainda sobre pesquisa participante, o livro de Maria Ozanira da Silva e Silva, *Refletindo a pesquisa participante*, São Paulo, Cortez, 1986, apresenta algumas reflexões sobre a produção teórico-prática desenvolvida no Brasil e na América Latina.

Sobre análise e interpretação se sugere a consulta a obras específicas dependendo dos procedimentos escolhidos. Os trabalhos de Thompson (1995) e de Pagès (1990) por exemplo, também referendados na bibliografia, descrevem em detalhes os procedimentos analíticos e tecem importantes considerações sobre os fundamentos teóricos que lhes servem de base.

Uma discussão interessante sobre pesquisa quantitativa e pesquisa qualitativa pode ser encontrada em um artigo de John Smith intitulado "Pesquisa quantitativa *versus* qualitativa: uma tentativa de esclarecer a questão", presente na revista Psico, editada pelo Instituto de Psicologia da PUCRS, vol. 25, n. 2, de jul. a dez. 1994, p. 33-51.

Bibliografia

BACHELARD, Gaston. *O novo espírito científico*. Rio de Janeiro: Tempo Brasileiro, 1968.

BARDIN, Laurence. *Análise de conteúdo*. São Paulo: Martins Fontes, 1977.

BARTHES, Roland. *Fragmentos de um discurso amoroso*. 1986.

BRANDÃO, Carlos R. *Repensando a pesquisa participante*. 2. ed. São Paulo: Brasiliense, 1985.

_____. Elementos metodológicos da pesquisa participante. In: BRANDÃO, Carlos R. (org.). *Repensando a pesquisa participante*. 2. ed. São Paulo: Brasiliense, 1985, p. 104-130.

_____. *Pesquisa participante*. 3. ed. São Paulo: Brasiliense, 1983.

BRANDÃO, Helen. *Introdução à análise do discurso*. Campinas: Unicamp, 1994.

DEMO, Pedro. *Pesquisa*: princípio científico e educativo. São Paulo: Cortez/Autores Associados, 1990.

DURKHEIM, Émile. *Formas elementares da vida religiosa*: o sistema totêmico na Austrália. São Paulo: Paulinas, 1989.

FAAR, Robert. *The roots of modern social psychology:* 1872-1954. Oxford: Blackwell Publishers, 1996.

FOUCAULT, Michel. *A arqueologia do saber*. Rio de Janeiro: Forense Universitária, 1987.

FREUD, Sigmund. *Psicologia das massas e análise do eu*. Rio de Janeiro: Imago, 1970.

FRIGOTTO, Gaudêncio. O enfoque da dialética materialista histórica na pesquisa educacional. In: FAZENDA, Ivani (org.). *Metodologia da pesquisa educacional*. São Paulo: Cortez, 1989, cap. 6.

GIANOTTEN, V. & DE WITH, T. Pesquisa participante em um contexto de economia camponesa. In: BRANDÃO, Carlos R. (org.). *Repensando a pesquisa participante*. 2. ed. São Paulo: Brasiliense, 1985, p. 155-188.

HAGUETTE, Teresa Maria. *Metodologias qualitativas na sociologia*. Petrópolis: Vozes, 1987.

KUHN, Thomas. *A estrutura das revoluções científicas*. 3. ed. São Paulo: Perspectiva, 1989.

LANE, Silvia & CODO, Wanderley (orgs.). *Psicologia Social*: o homem em movimento. 3. ed. São Paulo: Brasiliense, 1985.

MONTERO, Maritza. Paradigmas, comentes y tendencias de la psicologia social finsecular. *Psicologia e Sociedade*. Vol. 8, n. 1, jan/jun, 1996.

MORIN, Edgar. *Ciência com consciência*. Rio de Janeiro: Bertrand Brasil, 1996.

_____. *O método*: o conhecimento do conhecimento. Lisboa: Europa-América, 1986.

PAGÈS, Max et al. *O poder das organizações*. São Paulo: Atlas, 1990.

THIOLLENT, Michel. *Metodologia da pesquisa-ação*. São Paulo: Cortez, 1985.

THOMPSON, John B. *Ideologia e cultura moderna*: teoria social crítica na era dos meios de comunicação de massa. Petrópolis: Vozes, 1995.

YIN, Robert. *Case study research design and methods*. Newburry Park: Sage Publications, 1989.

PARTE 2

TEMÁTICAS

IDEOLOGIA

Pedrinho Guareschi

A ideologia nem era mencionada, ao se falar em psicologia social, pelos autores que pretenderam tomar conta da psicologia social, transformando-a numa disciplina individualizante e experimental. Farr (1996) mostra muito bem como a psicologia social americana, com pretensões de se tornar hegemônica, descartou totalmente a dimensão social e a dimensão crítica da psicologia social. Essa dimensão mais relacional permaneceu, tenuemente, nos escritos de George Herbert Mead, nos inícios do século. E a dimensão crítica surgiu a partir da década de 1930, com os teóricos da Escola de Frankfurt, cuja escola se chamou especificamente "Crítica da Ideologia" (Ideologiekritik) (GEUSS 1988, & FREITAG, 1992). O conceito e a teoria da ideologia se fizeram mais presentes na psicologia social a partir da década de 1970, quando muitos autores, principalmente da Europa e América Latina, começaram a incorporar o tema em seus estudos e pesquisa. Moscovici, por exemplo, chega a afirmar que *"o objeto central e exclusivo da Psicologia Social deve ser o estudo de tudo o que se refere à ideologia e à comunicação do ponto de vista de sua estrutura, sua gênese e sua função"* (1972, p. 55).

Ideologia: domando um conceito amplo e complexo

Talvez não exista conceito mais complexo, escorregadio e sujeito a equívocos, no campo das ciências sociais, do que o de ideologia. Embora o nome como tal – "ideologia" – somente tenha aparecido há pouco mais de um século, sua realidade já estava presente desde que se começou a pensar a vida social, com diferentes nomes, mas querendo designar a mesma realidade.

Assim, por exemplo, a ideologia já era discutida nas culturas gregas e romanas. Mas foi sobretudo a partir do século XV e XVI que estudos mais pertinentes começaram a ser feitos sobre o assunto, apesar de ainda não empregarem o nome. Machiavelli (in CRICK, 1970), ao discutir as práticas dos príncipes, principalmente o uso da força e da fraude, para conseguir o poder, refere-se a estratégias que não se diferenciam das usadas hoje pelos poderes dominantes para se legitimarem.

Mas é principalmente Bacon (in PIEST, 1960) quem desenvolve um estudo extremamente próximo ao que hoje se costuma entender por ideologia, através de sua teoria sobre as quatro classes de ídolos, que nos dificultam chegar mais próximos da verdade. Esses ídolos são os da caverna: nossas idiossincrasias, caráter; da tribo: superstições, paixões; da praça: as inter-relações humanas, principalmente através da linguagem; e os ídolos do teatro: a transmissão das tradições e doutrinas dogmáticas e autoritárias, através do teatro, que seriam, hoje, os meios de comunicação social.

A crescente importância da ideologia deve-se hoje, certamente, ao fato de nossa sociedade e nosso mundo tornarem-se, a cada dia, mais "imateriais", sempre mais sustentados numa comunicação verbal e simbólica.

A primeira coisa a que precisamos prestar atenção, ao querer penetrar nessa realidade da ideologia, é que existem hoje inúmeros enfoques teóricos, que dão ao conceito de ideologia diferentes significados e funções. Não é tarefa fácil tratar esse assunto de maneira clara e inteligível. Vamos nos arriscar por esse terreno acidentado, minado, mostrando, quanto possível, as semelhanças, diferenças, sobreposições e relações dos vários aspectos presentes, em geral, na realidade da ideologia.

Para melhor esclarecer e compreender os muitos significados de ideologia, vamos tentar traçar duas linhas divisórias, em forma de cruz, formando quatro planos, quatro quadrantes, e discutir, a partir daí, as diversas acepções de ideologia.

Primeira linha: horizontal – ideologia como algo positivo ou algo negativo.

Vamos inicialmente traçar uma linha horizontal, onde faremos uma primeira distinção central, onde a ideologia vai ser localizada em dois grandes planos: a dimensão positiva e a dimensão negativa (Quadro 1):

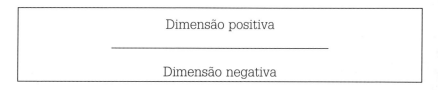

Ideologia no sentido positivo, ou neutro, é entendida como sendo uma cosmovisão, isto é, um conjunto de valores, ideias, ideais, filosofias de uma pessoa ou grupo. Nesse sentido, todas as pessoas, ou grupos sociais, possuem sua ideologia, pois é impossível alguém não ter suas ideias, ideais ou valores próprios.

Já ideologia no sentido negativo, ou crítico (alguns falam até em sentido "pejorativo"), seria constituída pelas ideias distorcidas, enganadoras, mistificadoras; seriam as meias-mentiras, algo que ajuda a obscurecer a realidade e a enganar as pessoas. Ela se apresenta como algo abstrato ou impraticável; como algo ilusório ou errôneo, expressando interesses dominantes e como que sustentando relações de dominação.

Na faixa de cima, numa concepção positiva ou neutra, poderiam ser colocados autores como o próprio criador do termo, Destutt De Tracy (1803): ideologia é o estudo das ideias, que por sua vez são uma emanação do cérebro; de Lenin (1969), e Lukács (1971), como as ideias de um grupo revolucionário; e a formulação geral da concepção total de Mannheim (1954), que afirma que tudo o que nós pensamos é ideológico, pois é impossível não se deixar contaminar pela situação social em que alguém nasce e vive; em outras palavras, Mannheim identifica aqui ideologia com conhecimento: como todo conhecimento é condicionado, assim toda ideologia é condicionada. Mas nisso não há nada de errado.

Entre as concepções crítico-negativas poderiam ser colocadas as três concepções de Marx (cf. THOMPSON, 1995): ideias puras como autônomas e eficazes, conforme defendiam os hegelianos, sem ligação com a realidade (1989); as ideias da classe dominante (1989); e um sistema de representações que serve para sustentar relações de dominação (1968). Também estaria aqui a concepção restrita de ideologia de Mannheim (1954), isto é, as ideias dominantes de um grupo sobre outro (dominação de classe).

Segunda linha: vertical – ideologia como algo materializado, corporificado, ou como prática.

Na tentativa de compreensão das diversas acepções de ideologia podemos agora traçar uma segunda linha, agora vertical, onde distinguiremos outros dois grandes conjuntos de ideologias: ideologias como sendo algo materializado, onde a ideologia está corporificada na própria ideia, na forma simbólica, ou mesmo concretizada numa instituição, como a escola ou a família; e ideologia como modo e estratégia, onde a ideologia é vista como uma prática, uma maneira como as formas simbólicas servem para criar e manter as relações sociais entre pessoas (Quadro 2):

Dimensão material concreta	Dimensão dinâmica prática

Essa dimensão material, concreta, é exemplificada pela concepção descrita por Marx (1989), onde ideologia é definida como sendo "as ideias da classe dominante". Isto é, as ideias da classe dominante, pelo simples fato de serem da classe dominante, já seriam ideologia. A ideologia se concretiza nessas ideias. Outro exemplo desse tipo de ideologia é a acepção empregada por Althusser (1972), onde ele define ideologia como sendo "aparelhos ideológicos de estado". Esses aparelhos são as instituições que são criadas no desenrolar da história, e que são frutos de tensões que se dão nas relações entre os homens, como por exemplo a escola, a família, as igrejas, os meios de comunicação social, as entidades assistenciais, etc. Para Althusser a ideologia está materializada nessas instituições, elas constituem a ideologia.

Na sua dimensão dinâmica, porém, a ideologia é vista como uma determinada prática, um modo de agir, uma maneira de se criar, produzir ou manter determinadas relações sociais. A função da ideologia seria também a produção, reprodução e transformação das experiências vitais, na construção de subjetividades. Therborn, ao definir ideologia, diz que *"a operação da ideologia na vida humana envolve, fundamentalmente, a constituição e a padronização de como os seres humanos vivem suas vidas como iniciadores conscientes e reflexivos de ações num universo de significados... Nesse sentido, ideologia constitui os seres humanos como sujeitos"* (1980, p. 2). E, logo após, ele afirma que estudar o aspecto ideológico duma prática é *"deter-se na maneira pela qual ela opera na formação e transformação da subjetividade humana"*.

Juntando as duas linhas

Até aqui analisamos dois eixos, onde sempre aparece uma dicotomia, com dimensões opostas de ideologia. Na junção dos dois eixos, formam-se quatro amplos campos, que servem para visualizar, identificar e relacionar quatro grandes concepções de ideologia (Quadro 3):

1	2
3	4

Cada um desses campos possui, também, seus teóricos. Assim, no quadrante 1, há autores que definem ideologia no sentido positivo e como algo material. É o caso, por exemplo, de Mannheim (1954), para quem a ideologia é algo positivo e concreto, como as cosmovisões das pessoas. Já no quadrante 2, temos ideologia como algo positivo, mas como uma prática: é a visão de Therborn (1980), e muitos outros, que veem a ideologia como uma maneira de se criar e manter as relações sociais, sejam elas de que tipo forem. No quadrante 3 ideologia passa a ser algo negativo, mas algo concreto, como, por exemplo, "as ideias da classe dominante", de Marx (1989). No caso de Althusser (1972), ideologia abrangeria tanto o 1 como o 3, pois uma escola, por exemplo, materializa a ideologia, mas pode ser tanto positiva, como negativa. Finalmente, no quadrante 4 teríamos ideologia como uma prática, mas não uma prática qualquer; deve ser uma prática que serve para criar, ou manter, relações assimétricas, desiguais, injustas. É essa exatamente a definição de John B. Thompson (1995), que, no nosso modo de ver, é o autor que melhor trata a problemática da ideologia. Vamos nos deter especificamente nesse autor e nesse quadrante, daqui para a frente.

Muitos talvez estejam se perguntando por que fazer todas essas distinções. Pois há muitas razões para isso. Em primeiro lugar, é preciso deixar claro que o termo ideologia possui, como acabamos de ver, muitos sentidos diferentes. Toda vez que formos empregar tal conceito, devemos, pois, dizer qual o sentido que damos a esse termo. Isso é fundamental para podermos estabelecer uma comunicação honesta e correta. Ao mesmo tempo sempre que formos ler, ou escutar, alguém empregando esse termo, devemos ver de imediato qual o sentido que esse autor ou locutor está dando à palavra. Somente assim é possível progredir no diálogo e na investigação.

Em segundo lugar, podemos, a partir dessas distinções, vermos qual é o melhor enfoque para podermos fazer uma boa pesquisa e podermos realizar um trabalho que seja prático e útil à ciência e à sociedade. É nosso entendimento, por exemplo, que tomar ideologia no sentido negativo é bem mais interessante que simplesmente empregá-lo como sendo um conjunto de ideias. Ideias, cosmovisões, todos nós temos, e não há como ser diferente. O importante, porém, é saber se essas ideias são falsas, enganadoras, se elas podem trazer prejuízos aos nossos colegas.

Finalmente, é sempre mais honesto, diríamos, empregar ideologia como uma prática, pois se a tomamos como materializada em alguma instituição, ou ideia, é arriscado, cremos, afirmar que ela é automaticamente negativa. O que vai mostrar se uma ideia, ou uma instituição, possui uma dimensão negativa é a maneira como é empregada, isto é, sua função, se ela serve, ou não, para criar ou reproduzir relações que chamaremos, daqui para a frente, de relações de dominação. Nenhuma ideia, mesmo que seja da classe dominante, é, por definição, mistificadora ou falsa. Precisamos ver, caso a caso, se ela está enganando ou não. Se ela de fato ilude e esconde a realidade, então diz-se que é uma ideologia. Do mesmo modo com as instituições. Uma instituição, por si mesma, como a escola, por exemplo, não se constitui numa ideologia negativa. Só é negativa quando se consegue mostrar que ela ajuda a criar, ou reproduzir, relações de dominação, assimétricas, desiguais. Apesar disso, contudo, é importante deixar claro que não há critérios intrínsecos que forcem a adoção de uma, ou outra, dessas dimensões. Cada pesquisador tratará de fazer sua opção por uma delas, e nessa opção os critérios escolhidos serão os que, conforme o autor em questão, possam ajudar a investigar e compreender mais claramente os fenômenos concretos e os que possam ser úteis aos propósitos de cada investigador. É o que pretendemos fazer a seguir. Arriscamos sugerir um modo que julgamos prático e eficaz no tratamento dessa realidade complexa e provocante, dentro de uma perspectiva histórico-crítica.

Um modo prático de se tratar a ideologia

Em anos bem recentes, principalmente a partir dos estudos de Thompson (1995), uma nova aproximação ao estudo da ideologia começou a ser desenvolvido, como vimos, em parte, no item anterior. A grande diferença nesse estudo é que se começa a deixar de lado a preocupação com a verdade ou falsidade de um conceito (p. ex. o entendimento da ideologia como as ideias da classe dominante); ou a preocupação com a constituição específica de uma instituição que seja ideológica (p. ex. os "aparelhos ideológicos de estado" de Althusser); ou a preocupação com a concepção de uma ideologia reificada (p. ex., ideologia como um "ismo", por exemplo, socialismo, comunismo). Ideologia assume a dimensão de uma prática, de um modo de operação, de uma estratégia de ação.

A concepção e o emprego da ideologia dentro dessa perspectiva evita a difícil e ingente tarefa de se verificar, em cada caso, a validade ou falsidade dos conceitos já estabelecidos.

Essa concepção já pode ser visualizada em Marx, não de maneira clara, mas implícita, quando ele emprega ideologia como sendo um sistema de representações que servem para sustentar relações existentes de dominação através da orientação das pessoas para o passado, ou para imagens ou ideias que desviam da busca de mudança social. Essa teria sido a legitimação do golpe de estado de Luís Napoleão Bonaparte (MARX, 1968). É uma concepção bem distinta da que é apresentada na *Ideologia alemã* (1989), onde a ideologia é tomada como sendo as "ideias da classe dominante".

Essa nova concepção de ideologia afasta nossa atenção de ideias abstratas de doutrinas filosóficas e teóricas, concentrando, em vez disso, nossa atenção nas *maneiras* como as formas simbólicas são usadas e transformadas em contextos sociais específicos. É uma concepção que nos obriga a examinar as maneiras como as relações sociais são criadas e sustentadas por formas simbólicas que circulam na vida social, aprisionando as pessoas e orientando-as para certas direções.

De acordo com esse enfoque, *"estudar a ideologia é estudar as maneiras como o sentido serve para estabelecer e sustentar relações de dominação"* (THOMPSON, 1995, p. 76). Assim, um fenômeno ideológico só é ideológico se ele serve, em circunstâncias específicas, para estabelecer e sustentar relações de dominação. Isso quer dizer que os fenômenos não são ideológicos em si mesmos; não se pode retirar o caráter ideológico dos próprios fenômenos como tais, mas somente quando os situamos em contextos sócio-históricos onde eles passam a estabelecer e sustentar relações de dominação. E a questão de se dizer se essas relações estabelecem ou sustentam relações de dominação só pode ser respondida quando se examina a interação entre sentido e poder em circunstâncias particulares.

Analisamos a seguir algumas implicações derivadas dessa concepção:

a) Ideologia como uma concepção crítica

Concepção crítica contrapõe-se aqui a concepção neutra. Concepção neutra é a que caracteriza fenômenos como ideológicos, sem implicar que esses fenômenos sejam necessariamente enganadores, ilusórios ou ligados a interesses de algum grupo particular. Ideologia seria um aspecto da vida social, entre outros. Pode servir para a revolução, restauração, reforma ou perpetuação de qualquer ordem social. Exemplos de concepções neutras de ideologia seriam concepções que veem ideologia como puro e simples estudo das ideias; a como um conhecimento que é socialmente condicionado; ou mesmo a concepção de ideologia como uma plataforma de análise e de luta do proletariado.

Já a concepção crítica possui um sentido negativo, ou até certo ponto pejorativo. Implica que o fenômeno caraterizado como ideológico é enganador, ilusório ou parcial e a própria caracterização do fenômeno como ideologia carrega consigo a própria condenação desses fenômenos.

b) Sentido e formas simbólicas

Vimos acima que, dentro de uma perspectiva crítica, estudar ideologia é a maneira pela qual o sentido se serve para sustentar relações de dominação. O "sentido" de que se fala aqui é o sentido das formas simbólicas. E por "formas simbólicas" se entende o amplo espectro de ações e falas, imagens e textos, que são produzidos por pessoas e reconhecidos por elas como contendo um significado. Essas formas são principalmente as falas e expressões linguísticas, faladas ou não, mas podem ser também formas não linguísticas, ou quase-linguísticas, como uma imagem visual ou um construto que combine imagens e palavras.

O caráter significativo das formas simbólicas pode ser analisado através de quatro dimensões específicas, que são: a dimensão intencional – as formas simbólicas são expressões de um sujeito e para um sujeito; a dimensão convencional – a produção, construção, emprego e interpretação das formas simbólicas são processos que envolvem a aplicação de regras ou convenções de vários tipos; a dimensão estrutural – as formas simbólicas são construções que exibem uma estrutura articulada; a dimensão referencial – são construções que representam algo de modo específico, referem-se a algo, dizem algo sobre alguma coisa; finalmente, a mais importante, a dimensão contextual, isto é, as formas simbólicas estão sempre inseridas em processos e contextos sócio-hitóricos determinados, dentro dos quais e por meio dos quais elas são produzidas, transmitidas e recebidas.

c) O conceito de dominação

É importante e estratégico distinguir aqui dois conceitos: o conceito de poder e o conceito de dominação. Essa distinção não é ainda muito comum nas ciências sociais.

Poder é definido aqui como sendo uma capacidade de produzir algo, capacidade essa específica de cada prática (GUARESCHI, 1992). Todo tipo de prática envolve, assim, certa quantidade de poder. Além disso, toda pessoa situada dentro de um contexto socialmente estruturado tem, em virtude de sua localização, diferentes quantidades e diferentes graus de acesso a recursos disponíveis. Isso significa que tal localização e as qualificações associadas a essas posições, nas instituições e na sociedade, fornecem a esses indivíduos diferentes graus de "poder".

Já a dominação é uma relação, e se dá quando determinada pessoa expropria poder (capacidades) de outro, ou quando relações estabelecidas de poder são sistematicamente assimétricas, fazendo com que determinados agentes, ou grupos de agentes, não possam participar de determinados benefícios, sendo assim injustamente deles privados, independentemente da base sobre a qual tal exclusão é levada a efeito.

d) Modos e estratégias como o sentido pode servir para estabelecer e sustentar relações de dominação

Esse é, certamente, o ponto mais prático e útil para quem quer se arriscar numa análise da ideologia. Quais os modos e estratégias empregados na criação e manutenção das relações de dominação? Ou: como o sentido pode servir para estabelecer e sustentar tais relações?

Evidentemente, as maneiras são muitíssimas. Cada pesquisa vem contribuir para que se descubram novas e diferentes maneiras. Melhor discutir isso através de alguns exemplos:

– Suponhamos um político pronunciando um discurso em que afirma que a competição em âmbito mundial e o processo de globalização são condições indispensáveis que vêm favorecer o progresso e o desenvolvimento de todas as nações. Que está afirmado, ou suposto, aqui? Estamos diante de uma estratégia ideológica que poderíamos chamar de universalização. Esses processos irão, de fato, favorecer, e são indispensáveis a todos os países, ou só a alguns? Na verdade, eles vêm favorecer apenas aos mais desenvolvidos, pois como mostrou muito bem Nelson W. Sodré (1995) globalização é simplesmente um novo nome para colonização. O que os países colonizadores faziam com os colonizados é o que fazem hoje os países com mais tecnologia e recursos com respeito aos menos desenvolvidos. Primeiro afirmam que a competição é o fator essencial a todo progresso e desenvolvimento. Depois a transportam a nível mundial. Nessa competição globalizada os mais fracos saem, fica claro, fortemente prejudicados. É o mesmo que dizer que um atleta que ao iniciar uma corrida está muitos metros à frente, e que possui muito mais recursos e preparo físico, tem as mesmas chances de vencer que seu parceiro colocado atrás e com menos recursos. Como não fica bem falar em colonização hoje, fala-se em globalização.

– Ou vejamos a atitude de uma mãe solícita ao descobrir que sua filha está namorando vários rapazes. A reação imediata é: "Minha filha, isso não é natural! Isso nunca foi assim!" Mal sabe essa santa mãe que as tibetanas possuem muitos maridos. E que os árabes possuem muitas mulheres. Que estratégia é usada aqui? A estratégia da naturalização, ou da eternalização, que consiste em tirar dos fenômenos seu caráter histórico, relativo e transformá-los em eternos, imutáveis, naturais.

– Ou senão escutemos a fala daquela empregada que ao ser perguntada por que há pessoas ricas, responde absolutamente convicta: "Rico é quem poupa!" Que se esconde por detrás dessa fala? Uma enorme legitimação e justificação de uma situação desigual e muitas vezes injusta. Na verdade grande número de pessoas ricas assim o são, em geral, por explorarem o trabalho dos outros. Quando digo, por isso, que rico é quem poupa, estou mistificando a realidade, propiciando uma explicação distorcida do fenômeno, legitimando a riqueza de uns, por um lado, e explicando por que alguns (no caso, a empregada) são pobres, por outro lado. Eles explicam a si mesmos que são pobres porque não pouparam, quando, na grande maioria das vezes, são pobres porque foram explorados. E mais: quando, por acaso, sobrarem alguns tostões, eles irão correndo colocá-los na "poupança", propiciando, indiretamente, mais lucros ainda aos que fazem uso dessa poupança para empregá-la em investimentos muito mais lucrativos.

Os exemplos poderiam assim ser multiplicados. Thompson (1995) enumera cinco modos gerais de operação da ideologia (legitimação, dissimulação, unificação, fragmentação, reificação), junto com inúmeras estratégias típicas de construção simbólica associadas a cada modo geral. Remetemos a seu texto para a descrição e exemplificação tanto dos modos como das estratégias.

Esses mecanismos não são as únicas maneiras de operação da ideologia. Várias outras estratégias já foram identificadas em diversas pesquisas, que poderiam se somar às descritas acima, tais como a rotulação ou estigmatização, onde se ligam determinados estereótipos a um sujeito ou instituição, propiciando, com isso, que relações de dominação se criem ou se perpetuem; a sacralização, ou divinização, através das quais caraterísticas sobrenaturais são referendadas a acontecimentos ou pessoas, criando-se com isso situações onde relações assimétricas de poder são instituídas, com o prejuízo de diversas pessoas ou grupos; e ainda outras possibilidades (GUARESCHI, 1996).

Além do mais, esses modos e estratégias podem se sobrepor e se reforçar, ou se legitimar mutuamente.

e) A valorização das formas simbólicas

Há ainda um último ponto que merece ser assinalado, que se mostrou extremamente útil na análise da ideologia. Como vimos, as formas simbólicas possuem diversas características. Elas têm um caráter intencional, convencional, estrutural, referencial e contextual. O caráter contextual significa que elas estão sempre inseridas num contexto sociocultural específico. São produzidas por sujeitos historicamente situados que possuem recursos e capacidades específicas. Ao mesmo tempo, elas são recebidas por sujeitos que estão inseridos em contextos sócio-históricos particulares. Esses fatos fazem com que as formas simbólicas carreguem consigo diferentes particularidades a partir desses sujeitos. São essas especificidades que Bourdieu (1977) discute ao analisar os diferentes campos de interação. E a esses recursos e capacidades Bourdieu chama de "capital"; e um desses tipos é o capital *simbólico*.

Em tais circunstâncias, as formas simbólicas podem ser valorizadas de diferentes maneiras. Quando se conectam as posições que determinada pessoa ocupa dentro de certo campo de interação a diversos processos de valorização simbólica, podemos identificar diferentes graus de "poder" que passam a ser atribuídos a diferentes atores. "Poder" é entendido aqui como a capacidade de agir para conseguir diferentes objetivos: poder de fazer algo, ou de agir de determinada maneira. Ao agir, a pessoa emprega recursos disponíveis (capital). Ora, o fato de uma pessoa ocupar determinada posição, num campo de interação (como nas instituições, por exemplo), "possibilita", "capacita" a essa pessoa a conseguir determinados fins, realizar seus objetivos, tomar tais decisões. E, pelo fato de possuir graus diferentes de "poder", relaciona-se diferentemente com os outros. Surgem assim, dessas interações, diferentes "relações", que, ao se constituírem como sistematicamente assimétricas (desiguais), transformam-se em relações de dominação. Retornamos, então, ao campo da ideologia, entendida como maneira de criar e manter relações de dominação. A "dominação" dentro de tais situações é uma dominação mais estável, que não depende de circunstâncias que podem ser facilmente mudadas e transformadas, mas que por se situarem em instituições (e até mesmo na estrutura social) possuem caraterísticas mais estáveis e cristalizadas.

Surgem daqui outros tipos de estratégias típicas de valorização simbólica, que podem servir, dependendo das circunstâncias, para criar ou manter relações de dominação, isto é, prestam-se a ser recurso ideológico dentro da definição por ele defendida.

Exemplificando, pode-se dizer que uma pessoa, ao ocupar uma posição dominante dentro de um campo de interação, pode apelar a estratégias de valorização simbólica como a de "distinção" (o uso de vestimentas que materializam situações de prestígio, como o uso de gravata etc.), de menosprezo, de condescendência, e assim por diante. Tais estratégias permitem às pessoas que estão em posição dominante reafirmar sua dominação, sem necessitar de demonstrações mais claras e específicas.

Já quem está numa posição intermediária pode empregar estratégias de moderação (valorização dos bens à sua disposição), pretensão (fingindo ser o que de fato não é e buscando assemelhar-se aos de cima) ou desvalorização (depreciando as produções dos dominantes). E quem ocupa uma posição subordinada pode empregar estratégias de praticidade (em vez de buscar requintes, dá valor a coisas práticas e baratas), de resignação respeitosa (aceita sua posição como inevitável), ou de rejeição (não aceita e ridiculariza o que é produzido pelos dominantes, rotulando muitas vezes tais produções como "intelectuais" ou "efeminadas").

Conclusão

Tentamos mostrar, de um lado, como o conceito de ideologia é complexo e multifacetado, tomado em acepções bem diversas; de outro lado, argumentamos que, quando tomado no sentido negativo e crítico, e como uma prática, isto é, como o uso de formas simbólicas para criar ou manter relações de dominação, ele se presta para fazer com que os estudos e pesquisas se tornem mais úteis e frutíferos, é realmente o que torna os estudos e pesquisas frutíferos. Mais que identificar cosmovisões gerais de pessoas ou grupos, o que na verdade cremos ser importante e necessário é revelar como as pessoas sofrem e são prejudicadas, na sua vida cotidiana, devido a relações que são estabelecidas de maneira desigual e injusta. Com isso nosso trabalho poderá contribuir, de maneira iluminadora e emancipatória, na construção de uma sociedade economicamente justa, politicamente democrática, culturalmente plural, eticamente solidária.

Leituras complementares

Em estudo abrangente, bastante completo e crítico do conceito e da teoria da ideologia pode ser encontrado no livro de John B. Thompson, *Ideologia e cultura moderna*, Petrópolis: Vozes, 1995. Além do histórico do conceito, ele mostra os diversos sentidos em que ideologia foi tomada e sugere maneiras de se poder analisá-la. Um outro livro do mesmo autor, *Studies in the Theory of Ideology*, Londres, Polity Press, 1984, traz também excelente material para compreender e criticar a ideologia.

O livro de Marilena Chauí, *O que é Ideologia,* São Paulo: Brasiliense, 1983, é também um ótimo tratado introdutório e mais simples para quem quiser se familiarizar com o que seja ideologia.

Bibliografia

ALTHUSSER, L. *Ideologia e aparelhos ideológicos de estado.* Lisboa: Presença, 1972.

BOURDIEU, P. *Outline of a theory of practice.* Cambridge: Cambridge University Press, 1977.

CRICK, B. (ed.). Machiavelli. *Discourses.* Nova Iorque: Penguin, 1970.

DE TRACY, D. *Éléments d'Idéologie.* Vol. 1. Paris: Librairie Philosophique J. Vrin, 1803 [reimpresso em 1970].

FARR, R. *The roots of modern social psychology:* 1872-1954. Oxford: Blackwell, 1996.

FREITAG, B. *A teoria crítica ontem e hoje.* São Paulo: Brasiliense, 1992.

GEUSS, R. *Teoria crítica*: Habermas e a Escola de Frankfurt. São Paulo: Papirus, 1988.

GUARESCHI, P. A ideologia: um terreno minado. *Psicologia Social & Sociedade.* 8(2): p. 82-94; jul./dez., 1996.

_____. *Sociologia da prática social.* Petrópolis: Vozes, 1992.

LENIN, Vladimir I. The state and revolution. In: *Selected works.* Londres: Lawrence and Wishart, 1969.

LUKÁCS, G. *History and class consciousness*: studies in marxist dialectics. Londres: Merlin Press, 1971.

MANNHEIM, Karl. *Ideology and utopia.* Londres: Routledge & Kegan Paul, 1954.

_____. The Eighteenth Brumaire of Louis Bonaparte. In: *Selected Works.* Londres: Lawrence & Wishart, 1968.

MARX, Karl. *Capital.* Nova Iorque: Vintage Books, 1977.

MARX, Karl & ENGELS, F. *A ideologia alemã.* São Paulo: Martins Fontes, 1989.

MOSCOVICI, S. Society and theory in social psychology. In: ISRAEL, J. & TAJFEL, H. *The context of social psychology.* Londres: Academic Press, 1972.

PIEST, O. (ed.). *The new organon and related wtitings.* Nova Iorque: The Liberal Arts Press, 1960.

SODRÉ, N.W. *A farsa do neoliberalismo.* Rio de Janeiro: Graphia, 1995.

THERBORN, Goran. *The ideology of power and the power of ideology.* Londres: Verso, 1980.

THOMPSON, John B. *Ideologia e cultura moderna*: teoria social crítica na era dos meios de comunicação de massa. Petrópolis: Vozes, 1995.

REPRESENTAÇÕES SOCIAIS

Fátima O. de Oliveira
Graziela C. Werba

Discorrer sobre Representações Sociais (RS) não tem sido uma tarefa fácil. Elas se colocam, em parte, na ordem da "utopia". Por que RS lembra utopia? Porque nunca se chega ao limite deste conceito: ao nos aproximarmos dele, o vemos escorregar para mais longe, obrigando-nos a transpor nossas próprias fronteiras buscando, novamente, aquele "horizonte perdido".

Atualmente, as discussões em torno da teoria das RS têm ocupado um grande espaço no campo da Psicologia Social, obrigando muitos teóricos e acadêmicos a revisarem seus enfoques, proporcionando a todos novas formas de olhar, entender e interpretar os fenômenos sociais, ajudando a compreender, em última análise, por que as pessoas fazem o que fazem.

Como nasceu esta teoria?

Para Moscovici (1994, p. 8), o conceito de representação social tem suas origens na Sociologia e na Antropologia, através de Durkheim e de Lévi-Bruhl. Inicialmente chamado de representação coletiva, serviu como elemento básico para elaboração de uma teoria da religião, da magia e do pensamento mítico. Também contribuíram para a criação da teoria das RS, a teoria da linguagem de Saussure, a teoria das representações infantis de Piaget e a teoria do desenvolvimento cultural de Vygotsky.

A teoria das RS pode ser considerada como uma forma sociológica de Psicologia Social (FARR, 1994). O conceito é mencionado pela primeira vez por Moscovici, em seu estudo sobre a representação social da psicanálise, intitulado *Psychanalyse: Son image et son public*. Nesta obra, Moscovici conduz um estudo tentando compreender mais profundamente de que forma a psicanálise, ao sair dos grupos fechados e especializados, é ressignificada pelos grupos populares. O que motivou Moscovici a desenvolver o estudo das RS dentro de um trabalho científico foi, principalmente, sua crítica aos pressupostos positivistas e funcionalistas das demais teorias que não davam conta de explicar a realidade em outras dimensões, principalmente na dimensão histórico-crítica.

No Brasil o interesse pela teoria das RS iniciou no final da década de 1970, lembrando sua estreita relação com o desenvolvimento da própria psicologia social que, a partir de algumas instituições, assume uma postura mais crítica, não apenas em relação à psicologia americana, mas também em contrapartida ao "papel subserviente da ciência frente às questões de ordem macrossocial" (SPINK, 1996, p. 170).

A teoria das RS tem sido discutida, criticada, reformulada e cada vez mais empregada em muitos trabalhos científicos. Apesar de Moscovici recusar-se a conceituá-la de modo definitivo, muitos autores têm-se esforçado para compreendê-la mais profundamente, bem como contribuir para seu desenvolvimento enquanto teoria.

Mas o que são as representações sociais?

As Representações Sociais são "teorias" sobre saberes populares e do senso comum, elaboradas e partilhadas coletivamente, com a finalidade de construir e interpretar o real. Por serem dinâmicas, levam os indivíduos a produzir comportamentos e interações com o meio, ações que, sem dúvida, modificam os dois.

De Rosa (1994) distingue entre três níveis de discussão e análise das RS:

• *Nível fenomenológico* – as RS são um objeto de investigação. Esses objetos são elementos da realidade social, são modos de conhecimento, saberes do senso comum que surgem e se legitimam na conversação interpessoal cotidiana e têm como objetivo compreender e controlar a realidade social.

• *Nível teórico* – é o conjunto de definições conceituais e metodológicas, construtos, generalizações e proposições referentes às RS.

• *Nível metateórico* – é o nível das discussões sobre a teoria. Neste colocam-se os debates e as refutações críticas com respeito aos postulados e pressupostos da teoria, juntamente a uma comparação com modelos teóricos de outras teorias.

Para evitar confusões é fundamental distinguir entre estes três níveis, bem como assinalar sobre qual deles se está falando. Quanto à metodologia, nas RS, ela vai variar de acordo com o objeto de estudo, acompanhando paralelamente estes três níveis de discussão.

Apesar de Moscovici não ter apresentado um conceito definitivo de RS, tentou situá-la da seguinte forma:

Moscovici (1981, p. 181) refere que *"por Representações Sociais entendemos um conjunto de conceitos, proposições e explicações originado na vida cotidiana no curso de comunicações interpessoais. Elas são o equivalente, em nossa sociedade, aos mitos e sistemas de crença das sociedades tradicionais: podem também ser vistas como a versão contemporânea do senso comum".*

Talvez seja Jodelet quem melhor e mais detalhadamente conceitue RS como *"uma forma de conhecimento, socialmente elaborada e partilhada, tendo uma visão prática e concorrendo para a construção de uma realidade comum a um conjunto social"* (JODELET, 1989, p. 36).

Para Guareschi (1996a) são muitos os elementos que costumam estar presentes na noção de RS. Nelas há elementos dinâmicos e explicativos, tanto na realidade social, física ou cultural; elas possuem uma dimensão histórica e transformadora; nelas estão presentes aspectos culturais, cognitivos e valorativos, isto é ideológicos. Esses elementos das RS estão sempre presentes nos objetos e nos sujeitos; por isso as RS são sempre relacionais, e portanto sociais.

Um dos elementos fundamentais da teoria das RS é a interligação possível entre *cognição, afeto e ação* no processo de representação. Tanto Jovchelovitch (1996), como Guareschi, mostram a importância desta interligação no processo cognitivo.

A representação, como um processo mental, carrega sempre um sentido simbólico. Jodelet (1988) identifica no ato de representar cinco características fundamentais: 1) representa sempre um objeto; 2) é imagem e com isso pode alterar a sensação e a ideia, a percepção e o conceito; 3) tem um caráter simbólico significante; 4) tem poder ativo e construtivo; 5) possui um caráter autônomo e generativo.

Para que estudamos as RS?

Estudar RS é buscar conhecer o modo de como um grupo humano constrói um conjunto de saberes que expressam a identidade de um grupo social, as representações que ele forma sobre uma diversidade de objetos, tanto próximos como remotos, e principalmente o conjunto dos códigos culturais que definem, em cada momento histórico, as regras de uma comunidade.

Uma das principais vantagens desta teoria é sua capacidade de descrever, mostrar uma realidade, um fenômeno que existe, do qual muitas vezes não nos damos conta, mas que possui grande poder mobilizador e explicativo. Torna-se necessário, por isso, estudá-lo para que se possa compreender e identificar como ela atua na motivação das pessoas ao fazer determinado tipo de escolha (comprar, votar, agir, etc.).

É fundamental darmo-nos conta de que, na maioria das vezes, nós praticamos determinadas ações, como por exemplo comprar e votar, não por razões lógicas, racionais ou cognitivas, mas por razões principalmente afetivas, simbólicas, míticas, religiosas, etc. A teoria das RS chama a atenção a essa realidade e tenta mostrar a importância de se conhecer essas representações para se compreender o comportamento das pessoas.

O conceito de RS é versátil e três importantes postulados podem se combinar em seu emprego:

• é um conceito abrangente, que compreende outros conceitos tais como: atitudes, opiniões, imagens, ramos de conhecimento;

• possui poder explanatório: não substitui, mas incorpora os outros conceitos, indo mais a fundo na explicação causal dos fenômenos;

• o elemento *social* na teoria das RS é algo constitutivo delas, e não uma entidade separada. O social não determina a pessoa, mas é substantivo dela. O ser humano é tomado como essencialmente social.

Como podemos ver, a teoria das RS é bastante abrangente e seu conceito dinâmico pode nos ajudar a entender as várias dimensões da realidade, quais sejam: a física, a social, a cultural, a cognitiva, e isso tudo de forma objetiva e subjetiva. Essa abertura torna as RS um instrumento valioso e imprescindível no campo da psicologia social.

Por que criamos as RS?

Tentando entender a formação e origem das RS, constata-se que criamos as RS para tornar familiar o não familiar. Este movimento que se processa internamente vem a serviço de nosso "bem-estar", pois tendemos a rejeitar o estranho, o diferente, enfim, tendemos a negar as novas informações, sensações e percepções que nos trazem desconforto. Para assimilar o não familiar, dois processos básicos podem ser identificados como geradores de RS, o processo de *ancoragem* e *objetivação*. Vejamos primeiro o que significam os conceitos: *familiar* e *não familiar*, a partir das noções de Universos Reificados e Universos Consensuais.

Poderíamos dizer que existem, na sociedade, dois tipos diferentes de universos de pensamento: os Universos Consensuais (UC) e os Universos Reificados (UR).

Nos UR, que são mundos restritos, circulam as ciências, a objetividade, ou as teorizações abstratas. Nos UC, que são as teorias do senso comum, encontram-se as práticas interativas do dia a dia e a produção de RS.

No UC a sociedade é vista como um grupo de pessoas que são iguais e livres, cada uma com possibilidade de falar em nome do grupo. Nenhum membro possui competência exclusiva. Já no UR, a sociedade é percebida como um sistema de diferentes papéis e classes, cujos membros são desiguais.

O não familiar situa-se, e é gerado, muitas vezes, dentro do UR das ciências e deve ser transferido ao UC do dia a dia. Essa tarefa é, geralmente, realizada pelos divulgadores científicos de todos os tipos, como jornalistas, comentaristas econômicos e políticos, professores, propagandistas, que têm nos meios de comunicação de massa um recurso fantástico.

Podemos agora retomar as noções de Ancoragem e Objetivação e ver que papel desempenham nesse contexto.

Ancoragem é o processo pelo qual procuramos classificar, encontrar um lugar, para encaixar o não familiar. Pela nossa dificuldade em aceitar o estranho e o diferente, este é muitas vezes percebido como "ameaçador". A ancoragem nos ajuda em tais circunstâncias. É um movimento que implica, na maioria das vezes, em juízo de valor, pois, ao ancorarmos, classificamos uma pessoa, ideia ou objeto e com isso já o situamos dentro de alguma categoria que historicamente comporta esta dimensão valorativa. Quando algo não se encaixa exatamente a um modelo conhecido, nós o forçamos a assumir determinada forma, ou entrar em determinada categoria, sob pena de não poder ser decodificado. Este processo é fundamental em nossa vida cotidiana, pois nos auxilia a enfrentar as dificuldades de compreensão ou conceituação de determinados fenômenos. Por exemplo, quando surgiu o problema da Aids, diante das perplexidades e dificuldades em entendê-la e classificá-la, uma das formas encontrada pelo senso comum para dar conta de sua ameaça, foi ancorá-la como uma "peste", mais especificamente "a peste gay" ou "o câncer gay". Assim representada, embora classificada de forma equivocada e preconceituosa, a nova doença pareceu menos ameaçadora, pois já havia sido categorizada pelo senso comum como uma peste, e só aconteceria aos "gays".

Um dos melhores exemplos de como ocorre a *Ancoragem* é fornecido por Jodelet, em seu trabalho sobre a representação social da loucura. Ao abrirem as portas do manicômio e colocarem os doentes mentais em contato com os aldeões na rua, aqueles foram imediatamente julgados por padrões convencionais e comparados a idiotas, vagabundos, epilépticos, ou aos que, no dialeto local, eram chamados de maloqueiros. Quando determinado objeto, ou ideia, é comparado ao paradigma de uma categoria, ele adquire características dessa categoria e é reajustado para que se enquadre nela. Neste exemplo, a ideia destes aldeões sobre os idiotas, vagabundos ou epilépticos, foi transferida, sem modificação, aos doentes mentais.

Já a *Objetivação* é o processo pelo qual procuramos tornar *concreto, visível,* uma realidade. Procuramos aliar um conceito com uma imagem, descobrir a qualidade icônica, material, de uma ideia, ou de algo duvidoso. A imagem deixa de ser signo e passa a ser uma cópia da realidade. Um dos exemplos fornecidos por Moscovici refere-se à religião. Ao se chamar de "pai" a Deus, está-se objetivando uma imagem jamais visualizada (Deus), em uma imagem conhecida (pai), facilitando assim a ideia do que seja "Deus".

Qual a diferença entre representações sociais e outras teorias?

Podemos dizer que a principal diferença entre o conceito de RS de outros conceitos é sua dinamicidade e historicidade específicas. As

RS estão associadas às práticas culturais, reunindo tanto o peso da história e da tradição, como a flexibilidade da realidade contemporânea, delineando as representações sociais como estruturas simbólicas desenhadas tanto pela duração e manutenção como pela inovação e metamorfose.

Existem diferenças entre o enfoque dado à psicologia social americana e o enfoque europeu. A psicologia social que floresceu nos EUA é uma Psicologia essencialmente cognitivista, que foi exportada para a Europa (e América do Sul). Ao florescer em solo norte-americano, a psicologia social do pós-guerra alimenta-se de uma visão individualista específica de sua cultura, o que Farr (1994) denomina de psicologia social psicológica, enfraquecendo a vertente mais interdisciplinar com a sociologia que se chama de psicologia social sociológica. É neste contexto que nasce a teoria das RS, teoria esta que, tendo origem em Durkheim, um sociólogo, contrapõe-se à vertente americana e assim o campo de estudos das RS acaba por ampliar a noção de social.

Deve-se fazer uma distinção entre RS e as Representações Coletivas, como empregadas por Durkheim. Sperber (1985), ao explicar a diferença, faz uma analogia com a medicina: diz ele que a mente humana é susceptível de representações culturais, do mesmo modo que o organismo humano é susceptível de doenças. Ele divide as representações em: *coletivas* – representações duradouras, amplamente distribuídas, ligadas à cultura, transmitida lentamente por gerações, "são tradições" e se comparam à endemia; e *sociais* – são típicas de culturas modernas, espalham-se rapidamente por toda a população, possuem curto período de vida, são parecidos com os "modismos" e se comparam à epidemia.

A Teoria das RS diferencia-se de muitas outras, também no que concerne à visão do social e ser humano. Para a Teoria Comportamentalista, o social é dado como pronto, e o ser humano é condicionado; para a psicanálise, o social é relegado a uma categoria de menor importância e o ser humano é determinado pelo inconsciente; já para a teoria das RS o social é coletivamente edificado e o ser humano é construído através do social.

Outra importante diferença entre a teoria das RS e outras de tendência mais positivista e funcionalista, é que aquela aceita a existência de conteúdos contraditórios, ou seja, seu estudo e pesquisa não descartam os achados conflitantes; pelo contrário, é a possibilidade de trabalhar com as diferenças que enriquece a compreensão do fenômeno investigado, conferindo à teoria das RS uma dimensão dialética.

Não menos importante na pesquisa das RS é a relação que ela estabelece com o estudo da ideologia, que veremos a seguir.

Que relações se podem estabelecer entre o estudo das RS e ideologia?

A relação que as RS estabelecem com ideologia provoca ainda muitas discussões. Se ideologia for definida como algo reificado, pronto e acabado, como parece ser o sentido que Moscovici dá à ideologia, é evidente que as RS não podem ser identificadas com ela, exatamente pelo fato de serem dinâmicas e sempre passíveis de transformação.

Ultimamente está havendo uma ampla tendência de se definir ideologia de acordo com a definição proposta por Thompson (1995, p. 76): *"Ideologia é o uso das formas simbólicas para criar ou manter relações de dominação";* em outras palavras, é o sentido a serviço de relações assimétricas, desiguais. O conceito de "sentido" embutido em ideologia é o "sentido" das formas simbólicas inseridas nos contextos sociais. As "formas simbólicas" são um amplo conjunto de ações e falas, imagens e textos que são produzidos pelas pessoas e reconhecidas por elas e outros como "construtos significativos". As falas e expressões linguísticas são centrais na análise podendo ser também imagens visuais ou construtos que combinam imagens e palavras. Ainda para se entender melhor o que seja ideologia é importante discutir o que se entende por "dominação". Dominação é uma relação que se estabelece entre pessoas ou grupos, onde uns interferem e se apropriam das capacidades ou habilidades de outros, de maneira assimétrica. Portanto, existem diversas formas de dominação que podem ser: econômica, de gênero, de raça, de etnia, de idade, religiosa, etc. (GUARESCHI, 1996b).

Se tomarmos, pois, ideologia como o uso de formas simbólicas para criar ou reproduzir relações de dominação, podemos concluir que as RS, pelo fato de serem formas simbólicas, podem ser ideológicas, mas não podemos deduzir isto *a priori*. Para dizer que uma RS é ideológica precisamos primeiro mostrar que ela serve em determinadas circunstâncias para criar ou reproduzir relações de dominação.

Como investigamos as RS?

Não existe uma metodologia exclusiva para a investigação das RS, sendo que encontramos desde investigações realizadas em uma base quantitativa, como as que trabalham com dados qualitativos, e ainda alguns que fazem uso complementar destas duas abordagens.

Um dos instrumentos mais usados e desenvolvidos na investigação das RS tem sido a técnica dos grupos focais. Existem, é claro, outros tantos que podem ser empregados, de acordo com o propósito da pesquisa, recursos disponíveis (tempo, verba, sujeitos, etc.), inclusive o estilo do investigador. Mas a técnica dos grupos focais parece se adaptar de maneira mais adequada a esta investigação.

Os grupos focais podem ser descritos, basicamente, como entrevistas que se fundamentam na interação desenvolvida dentro do grupo. O ponto-chave destes grupos é o uso explícito dessa interação para produzir dados e *insights* que seriam difíceis de conseguir fora desta situação. Isso se constitui na grande vantagem desses grupos, a oportunidade que eles oferecem de se estabelecer uma intensa troca de ideias sobre determinado tópico, num período limitado de tempo, onde os dados são discutidos e aprofundados em conjunto. A qualidade dos dados pode ser, em consequência, superior aos de uma entrevista individual. Embora esta técnica tenha sido e é ainda muito usada com fins publicitários, está sendo também cada vez mais frequentemente utilizada no campo das ciências sociais.

Morgan (1988, p. 22) afirma que *"a finalidade mais comum dos grupos focais é conduzir uma discussão em grupo que se assemelhe a uma conversação normal e viva entre amigos e vizinhos..."* Os grupos focais se prestam, pois, muito bem para a finalidade de se *"chegar mais próximo às compreensões que os participantes possuem do tópico de interesse do pesquisador"*. Pode-se compreender, além disso, não apenas "o que", mas também "por que" os participantes pensam da maneira como pensam (p. 24).

O papel do coordenador, nos grupos focais, é o de conduzir a discussão de forma livre, porém com o cuidado de não desviar o tema proposto. As falas dos grupos são geralmente registradas em cassete e seguem os seguintes passos para o trabalho de tratamento dos dados:

a) transcrição das entrevistas;

b) leitura flutuante do material, intercalando a escuta do material gravado com a leitura do material transcrito, de modo a captar os temas propostos, detendo-se na construção, na retórica, permitindo a emergência dos investimentos afetivos;

c) retorno aos objetivos da pesquisa para, após a categorização dos dados, fazer sua interpretação de acordo com os referenciais teóricos em questão.

Desse modo, após a atenta escuta e leitura, são pinçadas verbalizações que revelam uma ideia, ou avaliação, referentes ao tema proposto. A partir daí é possível uma categorização de dados, agrupando-os por afinidade. Destes, surgem as categorias principais a partir das quais se permite a construção de um mapeamento das categorias dos grupos focais.

Um uso muito apropriado do grupo focal é também servir de fundamentação para se criar uma entrevista, ou questionário, mais estruturados para serem aplicados a outros grupos, pessoas, ou para entrevistas individuais.

O número de grupos para se discutir um tema específico pode variar entre três a quatro e a duração normal é de uma hora, chegando às vezes a hora e meia. O tamanho dos grupos varia de no mínimo quatro participantes, até o máximo de doze, mas o mais recomendado é entre seis e oito participantes.

Umas das possíveis maneiras de se interpretar as RS após terem sido levantadas nos grupos focais e mapeadas é utilizar o referencial metodológico baseado em John B. Thompson (1995, capítulo 6) denominado por ele de Hermenêutica de Profundidade (HP). Este autor distingue dois níveis de análise na compreensão dos fatos sociais, em especial as formas simbólicas. Um primeiro nível é o da *hermenêutica* da *vida cotidiana,* que consiste numa descrição fenomenológica dos fatos. Em um segundo nível, denominado *hermenêutica de profundidade,* busca-se investigar e interpretar as formas simbólicas mais profundamente. O processo compõe-se de três fases: a análise sócio-histórica, que investiga o fenômeno na dimensão espácio-temporal, as suas inter-relações sociais, as instituições e a estrutura social; a análise formal ou discursiva, que investiga as formas simbólicas em si mesmas através de diversos tipos de análise de discurso, como a semiótica, a análise sintática, a análise da conversação, a análise argumentativa, a análise narrativa, etc.; finalmente a interpretação, ou reinterpretação, que é o espaço onde se interpretam as formas simbólicas de acordo com os referenciais teóricos em questão. É importante lembrar que toda a interpretação é aberta e conflitiva, sujeita a outras e novas interpretações.

Considerações finais

Ao finalizarmos este capítulo, podemos retomar a questão inicial: que teoria é essa? Parece-nos ser uma teoria nova, aberta e fecunda. Não é uma teoria pronta. Cremos que essa sua incompletude seja justamente uma das suas importantes possibilidades.

Podemos identificar dois grandes avanços, a nosso ver, trazidos por essa teoria:

a) a teoria das RS trata do conhecimento construído e partilhado entre pessoas, saberes específicos à realidade social, que surgem na vida cotidiana no decorrer das comunicações interpessoais, buscando a compreensão de fenômenos sociais;

b) a teoria das RS colocou os saberes do senso comum em uma categoria científica. Ela veio valorizar este conhecimento popular, tornando possível e relevante sua investigação.

Talvez estejamos demasiadamente acostumados a trabalhar com teorias já prontas, onde o que poderia ser descoberto já o foi, ou, em outras palavras, teorias que nos são *familiares,* que não nos assustam, mas que, por outro lado, pouco nos provocam. Poderíamos dizer que a provocação é a alma da pesquisa; talvez até possamos arriscar pensar que é este despertar da curiosidade pelo que nos é *não familiar,* não reconhecido previamente, o que nos move a novas descobertas científicas. Aliás, Aristóteles já dizia que a curiosidade é a alma da ciência.

A teoria das RS certamente nos obriga a pensar, exige muito trabalho de interpretação e reinterpretação, coloca-nos frente a dicotomias, conflitos, deixa-nos diante do desconhecido, ela desconcerta! É justamente aí que ela favorece nosso crescimento, pois vemo-nos obrigados a desconstruir certezas envelhecidas e a nos abrirmos para novas possibilidades. Todo esse movimento está contido no cerne da própria teoria, que é dinâmica em essência.

Leituras complementares

Conforme mencionamos no início deste capítulo, a teoria das RS é recente, por isso, a bibliografia em português a respeito do assunto não é extensa.

No Brasil, na PUC de São Paulo, há um grupo que trabalha com Mary Jane Spink, organizadora de *"O conhecimento no cotidiano: as representações sociais na perspectiva da psicologia social"*. São Paulo: Brasiliense, 1993, que apresenta bons trabalhos teóricos e metodológicos sobre representações sociais.

Na PUC do Rio Grande do Sul, outro grupo liderado por Pedrinho Guareschi tem-se dedicado ao estudo e pesquisa em RS. O livro *Textos em representações sociais*. Petrópolis: Vozes, 1994, que organizou com Sandra Jovchelovitch (London School of Economics and Political Science), traz boas discussões sobre a teoria, metodologia e pesquisa em RS. Do mesmo autor, para quem está se "iniciando" em representações sociais, sugerimos um texto básico: *Representações sociais: alguns comentários oportunos,* (ver bibliografia).

Na Uerj há outro grupo ligado a Celso Pereira de Sá, autor de *A teoria e pesquisa do núcleo central*. Petrópolis: Vozes, 1996, que discute proposições básicas e a produção empírica da abordagem do núcleo central.

Para quem tem facilidade com outros idiomas pode ser interessante a leitura de trabalhos clássicos como do próprio Moscovici, de Denise Jodelet, ou ainda de Annamaria S. De Rosa (citados na bibliografia).

Finalmente, para quem está interessado em conhecer e produzir trabalhos na linha dos que encontrou neste capítulo, poderá acompanhar as atividades que vêm sendo desenvolvidas pela Associação Brasileira de Psicologia Social – Abrapso, que publica a excelente revista científica *Psicologia & Sociedade* (PUC-São Paulo).

Bibliografia

DE ROSA, Annamaria S. From theory to metatheory in social representations: the lines of argument of a theoretical – methodological debate. *Social Science Information*. Vol. 33, n. 2, 1994, p. 273-303.

FARR, R.M. Representações sociais: a teoria e sua história. In: GUARESCHI, P. & JOVCHELOVITCH, S. *Textos em representações sociais*. Petrópolis: Vozes, 1994, p. 31-59.

GUARESCHI, P. Sem dinheiro não há salvação: ancorando o bem e o mal entre neopentecostais. In: GUARESCHI, P. & JOVCHELOVITCH, S.

_____. Representações sociais: alguns comentários oportunos. *Revista Coletâneas da Anpepp* n. 10, vol. 1, set., 1996a, p. 9-36.

_____. A ideologia: um terreno minado. *Psicologia & Sociedade*, Revista da Associação Brasileira de Psicologia Social – Abrapso, 8 (2): 82-94, jul/dez, 1996b.

_____. *Textos em representações sociais*. Petrópolis: Vozes, 1994, p. 191-225.

JODELET, D. Représentations sociales: un domaine en expansion. In: ID (ed.) *Les représentations sociales*. Paris: Presses Universitaires de France, 1989.

_____. Représentations sociales: phénomènes, concept et théorie. In: FARR, R. & MOSCOVICI, S. (eds.). *Psycologie sociale*. 2. ed. Paris: Presses Universitaires de France, 1988, p. 357-378.

JOVCHELOVITCH, S. Espaço de mediação e gênese das representações sociais. *Revista Psico*. Porto Alegre, 27 (1): 193-205, jan/jun, 1996.

MORGAN, D.L. *Focus groups as qualitative research*. Newbury Park, CA: Sage Publications, 1988.

MOSCOVICI, S. Prefácio. In: GUARESCHI, P. & JOVCHELOVITCH, S. *Textos em representações sociais*. Petrópolis: Vozes, 1994, p. 7-16.

_____. The phenomenon of social représentations. In: FARR, R.M. & MOSCOVICI S. (eds.). *Social représentations*. Cambridge: Cambridge University Press, 1984, p. 3-69.

_____. On social representatios. In: FORDAS, J.P. (eds.) *Social cognition: perspectives on everyday ubderstanding*. London: Academic Press, 1981, p. 181-209.

_____. *A representação social da psicanálise*. Rio de Janeiro: Zahar, 1978.

SPERBER, D. *Anthropology and psycology*: towards an epedimiology of représentations. Mann (news series), 1985, p. 73-89.

SPINK, M.J. Representações sociais: questionando o estado da arte. *Psicologia & Sociedade*, Revista da Associação Brasileira de Psicologia Social – Abrapso, 8 (2): 166-186, jul/dez, 1996.

THOMPSON, J.B. *Ideologia e cultura moderna*: teoria social crítica na era dos meios de comunicação de massa. Petrópolis: Vozes, 1995.

LINGUAGEM

Maria Juracy Toneli Siqueira
Adriano Henrique Nuernberg

O que é a linguagem

O que fazemos quando queremos mostrar a uma pessoa o que estamos pensando ou sentindo? Em geral, falamos. E se, por algum motivo qualquer, estamos impossibilitados de falar? Podemos tentar comunicarmo-nos através de gestos, da mímica, da escrita, de atitudes, do corpo, enfim, podemos utilizar outras formas de linguagem para transmitir aos demais o que pretendemos.

Segundo alguns estudiosos da comunicação humana (WATZLAWICK, 1967) "é impossível não comunicar", pois mesmo em silêncio estamos comunicando algo como, por exemplo, "não quero falar" ou "não quero falar agora" ou "isto aqui está muito chato" ou "não estou entendendo nada", e assim por diante. Sem buscarmos formas de fornecer aos outros meios mais claros para identificarem o que queremos dizer, no entanto, ficamos à mercê de sua interpretação arbitrária. Não que nossos ouvintes não nos interpretem sempre, mas, certamente, há que se estabelecer um código comum entre nós para que possamos comunicarmo-nos mais facilmente.

Neste sentido, os grupos humanos constroem formas partilhadas, códigos pelos quais seus vários membros possam transmitir as informações uns aos outros. As línguas atestam isto, sendo que, mesmo entre aqueles que falam uma língua única, há diferenças significativas segundo as tradições do grupo ao qual pertencem. No Brasil, por exemplo, usamos pelo menos três palavras diferentes para nomear uma mesma raiz comestível: mandioca, aipim, macaxeira. Se não pertencemos ao grupo que a ela nomeia mandioca, necessitaremos de algumas pistas adicionais para compreendermos do que se trata afinal. Para além de sua função de nomeação, as palavras apresentam-se também carregadas de sentido. Neste caso, ao falar mandioca eu falo muito mais coisas do que uma mera referência à raiz em si. Para alguns, lembranças de uma época de infância são imediatamente evocadas, resgatando os almoços em família, nos sábados, em que em cima da mesa a comida mineira, com carne de porco, couve refogada e mandioca cozida com manteiga enchia os olhos, os narizes e o estômago. Para outros, certamente, sentidos diferentes existirão, posto que cada um de nós, embora pertencendo a grupos que compartilham uma mesma cultura, compreende através de distintas maneiras os enunciados em trânsito nas relações sociais.

Outra variação da comunicação humana é a linguagem escrita, cuja característica principal é a possibilidade de registro e transmissão de informações de maneira mais permanente do que a linguagem oral. Se esta última surgiu em decorrência da necessidade da comunicação imediata, a escrita vem para garantir a durabilidade destas informações no tempo e no espaço, permitindo também o acesso a um interlocutor ausente do campo. Através da escrita nos comunicamos com amigos queridos que se encontram longe de nós, registramos nossas experiências profissionais sob a forma de *curriculum vitae*, apresentamos nossas ideias em trabalhos científicos, deixamos bilhetes para nossos companheiros de moradia, firmamos relações contratuais, enfim, entre tantas possibilidades, organizamos nosso cotidiano imediato e deixamos nossa marca através dos tempos. É possível, por exemplo, reconstituir toda uma época histórica, incluindo modos de viver, através das diferentes formas de registro e dos textos produzidos pela humanidade.

Das primeiras verbalizações e pinturas nas cavernas até as línguas atuais e suas formas escritas evidencia-se a dimensão histórica e social desta produção humana. Se o homem primitivo lia os sinais da natureza (pegadas, direção do vento, galhos quebrados etc.) e com eles orientava sua ação no mundo, com a criação dos signos (enquanto sinais artificialmente criados por homens e mulheres) amplia-se o âmbito das possibilidades da existência humana.

Convém ressaltar que a linguagem, enquanto uma função complexa, apresenta-se como uma das grandes questões das Ciências Humanas e Sociais neste século, sobretudo nas áreas da Psicologia,

Sociologia e, evidentemente, da Linguística. Inúmeras teorias dedicaram ênfase à linguagem, ainda que defendendo distintos pontos de vista e chamando a atenção para diferentes aspectos desse tema.

A linguagem segundo Vygotsky e Bakhtin

Homens e mulheres diferenciam-se dos outros animais pelo fato de que as categorias fundamentais de sua ação no mundo mudaram substancialmente no transcurso de sua história com a introdução do trabalho social e das formas de vida societária a ele vinculadas. O trabalho social, portanto, mediante a divisão de suas funções, originou novas formas de ação, não imediatamente relacionadas aos motivos biológicos elementares. O segundo fator decisivo nesta trajetória é o surgimento da linguagem. Faz-se necessário, então, tratar da linguagem dentro do processo histórico de desenvolvimento da cultura e, consequentemente, dos próprios homens e mulheres. Sendo assim, parte-se do pressuposto de que há uma relação de tensão entre a história do ser humano enquanto espécie com a produção da linguagem, entendida como resultado da necessidade de complexificação das formas de comunicação.

Conforme a ontologia marxista, a linguagem teria sido produzida por homens e mulheres a partir do processo de complexificação de suas necessidades e da divisão do trabalho, o que engendrou uma nova necessidade: a de uma comunicação mais estreita (LURIA, 1986)[1]. Face a isso, passou-se a designar ações e situações por meio de códigos, os quais estariam fundamentalmente vinculados ao momento mais imediato de seu contexto social. Partimos também do fato de que

> A linguagem é tão velha como a consciência: é a consciência real, prática, que existe também para outros homens e que portanto existe igualmente só para mim e, tal como a consciência, só surge com a necessi-

---

[1]. Alexander R. Luria integrou, juntamente com Lev S. Vygotsky e Alexis Leontiev, a famosa *troika* russa que marcou toda a história e a produção da psicologia ao lançar as bases de uma psicologia segundo o pensamento marxista. Para estes pesquisadores, o desenvolvimento humano é um processo histórico no qual o social é constituído e constituinte inalienável do homem. A linguagem, para eles, ocupa um lugar fundamental neste processo, sendo que o significado das palavras fornece à criança os resultados destilados da história de sua sociedade.

dade, as exigências dos contatos com outros homens. Onde existe uma relação, ela existe para mim (MARX & ENGELS, 1989, p. 36).

Em *A ideologia alemã* (1989), Marx e Engels afirmam que não se pode atribuir um caráter autônomo à linguagem, como os filósofos idealistas fizeram com o pensamento. Ambos são expressões da vida real. Por outro lado, o próprio Engels, em carta a Bloch, de 21/09/1890, argumenta que nem todas as alterações que acontecem nas instituições sociais se devem a causas estritamente econômicas, o que nos leva a crer que a linguagem goza de relativa autonomia em relação às formações sociais. Aparentemente contraditórias, estas duas afirmações demonstram o caráter complexo da linguagem, que pode ser estudada a partir de múltiplos pontos de vista, sendo, ao mesmo tempo, individual e social, física, fisiológica e psíquica. Neste sentido, faz-se importante não desvinculá-la da vida social sem, no entanto, desconsiderar sua especificidade. Neste caso, reduzi-la a um complexo língua e fala por um lado, apostando na sua baixa mobilidade histórica e no fato de que o sujeito da fala é axiomaticamente individual, como o quer Perry Anderson, em seu livro *A crise da crise do marxismo* (1985), ou, por outro, reduzi-la ao nível ideológico, parece não nos ajudar muito a compreendê-la em suas múltiplas facetas e determinações. Da mesma forma, repetir que a linguagem é instrumento de poder não é nada inovador ou esclarecedor. Tentaremos, com base nas teorias da Abordagem Histórico-Cultural, desenvolver esse tema, tendo em vista a importância desse princípio para a noção de um homem histórico e socialmente constituído que se defende aqui.

A linguagem, transformando-se através da história, passou de uma função de designação de objetos na atividade prática entre os homens a uma função de acúmulo e transmissão de conhecimento indivíduo a indivíduo e através das gerações. Tal processo histórico expressa-se também na unidade central da linguagem, a saber, a palavra, cuja transformação implicou a estabilização do âmbito de generalização e na progressiva redução do universo de sua referência (LURIA, 1986). Assim, se nos primórdios uma palavra era utilizada para comunicar um número considerável de eventos ou informações, aos poucos foi se restringindo o grau de alcance de seus significados, os quais passaram a uma determinação maior do contexto. Na base da linguagem estão as suas propriedades de comunicação e significação, sendo esta última pautada no caráter instrumental do signo[2], cuja orientação dá-se no sentido da transformação dos próprios homens e mulheres, ou, dito de outra forma, da constituição da consciência. Nesse sentido, poder-se-ia dizer que, até certo ponto, a história da palavra reflete a própria história da origem social da consciência.

Diante desse pressuposto da indissociabilidade da linguagem com a consciência, destacamos que estas categorias são a chave para a compreensão do processo de hominização. Através da linguagem, homens e mulheres emanciparam-se da imediatez da realidade prática e passaram a usufruir de uma capacidade exclusiva de sua espécie: a de planejar, regular e refletir sobre a própria atividade. Com a linguagem desenvolvida, seu mundo duplica-se e o homem passa a poder operar mentalmente com objetos ausentes de seu campo perceptivo e vivencial imediato. Ele pode evocar voluntariamente as imagens, objetos, ações, relações, independente de sua presença e, voluntariamente, dirigir este segundo mundo, o que inclui sua memória e suas ações. Assim, pode-se dizer que não apenas a duplicação do mundo nasce da linguagem, mas também a ação voluntária (Luria). Sem o trabalho e sem a linguagem, o pensamento abstrato "categorial" não poderia existir no homem (p. 22).

É Vygotsky quem aprofunda o estudo da linguagem no processo da constituição dos sujeitos, trazendo para esse âmbito a perspectiva do ser humano histórico e social a que nos referimos. Basicamente, esse autor desenvolve a tese de que não há nada que exista no indivíduo que não tenha existido num primeiro momento no contexto das relações sociais. Para ele, a linguagem é o veículo de constituição da consciência a partir do contexto das relações sociais, sendo que esta última categoria abrange o conjunto das Funções Psicológicas Superiores. A linguagem exerce, portanto, uma dupla função. De um lado, ela exerce o papel de instrumento criado pelos homens para promover

---

2. Segundo Vygotsky (1995, p. 83): "...todo estímulo condicional criado pelo homem artificialmente e do qual se utiliza como meio para dominar a conduta – própria ou alheia – é um signo." Para ele, a diferença fundamental entre os homens e os outros animais, do ponto de vista psicológico, "...é a significação, ou seja, a criação e o emprego dos signos" (p. 84). As atividades mediadas pelas ferramentas (adaptações mecânicas criadas pelos homens para facilitar seu trabalho corporal) têm como alvo o externo, ou seja, através de seu uso o homem influi sobre o objeto de sua atividade, modificando-o. O signo, por sua vez, não modifica imediatamente nada no objeto exterior; está voltado para dentro, para a atividade interior, é o meio pelo qual o homem domina a própria conduta, reorienta/reestrutura a operação psíquica. O domínio da natureza e o domínio da própria conduta estão reciprocamente relacionados, uma vez que a transformação da natureza implica, para o homem, a transformação de sua própria natureza, (p. 94).

a comunicação entre eles e entre as gerações, permitindo o registro e a transmissão da produção cultural historicamente acumulada. De outro, ela exerce a função de mediação simbólica que permite ao homem desenvolver modos peculiares de pensamento só a ele possíveis. Assim, a linguagem é constituinte de homens e mulheres ao lhes facultar o acesso e o desenvolvimento das funções psicológicas superiores: raciocínio lógico, memória voluntária, atenção dirigida etc.

Através da Lei da Dupla Formação que Vygotsky (1984) estabeleceu, destaca-se que a linguagem possibilita a transformação das funções psicológicas elementares em superiores, as quais são caracteristicamente humanas. Ou seja, transforma funções como a memória elementar em memória deliberada (onde controlo minha memória); ou a atenção elementar, em atenção concentrada (onde concentro minha atenção no foco desejado). Em resumo, através da instrumentalização dos signos, as funções psicológicas passam a possibilitar ao sujeito atuar na realidade de forma consciente e deliberada. Assim, a consciência, em seu âmbito particular, é constituída no contexto das relações de significação com o outro e afirma o ser consciente, o ser capaz de regular a própria conduta e vontade (ZANELLA, 1997). Nas palavras de Vygotsky,

> O sistema de signos reestrutura a totalidade do processo psicológico, tornando a criança capaz de dominar seu movimento. Ela reconstrói o processo de escolha em bases totalmente novas. O movimento descola-se, assim, da percepção direta, submetendo-se ao controle das funções simbólicas incluídas na resposta de escolha. Esse desenvolvimento representa uma ruptura fundamental com a história do comportamento e inicia a transição do comportamento primitivo dos animais para as atividades intelectuais superiores dos seres humanos (VYGOTSKY, 1984, p. 39-40).

A linguagem abrange a dimensão da significação enquanto função do signo (PINO, 1995). A gênese da consciência, nesse sentido, é a apropriação da *significação* da atividade na relação com o outro, processo em que o indivíduo transforma as funções interpsicológicas presentes/constituídas nas/pelas relações sociais em funções intrapsíquicas. Por isso, homens e mulheres são seres culturais, na medida que o que os torna humanos é a apropriação da cultura que é, por sua vez, produzida pelos próprios seres humanos.

Compreender essa dimensão dialética do processo de constituição dos sujeitos é condição *sine qua non* para entender a perspectiva aqui defendida. O que se pretende destacar aqui é a forma de pensar nessa perspectiva. Estão aí presentes duas dimensões que se relacionam dialeticamente. A primeira é a de um sujeito passivo, que é constituído socialmente pela apropriação dos significados das relações sociais, pela ação do outro que significa a atividade do sujeito, a atuação deste no mundo. Por outro lado, há a dimensão de um sujeito ativo, pois essa significação que este sujeito internaliza é única, particular, uma vez que é apropriação de um ser que possui uma história única, a qual determina também as características desse processo de significação. Homens e mulheres são, neste sentido, a síntese que realizam das relações sociais que entabulam em suas vidas, e suas singularidades correspondem às condições e contingências sociais a que foram submetidos e ao mesmo tempo constituíram.

A apropriação da linguagem se apresenta através de um sentido onde a fala compartilhada na relação com o outro é a base para a constituição da fala interior, ou seja, do discurso interno que estabelece a capacidade de autorregulação para o sujeito. A princípio, a fala do outro organiza a atividade de criança, que por sua vez apropria-se dos signos presentes nestas relações e passa a operar com eles, dando ordens a si mesma e significando verbalmente sua própria atividade. Posteriormente, a apropriação da linguagem configura um plano interno da fala que se caracteriza pela abreviação de seus aspectos fonéticos. Predomina, nesse plano do discurso interior, a operação com significados puros, face a sua independência dos fatores externos. A linguagem interna, dirigindo-se para o próprio sujeito, diferencia-se também pela preponderância do sentido[3] da palavra em relação a seu significado e pela constituição da capacidade de autorregulação da conduta.

É bastante conhecido o exemplo de Vygotsky delineado através de uma situação cotidiana da maternidade. Uma mãe, ao ver seu bebê esticando o braço em direção a algum objeto, interpreta esse gesto alcançando o objeto à criança. A partir daí o gesto adquire significação, propiciando à criança que dela se aproprie e passe a operar com base nela. Assim, num outro momento, ela mesma utiliza-se do gesto na in-

---

3. O sentido aqui possui uma amplitude e uma variabilidade diferentes do significado que, por sua vez, é mais estável em sua dimensão social. O sentido inclui aspectos relacionados às vivências singulares do sujeito em sua trajetória no mundo, constituindo a dimensão afetiva-volitiva do signo e, portanto, guarda um caráter mais privado embora não descolado de sua origem social.

tenção de pedir a alguém que lhe dê algo que não esteja ao seu alcance. O cume desse processo se dá no momento em que a apropriação dos significados coincide com a criança orientando sua própria ação de forma consciente, através da mediação dos signos.

Nesse complexo processo de apropriação, destaca-se a temática da relação pensamento e linguagem. As conclusões de Vygotsky (1979) caminham no sentido de defender a tese de que o pensamento e a linguagem não são relacionados *a priori*. Tais categorias possuem diferentes raízes genéticas, sendo que ambas inicialmente desenvolvem-se autonomamente em distintos canais, caracterizando uma fase pré-verbal no desenvolvimento do intelecto e uma fase pré-intelectual do desenvolvimento da fala. Com a apropriação dos signos, essas duas linhas se intercruzam, formando o pensamento verbal e a fala significativa, ambos vistos aqui como síntese da contradição formada neste intercruzamento. Pensamento e linguagem são distintos e, no entanto, inseparáveis a partir do desenvolvimento histórico da consciência.

Vygotsky identifica o significado da palavra como a unidade desta relação, onde pensamento e linguagem são mutuamente constitutivos. Para esse autor, o significado da palavra se constitui, ao mesmo tempo, como fenômeno do pensamento e da linguagem, através da fala significativa. Entretanto, ressalta-se que pensamento e linguagem preservam suas características estruturais específicas, na medida em que, como diz Vygotsky,

> A estrutura da linguagem não é um simples reflexo especular da estrutura do pensamento. Por isto o pensamento não pode usar a linguagem como um traje sob medida. A linguagem não expressa o pensamento puro. O pensamento se reestrutura e se modifica ao transformar-se em linguagem. O pensamento não se expressa na palavra, mas se realiza nela (VYGOTSKY, 1993, p. 298).

Destaca-se, pois, que a expressão de um pensamento via linguagem promove a reorganização deste. O significado da palavra, transitando através das especificidades destas funções, adquire um caráter de constante transformação. Sendo o significado da palavra a unidade de análise da relação pensamento e linguagem, e posto que este se modifica, evolui, apresenta-se a questão de que há, no decurso do desenvolvimento do sujeito, diferentes configurações desta relação. Nesse processo de transformação dos significados, contribui em muito a apropriação do conhecimento sistematizado, ou, como nos aponta Vygotsky, dos conceitos científicos.

Em síntese, o processo de desenvolvimento dos conceitos[4] e, por conseguinte, do significado da palavra, decorre de um progressivo desvencilhamento da palavra da atividade prática, concomitante ao estabelecimento de relações entre as próprias palavras, o que caracteriza o conceito científico. Este último, devido às suas propriedades, estabelece um nível diferenciado entre pensamento e linguagem, ao mesmo tempo em que reorganiza os conceitos cotidianos. Sua estrutura e sua natureza semiótica permitem que se atinjam formas superiores e mais complexas de organização da consciência: o do discernimento desta no ato de pensar.

Faz-se importante ressaltar, nesse sentido, a dimensão dinâmica do significado da palavra, na medida em que o âmbito de sua representação e/ou generalização modifica-se nas relações sociais. Por sua vez, modificando-se o significado da palavra, estabelece-se outra relação entre pensamento e linguagem. Tal abordagem a este processo está de acordo com o pressuposto fundamental da teoria de Vygotsky, ou seja, da formação social do psiquismo humano, na medida em que as transformações do significado da palavra decorrem de transformações mais amplas que incidem sobre o sujeito e das ações do mesmo na sua relação com o mundo. Esse pressuposto pauta-se, por sua vez, em um dos princípios básicos do marxismo, a saber, o de que o homem, na sua atividade, transforma o mundo e, concomitantemente, transforma a si mesmo, numa relação dialética (MARX & ENGELS, 1989).

O processo de significação que constitui os sujeitos, todavia, dada sua natureza social, é permeado por um universo de fatores que o constituem. Dentre estes, destaca-se o contexto, do qual os significados não se distinguem. Referimo-nos ao fato de que o significado da palavra se apresenta através de diversos sentidos, decorrentes do contexto em que se dá o diálogo. Deste modo, a influência do contexto nos significados pode tanto ampliar a palavra para novas significações, através de novos sentidos, quanto estreitar o âmbito desta significação (VYGOTSKY, 1979).

Através da obra de Bakhtin (1981), incorporamos outros elementos para compreender a trama constituinte dos processos de significações. Para esse autor, não há uma realidade da língua que exista fora

---

4. A definição de conceitos está ligada à sua característica de generalização, o que abrange o aspecto de representação semiótica do objeto e o aspecto de abstração de suas propriedades (VYGOTSKY, 1993).

de sua expressão no diálogo. Tal como define enquanto questões básicas não é possível: 1) separar a ideologia da realidade material do signo; 2) dissociar os signos das formas concretas de comunicação social; 3) dissociar a comunicação e as formas de sua base material (1981, p. 44). Assim, esse autor ressalta a importância dos fatores (micro e macro) contextuais presentes nas relações sociais onde as enunciações são produzidas. Desta forma,

> [...] o signo e a situação social em que se insere estão indissoluvelmente ligados. O signo não pode ser separado da situação social sem ver alterada sua natureza semiótica (BAKHTIN, 1981, p. 62).

Face a isso, o signo, sempre ideológico, só encontra existência nas relações onde se concretiza enquanto palavra, adquirindo sua significação de acordo com o contexto. Ressaltando esse aspecto, Bakhtin destaca ainda mais a importância dos signos, apontando que a atividade mental só existe em função da expressão semiótica na enunciação, o que implica que só através dos enunciados é possível o entendimento do fato ideológico. Para Bakhtin, o signo é, por sua natureza, vivo e móvel, plurivalente, expressando-se pela dialética da unicidade e pluralidade da significação. A ideologia dominante, no entanto, tem interesse em torná-lo monovalente. Mesmo as menores variações das relações sociais, mesmo aquelas que ocorrem em nível das "ideologias do cotidiano", que se exprimem na vida corrente onde se formam e se renovam as ideologias instituídas, são registradas através da palavra, do signo.

Para Bakhtin (1981, p. 62) o discurso verbal está intrinsecamente associado à vida real e não pode ser dela divorciado analiticamente sob pena de perder sua significação. Neste sentido, ele assume a seguinte tese:

> A verdadeira substância da língua não é constituída por um sistema abstrato de formas linguísticas nem pela enunciação monológica isolada, nem pelo ato psicofisiológico da sua produção, mas pelo fenômeno social da interação verbal, realizada através da enunciação ou das enunciações. A interação verbal constitui, assim, a realidade fundamental da língua (BAKHTIN, 1981, p. 123).

Segundo o autor, toda enunciação é um diálogo, mesmo tratando-se de um sujeito individual, posto que todo enunciado pressupõe aqueles que o antecederam e todos que o sucederão. Desta forma, fazendo parte de um processo de comunicação ininterrupto, o enunciado é um elo de uma cadeia que, para ser compreendido, precisa ser associado aos demais. A dialogia, conceito-chave na teoria de Bakhtin, transcende, portanto, a acepção derivada do conceito de diálogo, referindo-se às diversas formas de interação das vozes presentes nos enunciados. Para esse autor, em qualquer enunciado há sempre mais de uma voz, o que ilustra seu caráter social. Sendo assim, toda enunciação só pode ser compreendida na relação com outras enunciações. Tal característica de *polifonia* (WERTSCH & SMOLKA, 1994) é tratada por Bakhtin quando fala sobre o processo de compreensão dos significados:

"A cada palavra da enunciação, que estamos em processo de compreender, fazemos corresponder uma série de palavras nossas, formando uma réplica. [...] A compreensão é uma forma de diálogo; ela está para a enunciação assim como uma réplica está para outra no diálogo. Compreender é opor à palavra do locutor uma contrapalavra" (BAKHTIN, 1981, p. 132).

De outro lado, cada enunciado inclui toda uma série de conteúdos que extrapolam sobremaneira o que é dito imediatamente: as avaliações, os conteúdos normativos, os juízos de valor, as contradições sociais, envolvendo critérios de ordens diversas (éticos, políticos, religiosos, afetivos entre outros). A situação extraverbal, a atmosfera social que envolve o sujeito que emite o enunciado e aquele que o recebe é parte constituinte essencial de sua significação. Assim, outro aspecto importante a se destacar na perspectiva bakhtiniana é a participação do outro como auditório social específico (ausente ou não) da enunciação de forma que

> Na realidade, toda palavra comporta duas faces. Ela é determinada tanto pelo fato de que procede de alguém, como pelo fato de que se dirige para alguém. Ela constitui justamente o produto da interação do locutor e do ouvinte. Toda palavra serve de expressão a um em relação ao outro. Através da palavra, defino-me em relação ao outro, isto é, em última análise, em relação à coletividade (BAKHTIN, 1981, p. 113).

Neste sentido, incluso nesse contexto como fator determinante da palavra, destaca-se o *outro*. A palavra, portanto, através da enunciação, é o *"território comum do locutor e do interlocutor"* (p. 113), ou seja, a palavra liga uma pessoa a outra e, por conseguinte, constitui o elo de toda a coletividade.

Ressalta-se, nesse sentido, que tais elementos da linguagem convergem para a compreensão do tema aqui proposto, ou seja, do papel desta função na constituição dos sujeitos. Em Bakhtin, há a ênfase na categoria da consciência e na dimensão dialógica desse processo. Para esse autor, a consciência "constitui um fato socioideológico", posto que a realidade da consciência é a linguagem e esta é eminentemente ideológica. A consciência é formada pelo conjunto dos discursos interiorizados pelo sujeito ao longo de sua trajetória, por um progressivo distanciamento da origem das vozes alheias, as quais se tornam próprias do sujeito. Através destes discursos o homem aprende a ver o mundo e os reproduz em sua fala. Se o discurso é determinado, ao menos em parte, por formações ideológicas (que através dele ganham existência, materializam-se), se a consciência é constituída a partir dos discursos assimilados e se não há homens constituídos fora de seu contexto de relações sociais, pode-se dizer que não há individualidade absoluta nem em nível do sujeito nem em nível do discurso.

Desta forma, o enunciador, o falante, ao construir seu discurso, materializa valores, desejos, justificativas, contradições, enfim, os conteúdos e embates existentes em sua formação social. Reproduz de certa maneira em seu discurso, portanto, as várias formações discursivas que circulam na estrutura social. O chamado "discurso crítico", por exemplo, não surge do nada, posto que se constitui a partir dos conflitos e contradições existentes na realidade. A palavra é, pois, a arena onde se confrontam os valores sociais contraditórios, relações de dominação e de resistência, conflitos, de tal forma que segundo Bakhtin

> Na realidade, não são palavras o que pronunciamos ou escutamos, mas verdades ou mentiras, coisas boas ou más, importantes ou triviais, agradáveis ou desagradáveis etc. A palavra está sempre carregada de um conteúdo ou de um sentido ideológico ou vivencial (BAKHTIN, 1981, p, 95).

Se a linguagem cria e sintetiza concepções de mundo, ela, ao mesmo tempo, é produto social e histórico. Constitui-se como um elemento e um produto da atividade prática do homem e, em seu aspecto semântico, continua sendo determinada por fatores sociais, embora goze de relativa autonomia enquanto sistema linguístico. A visão de mundo por ela veiculada, portanto, não é arbitrária, posto que resultante das relações sociais. Sua transformação, por conseguinte, não pode se dar a partir de uma escolha arbitrária.

À guisa de conclusão para o momento

Através da interface dos pressupostos de Vygotsky e Bakhtin, temos indicativos fundamentais sobre as especificidades do processo de constituição do sujeito e o papel da linguagem. Aprofundar na questão dos limites da relação teórico-metodológica destes autores, no entanto, não nos parece adequado para este momento. O que queremos assinalar é o quanto os pressupostos teóricos destes autores complementam-se na análise do tema aqui proposto. Em ambos temos a defesa da tese da formação social da consciência e da importância dos processos de significação na constituição dos sujeitos.

Embora diga-se que a linguagem sofre determinações sociais e que sua modificação não decorre apenas de uma escolha idiossincrática dos sujeitos do discurso, não se pode esquecer que estes sujeitos não são passivos, pois agem e transformam a linguagem na medida em que a apreendem ativamente. É por isso que se pode constatar que uma mesma realidade pode ser apreendida e evocada de forma diferente por homens diferentes. Assim como conteúdos ideológicos, sistemas de valores (que incluem estereótipos socialmente construídos) são veiculados através da linguagem e graças a ela são entranhados na consciência de maneira a serem "naturalizados", os discursos podem engendrar resistências e conteúdos contra-hegemônicos fundamentais à transformação social. Há que ser astuto neste caso, pois, como afirma Riobaldo, personagem de Guimarães Rosa:

> Todos estão loucos, neste mundo? Porque a cabeça da gente é uma só, e as coisas que há e que estão para haver são demais de muitas, muito maiores diferentes, e a gente tem de necessitar de aumentar a cabeça para o total.

Leituras complementares

FIORIN, J.L. *Linguagem e ideologia.* São Paulo: Ática, 1988. – O autor mesmo, na introdução do seu pequeno (e rico) livro, esclarece seus objetivos: *"verificar qual é o lugar das determinações ideológicas nesse complexo fenômeno que é a linguagem, analisar como a linguagem veicula a ideologia, mostrar o que é que é ideologizado na linguagem"* (p. 7).

PALANGANA, Isilda C. A função da linguagem na formação da consciência: reflexões. *Cadernos CEDES,* n. 35, 1995. – Neste artigo, a autora centra na função da linguagem no processo de formação da consciência tanto no sentido da história da espécie quanto na história do sujeito individual. A abordagem utilizada é a histórico-cultural e sua discussão teórica pretende colaborar para os avanços no campo da educação, embora não se restrinja a ele.

PINO, Angel. O conceito de mediação semiótica em Vigotsky e seu papel na explicação do psiquismo humano. *Cadernos Cedes*, n. 24. Campinas: Papirus, 1991. – Pino, em seu texto, discute o papel da mediação semiótica na constituição do psiquismo humano. Centrando-se no pressuposto da natureza mediada da atividade humana e da produção pelos próprios homens dos mediadores culturais, o autor mostra a importância do conceito "mediação semiótica" no sentido da superação das dicotomias individual-social, biológico-cultural, sujeito-objeto do conhecimento.

Recomenda-se ainda a leitura dos trabalhos da equipe de pesquisadores do Núcleo de Estudos e Pesquisa "Pensamento e Linguagem" da Faculdade de Educação/Unicamp, em especial aqueles publicados na revista *Temas em Psicologia* (n. 1, 1993 e n. 2, 1995).

Bibliografia

ANDERSON, P. *A crise da crise do marxismo*. São Paulo: Brasiliense, 1985.

BAKHTIN, M. *Marxismo e filosofia da linguagem*. São Paulo: Hucitec, 1981.

LURIA, A.R. *Pensamento e linguagem*: as últimas conferências de Luria. Porto Alegre: Artes Médicas, 1986.

MARX, K. & ENGELS, F. *A ideologia alemã (Feuerbach)*. São Paulo: Hucitec, 1989.

PINO, A. Semiótica e cognição na perspectiva histórico-cultural. *Temas em Psicologia*. São Paulo, 1995, n. 2, p. 31-40.

WATZLAWICK, P. *Pragmática da comunicação humana*: um estudo dos padrões, patologias e paradoxos da interação. São Paulo: Cultrix, 1967.

WERTSCH, J.V. & SMOLKA, A.L.B. Continuando o diálogo. In: DANIELS, H. *Vygotsky em foco*: Pressupostos e desdobramentos. Campinas: Papirus, 1994.

VYGOTSKY, L.S. *Obras Escogidas*. Vol. III. Madri: Visor, 1995.

_____. *Obras Escogidas*. Vol. II. Madri: Visor, 1993.

_____. *Formação social da mente*. São Paulo: Martins Fontes, 1984.

_____. *Pensamento e linguagem*. Lisboa: Antídoto, 1979.

ZANELLA, A.V. *O Ensinar e o aprender a fazer renda de bilro*: estudo sobre a apropriação da atividade na perspectiva histórico-cultural. São Paulo. Tese (Doutorado). Psicologia/PUC, 1997.

CONHECIMENTO

Cleci Maraschin
Margarete Axt

Para discutir algumas ideias sobre conhecimento e sobre a atividade cognitiva dentro de uma perspectiva da psicologia social, precisamos primeiro demarcar os sentidos dos conceitos sobre os quais vamos trabalhar, questionando alguns modos corriqueiros de significá-los.

Começamos com a ideia de conhecimento. Para o senso comum conhecimento é alguma coisa que se tem, não se tem ou se pode ter. A possibilidade de "possuir" conhecimento(s) já nos revela um de seus sentidos. O conhecimento é tido como uma *substância*, ele pode ser acumulado, guardado, constituindo um acervo público ou privado; pode escalonar as pessoas, valorizando-as de acordo com o grau de conhecimentos que possuírem; pode converter-se em mercadoria, ser tendido, ser transmitido. Outro sentido bastante difundido é o de que existem conhecimentos verdadeiros e conhecimentos falsos, como se os conhecimentos tivessem uma *essência* e pudéssemos atestar sua verdade ou sua falsidade. Essa essência corresponderia tanto à "verdade" dos fatos como deseja toda ciência empírica positivista quanto à verdade do sujeito nas posições racionalistas. Existem outros sentidos comuns para conhecimento, mas, para nossos propósitos, a ideia de substância e a de essência são as duas primeiras, as quais gostaríamos de desconstruir, constituindo outro sentido de conhecimento.

1) A ideia de substância poderia estar mais relacionada com o conceito de informação do que propriamente com o de conhecimento. As informações possuem uma certa materialidade, percorrem vias, podem ser guardadas, constituem acervos. Dizemos uma "certa materialidade", pois com o advento da digitalização da informação ela desvincula-se da representação analógica, podendo ser somente representada por um sistema binário (bits), o que possibilita outra forma de acervo global (internet). Mas como conceituar o conhecimento? O co-

nhecimento é aquilo que fazemos com a informação. É o sentido que lhe damos, é como a combinamos. Conhecimento é relação. É ação, exercício, atividade, movimento, redes, conexões. Por essa razão é que podemos empregar tanto a ideia de conhecimento quanto a de atividade cognitiva, que se *sinonimam* na ideia de relação.

2) A definição de conhecimento como relação também permite questionar o pressuposto de uma "natureza" do conhecimento. Se conhecer é construir sentidos, existirão sentidos que podem ser mais interessantes e resistentes para se compreender uma dada realidade, mas nem por isso serão "verdadeiros" ou irão ter validade infinita. Às vezes uma teoria, um saber popular têm uma "durabilidade" para além de sua verificabilidade empírica. O que os faz permanecer? O conhecimento também está relacionado com os regimes de verdades sociais, com o poder de grupos para perpetuar certos sentidos em detrimento de outros. O encontro entre pessoas ou grupos posicionados a partir de suas *certezas* gera sempre desenhos estáticos que, ao favorecerem a conservação das "verdades" existentes, diminuem, ao mesmo tempo, as possibilidades de emergência de novas "verdades", uma vez que as últimas requerem abertura às incertezas, às dúvidas e aos desconhecimentos.

3) Outra ideia muito difundida é a de que o conhecimento é uma atividade humana um tanto desvinculada das condições sócio-históricas de sua produção. Essa ideia faz parecer que as visões de mundo se transformam num campo próprio das ideias, ou das mentes sem muita relação com as tecnologias que lhes dão visibilidade, suporte, possibilidade de expressão; ou mesmo com as práticas e instituições sociais, que lhes dão as possibilidades de existência, difusão e fixidez. Aliado a isso, as máquinas de produção simbólica tornam cada vez mais difícil sustentar a ideia de que o conhecimento se processe somente no(s) cérebro(s) do(s) sujeito(s). As máquinas armazenam, processam e tratam informações, isto é, realizam *atividades cognitivas* mediante processos de interação, anteriores ou atuais (ou mesmo futuros!), tanto com os sujeitos individuais-coletivos humanos, como entre elas próprias. Por isso fica difícil não pensar em uma "mente" mais ampla que a individual. Pelo que discutimos até agora, vai se tornando insustentável a ideia de que o conhecimento se dê somente encapsulado, no interior da mente de um sujeito – a tal ponto que mesmo a natureza, nas condições de hoje, é impossível de ser pensada separadamente da cultura, incluindo-se aí a tecnociência, em particular as novas tecnologias da informação e da comunicação. Nesse contexto,

trata-se de começar a pensar num processo de trocas transversalizadas num contínuo ir-e-vir entre níveis escalares diferenciados como num sistema fractal.

4) Resta ainda um último ponto de interesse para a discussão do conhecimento/atividade cognitiva sob uma das perspectivas da psicologia social. A análise relativa à construção de conhecimento, à cognição, tem se sustentado dentro da Psicologia, tomando como ponto de análise a relação entre o sujeito cognoscente e os processos sociais como duas unidades sistêmicas diferenciadas, se bem que em interação. Nosso desafio é propor uma nova unidade de análise na questão do conhecimento, ultrapassando a díade sujeito x sociedade. Tentaremos mostrar, adotando a metáfora da via informacional, como as tidas "unidades" podem ser redesenhadas e uma nova configuração de entrelaçamentos complexos emergir.

Tomemos a "unidade" sujeito. A ideia mesma de "indivíduo" correspondente a uma espécie de unidade mental do sujeito humano está sendo discutida e questionada. Para Marvin Minsky (1989) não haveria nem mesmo um código ou princípio de organização comum a todo o sistema cognitivo, sendo que a própria unidade da mente consistiria muito mais em um mito de sobrevivência do que numa realidade psíquica. Estudos recentes em neurologia (DAMÁSIO, 1996) evidenciam que as múltiplas linhas de processamento sensorial experienciadas na mente não ocorrem todas numa única estrutura cerebral. Ao contrário, a mente integrada é resultante de uma atividade cerebral fragmentada, o que está em conjunto na mente não está em conjunto num determinado local do cérebro. Até mesmo a ideia de um "fator g" da inteligência está sendo questionada pela proposição das múltiplas inteligências de Gardner (1987). Uma nova revolução conceitual se avizinha:

> Ao invés de sujeito, talvez fosse melhor falar em componentes de subjetivação trabalhando, cada um, mais ou menos por conta própria. (...) Assim, a interioridade se instaura no cruzamento de múltiplos componentes relativamente autônomos uns em relação aos outros e, se for o caso, francamente discordantes (GUATTARI, 1993, p. 18).

Howard Gardner (1987), ao propor a teoria das Inteligências Múltiplas, retoma um debate a respeito de um fator geral (fator g) da inteligência proposto pelo psicólogo Charles Spearmam no princípio do século. De acordo com esse último haveria um mecanismo geral, superditante da inteligência, responsável por todas as habilidades mentais.

Na época, opunha-se à concepção de um fator g o psicólogo L.L. Thurstone, postulando uma *família* de habilidades mentais primárias que apresentavam também relativa independência entre si. H. Gardner retoma a segunda concepção na forma de Inteligências Múltiplas, considerando que, apesar das mesmas funcionarem via de regra em harmonia, possuem autonomia podendo cada uma, separadamente, manifestar-se, ou não.

Se é difícil pensar a própria mente singular como possuidora de uma organização totalizante ou unidade sistêmica, mais difícil ainda torna-se sustentar a ideia de sociedade como *outra* unidade sistêmica. Mas como pensar em *outra* unidade? É dentro desse escopo que se começa a pensar numa ecologia das ideias, ou ecologia cognitiva.

Para uma perspectiva ecológica da cognição

Bateson (1991) distingue duas modalidades de trocas entre os sistemas: as trocas de *energia* e as trocas de *informação*. Segundo o autor, tendemos a indiferenciar as unidades sistêmicas pensando que se tratam das mesmas quando observamos as trocas energéticas e informacionais. Nas trocas energéticas, as unidades sistêmicas podem ser diferenciadas por uma divisão entre seu interior e seu exterior. Assim, uma célula constitui-se em uma unidade sistêmica que é delimitada pela membrana celular. Um organismo também é uma unidade sistêmica cuja pele delimita uma interioridade de uma exterioridade, etc. Mas, no caso de trocas informacionais entre sistemas, a unidade sistêmica não é a mesma. Para o autor, a unidade é a própria *via* de comunicação. As relações entre interno/externo são modificadas. Interno passa a ter o sentido dos componentes da via. Essa diferenciação acarreta uma mudança significativa no modo de se pensar a cognição. A cognição como um sistema que troca informações deveria ser definida, a partir de Bateson, como a via por onde essa informação percorre. Todos os componentes da via fazem parte do "interior" do sistema. Bateson (1991) afirma que a mente individual é imanente não apenas do corpo, mas também das vias de mensagens exteriores ao próprio corpo: *existe uma mente mais ampla na qual a mente individual é só um subsistema* (p. 492). Admitindo-se esta concepção, não se pode esquecer que o fato da mente individual pertencer à interioridade da via faz com que ela própria se reorganize estruturalmente, construindo novas estruturas cognitivas/mentais.

A unidade do sistema cognitivo é constituída pelos componentes da via informacional. A via é um sistema heterogêneo e aberto, constituída por sinapses, redes neurais, tecnologias, instituições. Ao modificarmos um componente da via informacional transformamos o próprio sistema cognitivo. Desta forma, existe uma diferença cognitiva se um sujeito utiliza ou não uma ferramenta, se insere ou não em alguma instituição. É dentro dessa perspectiva que se pode falar de uma "ecologia" cognitiva, esta se caracterizando pela composição em rede de múltiplas vias informacionais. Assim podemos, por exemplo, falar de uma ecologia *oral* quando as trocas informacionais passam preponderantemente por tecnologias orais de comunicação. Também podemos propor uma ecologia cognitiva *informática* quando temos máquinas de produção simbólica como constituintes da via.

Uma ideia interessante que decorre da decisão de tomar o conceito de via informacional como metáfora para desenhar a unidade cognitiva é poder também considerar: a) as instituições sociais como sistemas cognitivos; b) as instituições sociais como tecnologias intelectuais:

a) As instituições sociais como sistemas cognitivos

A principal ideia, nesse sentido, propõe que toda instituição funcionaria como um sistema cognitivo:

> Pelo próprio fato de existir, uma estrutura social qualquer contribui para manter uma ordem, uma certa redundância no meio em que ela existe. Ora, a atividade cognitiva também visa produzir uma ordem no ambiente do ser cognoscente, ou ao menos diminuir a quantidade de barulho e caos. Conhecer, assim como instituir, equivale a classificar, arrumar, ordenar, construir configurações estáveis e periodicidades. Com apenas uma diferença de escala, há portanto uma forma de equivalência entre a atividade instituinte de uma coletividade e as operações cognitivas de um organismo (LÉVY, p. 142).

A equivalência fractal possibilitaria mútua retroalimentação: as instituições sociais funcionariam como potencializadoras de uma boa parte da atividade cognitiva do sujeito, assim como os sujeitos contribuiriam para a construção e reconstrução permanente das instituições. Ambos constituintes/constituídos da interioridade da via.

Dentro dessa ideia, torna-se possível pensar que as instituições, como um sistema cognitivo, realizam operações com o conhecimento: constroem uma ordem, processando classificações de diversas formas, hierarquizações e seriações; ordenam níveis de complexidade, atribuem significados, etc.; enfim, reconstroem o conhecimento a partir de sua perspectiva institucional. Assim, por exemplo, uma instituição como uma fábrica potencializa caminhos (vias) psicogenéticos através de suas operações cognitivas características. A questão é: como se dá essa potencialização? Uma resposta possível seria a que leva em conta a *tecnociência como tecnologia intelectual*.

As coletividades e as instituições não são somente constituídas por sujeitos humanos. Para além dos sujeitos e de suas ações, as tecnologias de comunicação e de processamento de informação desempenham, nelas, um papel constitutivo, configurando suas vias informacionais. Tal condição permite que as instituições e as próprias vias informacionais possam ser equivalentes a uma organização reticular de tecnologias intelectuais. Assim, *além de ser pensada como um sistema cognitivo, uma instituição poderia ser analisada a partir da rede de tecnologias que a constitui*.

b) *As instituições pensadas como tecnologias intelectuais*

Outro conceito central na ideia de uma Ecologia Cognitiva é o de *tecnologia intelectual*. De acordo com o autor citado, as tecnologias se transformam em tecnologias da inteligência, ao se construírem como componentes da via, auxiliando e configurando o pensamento. Ao mesmo tempo, tornam-se metáforas, servindo como instrumentos do raciocínio, que ampliam e transformam as maneiras precedentes de pensar. Mas a partir de que formas operativas as tecnologias intelectuais transformam e reconstituem a Ecologia Cognitiva? As tecnologias intelectuais desfazem e refazem as ecologias cognitivas, contribuindo para fazer derivar as fundações culturais que comandam a apreensão do real. Mas essa relação não pode ser pensada como determinista: a técnica *inclina, pesa, pode mesmo interditar. Mas não dita* (LÉVY, p. 186).

Nesse sentido e a título de ilustração, a palavra oral, a escrita, a cibernética são exemplos de tecnologias intelectuais: são práticas sociais, na medida em que criam signos, possibilitam ou limitam modos de expressão e intercâmbio, pautam as interações, constroem universos de sentido. Cada nova tecnologia que constrói um mundo de novas relações sígnicas, cada sistema semiótico abre novos caminhos para o pensamento – um mundo, não só concreto, mas também mental, conceitual. Os discursos não podem ser tratados como um conjunto de signos, mas sim como prática social constituinte dos objetos dos quais falam (FOUCAULT, 1986, p. 56).

Mas para não correr o risco de enrijecer a Ecologia Cognitiva numa relação mecânica, de causa e efeito, LÉVY (op. cit.) propõe dois *princípios de abertura:*

i) O primeiro deles, denominado de *multiplicidade conectada*, significa que uma tecnologia intelectual conterá muitas outras. Configura sempre um sistema de múltiplas tecnologias. Assim, poder-se-ia pensar que a tecnologia da escrita, por exemplo, reorganiza outras tecnologias, já que a escrita pode empregar o lápis e o papel, a máquina de escrever ou o computador. No caso da máquina de escrever, por exemplo, há a escrita, o alfabeto, a impressão, a organização convencional dos tipos (que não segue a ordem alfabética), a organização dos movimentos dos dedos, etc. No caso do papel e do lápis, há o movimento da mão, o posicionamento dos dedos, as linhas de um caderno caligráfico, etc. Pode-se pensar nas modificações do escrever com a invenção da caneta esferográfica, ou mesmo da borracha, com o desaparecimento do "borrador", etc. Essas são questões da Ecologia Cognitiva: quais as transformações na atividade e no sentido do escrever, caso a tecnologia empregada, para realizá-la, seja papel e lápis, máquina de escrever ou processador de textos? Poderia aqui explicitar ainda uma outra questão em relação à escrita: quais as transformações na atividade e na significação da escrita, quando a escola entra como tecnologia organizativa? (MARASCHIN, 1995).

Retomando o princípio da multiplicidade tecnológica, o autor citado faz ainda uma advertência: não se pode *considerar nenhuma tecnologia intelectual como uma substância imutável cujo significado e papel na ecologia* permaneceriam sempre *idênticos* (LÉVY, p. 146), já que os diferentes encaixes na via informacional propiciam transformações.

ii) Outro princípio de abertura consiste na própria *interpretação da técnica.* O sentido de uma técnica não se encontra determinado na origem. Os sujeitos (no caso, instituições ou sujeitos individuais) podem fazer, e efetivamente fazem, novos usos, constroem novos sentidos. As inovações técnicas tornam possível ou, até mesmo, condicionam o surgimento de formas culturais, mas não, necessariamente, as determinam.

Em suma, as tecnologias agem, então, na Ecologia Cognitiva sob duas formas: a) transformam a configuração das vias sociais de significação, cimentando novos agenciamentos, possibilitando novas pautas interativas de representação e de leitura do mundo; b) permitem construções novas, constituindo-se em fonte de metáforas e analogias.

O conhecimento como rede sociotécnica

Os conceitos até aqui explorados, da Ecologia Cognitiva, possibilitariam pensar o conhecimento ou atividade cognitiva como uma rede *sociotécnica*. Dentro dessa conceituação, o conhecimento se compõe pelo interjogo dos sujeitos, dos grupos e instituições, das relações de poder entre eles, das tecnologias de comunicação, dos processos de transmissão, das ritualidades de passagem, etc. Essa rede sociotécnica teria uma forma hipertextual. A metáfora do hipertexto[1] seria, segundo o autor, válida para todas as esferas da realidade em que significações estão em jogo, tal como a cognição humana e as próprias instituições. Seis princípios caracterizam o modelo de hipertexto, que pode ser aplicado à nossa ideia de conhecimento como relação: 1) *a metamorfose:* a rede hipertextual encontrar-se-ia em constante construção e transformação; 2) *a heterogeneidade:* os nós e conexões seriam heterogêneos em relação a seus constituintes; 3) *a multiplicidade de encaixes:* a rede apresentaria uma organização fractal; assim cada nó seria, por sua vez, organizado por redes; 4) *a exterioridade:* não haveria unidade orgânica, nem motor interno; 5) *a topologia:* o funcionamento se daria por proximidade, por vizinhança – tudo o que se desloca deve utilizar a rede ou modificá-la; e (6) *a mobilidade dos centros:* a rede não possuiria um centro, mas diversos centros, permanentemente móveis.

Segundo esse ponto de vista reticular, o conhecimento constitui sistemas cognitivos que funcionam como redes *compostas por um*

---

1. A definição de hipertexto do autor é a seguinte: "Tecnicamente, um hipertexto é um conjunto de nós ligados por conexões. Os nós podem ser palavras, páginas, imagens, gráficos ou partes de gráficos, sequências sonoras, documentos complexos, que podem eles mesmos ser hipertextos. Os itens de informação não são ligados linearmente, como em uma corda com nós, mas cada um deles, ou a maioria, estende suas conexões em estrela, de modo reticular. Navegar em um hipertexto significa portanto desenhar um percurso em uma rede que pode ser tão complicada quanto possível. Porque cada nó pode, por sua vez, conter uma rede inteira" (LÉVY, 1993, p. 33).

grande número de pequenas unidades que podem atingir diversos estados de excitação. As unidades apenas mudam de estado em função dos estados das unidades às quais estão conectadas (LÉVY, p. 155).

Esse sentido da tecnologia, como potencializadora do conhecimento e da atividade cognitiva, tem sido proposto por pesquisadores da psicologia genética. Ao referir-se às novas tecnologias da informação, Fagundes (1994) comenta: *"Estas novas ferramentas são capazes de potencializar os poderes mentais do homem"*. No prólogo de seu livro *Logo: computadores e educação*, Seymour Papert (1985) relata um exemplo de como a tecnologia pode funcionar como uma metáfora do pensamento. Ele confessa sua paixão infantil por engrenagens. Escreve que passava bons momentos manipulando e testando efeitos ocasionados pelo engate de diferentes engrenagens. Segundo o autor, sua curiosidade e a decorrente atividade com as engrenagens propiciaram-lhe a construção de um modelo mental que lhe permitiu compreender muitas ideias, principalmente os algoritmos matemáticos que, de outra forma, lhe teriam sido abstratos. O próprio autor comenta que *"Lentamente comecei a formular o que ainda considero o fato fundamental da aprendizagem: qualquer coisa é fácil se é possível assimilá-la à própria coleção de modelos"* (1994: p. 12). Daí a conclusão do autor de que os ambientes de aprendizagem deveriam ser pródigos no oferecimento de modelos para se pensar. Os modelos e as tecnologias potencializam a cognição e funcionam, em certa medida, como "objetos para se pensar com", ou como "próteses mentais" (BATTRO, 1986; LECOCQ, 1988).

As ideias comentadas acima apontam para uma compreensão da relação entre instituição e atividade cognitiva, dentro da perspectiva de uma análise ecológica da cognição. Embora ainda realizando seus primeiros ensaios, a ecologia cognitiva, como vimos, pode oferecer ideias interessantes para se "pensar com".

A reconstrução conceitual, ou seja, o trabalho de tornar próprio um conhecimento, pode ser pensado como possibilitado pela participação *ativa* do sujeito em uma ecologia cognitiva. Grifamos o termo "ativa," pois existe, necessariamente, uma ação, uma atividade do sujeito na manipulação e experimentação, uma assimilação reconstrutiva dos próprios esquemas mentais, a partir das tecnologias que lhe são acessíveis. Afinal, ele é um constituinte da via. Um dos limites do conhecimento de um sujeito particular consiste no limite coletivo: o que foi instituído como conhecido, ou conhecível, e como as práticas coletivas e as técnicas operam no acesso a tais conhecimentos.

Assim, por exemplo, só se torna possível pensar na psicogênese do conceito de caos após ele ter tido uma existência como produto do campo científico, ter produzido mudanças na rede de significados teóricos e ter possibilitado a construção de metáforas. Da mesma forma, só se torna possível estudar a aquisição da escrita quando ela se institui como uma tecnologia coletiva institucionalizada.

Tomando-se, por exemplo, o escrever, na escola, entende-se que implica uma atividade expressiva e conceitual, na qual a ação e a compreensão dos "aprendentes" estão significadas, organizadas, legisladas em práticas e tecnologias escolares, que regulam suas formas de apreensão e de expressão. As condições concretas das práticas e tecnologias escolares constituir-se-ão, então, em espaços de exercício (vias), que possibilitarão ou impossibilitarão diferentes percursos da psicogênese da escrita. Como exemplo dessas direções, destacamos duas delas: ou escrever significa o domínio de um sistema de codificação, não se constituindo, necessariamente, em uma ferramenta para o pensamento; ou trata-se de ingressar num novo modo de pensar, tematizando a própria fala. Não se trata, aqui, portanto, da questão de saber ler e/ou escrever, e, sim, de que tal aprendizagem, em uma ecologia cognitiva, implica concepções e percepções determinadas de espaço e tempo, de si próprio e dos demais, quer dizer, dos elementos fundamentais que conformam a experiência e a mente humanas.

Em síntese, gostaríamos de enfatizar ao final dessa reflexão que não interessou, aqui, discutir conhecimento em geral, como "essência" humana, como condição que iguala, *a priori*, todo o humano. Também não interessou discutir o conhecimento como aptidão, ou como dom e talento. Interessou, sim, discutir o conhecimento como relação, como forma de exercício simbólico, como resultante de (im)possibilidades de ação e de expressão, concretizado por complexas redes de vias informacionais conectando, enquanto uma nova unidade, sujeitos individuais-coletivos-intitucionais. Em realidade, o caminho em direção à construção da ecologia cognitiva, como um campo interdisciplinar de conhecimento, pode nos ajudar a redesenhar um novo mapa de conceitos que superem as velhas dicotomias no estudo do conhecimento e da cognição. A possibilidade de pensarmos a unidade sistêmica como a via informacional ao invés da ideia de organismo x meio faz com que participem efetivamente da ecologia cognitiva, além da mente individual, as instituições e as tecnologias. É dentro desta perspectiva que a proposta se inscreve na psicologia social contemporânea ao vincular o conhecimento às condições sócio-históricas de sua produção.

Leituras complementares

Uma discussão mais aprofundada sobre a epistemologia do conhecimento científico pode ser encontrada nos escritos de Gaston Bachelard (1884-1962) principalmente no livro *A formação do espírito científico* traduzido e publicado pela Editora Contraponto, 1996. Nessa obra o autor apresenta o conceito de obstáculo epistemológico, mostrando que existem dificuldades e resistências no próprio ato de conhecer. O autor foi um dos primeiros a insistir na ideia do conhecimento como relação que tem sido fundamental para o delineamento de uma epistemologia complexa, tal como enfatiza Edgar Morin no livro *Introdução ao pensamento complexo*, editado pelo Instituto Jean Piaget, 1990.

Sobre a complexidade da mente, Marvin Minsky, no livro *A sociedade da mente*, editado pela Editora Francisco Alves, 1989, sustenta a ideia de diversidade mental baseado numa série de características: 1) acúmulo de uma infinidade de subagentes; 2) vários domínios de raciocínio comum; 3) talento de várias protomentes "instintivas"; 4) hierarquias administrativas; 5) vestígios evolucionários de animais que ainda permanecem dentro do cérebro; 6) desenvolvimento da personalidade infantil; 7) legado complexo e sempre crescente da língua e da cultura e 8) subordinação dos processos de raciocínio a censores e supressores. Cada uma delas proporciona irredutibilidade e versatilidade ao pensamento, ao oferecer maneiras alternativas para prosseguir quando qualquer sistema falha.

As relações entre a biologia e o conhecimento têm na obra de Jean Piaget uma das contribuições mais significativas para a psicologia. E interessante apontar neste sentido o conceito de autorregulação de Piaget que se encontra explicitado na obra *Biologia e conhecimento* editada pela Editora Vozes, 1973. Nesta mesma linha de preocupação pode ser interessante a análise do conceito mais atual de autopoiesis de Maturana e Varela no livro *De maquinas y seres vivos* da Editora Universitária, 1995.

Sobre o conceito de ecologia cognitiva são interessantes as obras de Gregory Bateson, Félix Guattari e Pierre Lévy, todos citados nas referências bibliográficas. O livro de Pierre Lévy fornece muitas ferramentas conceituais para compreendermos as transformações do conhecimento/inteligência em uma sociedade informatizada.

Bibliografia

BATESON, Gregory. *Pasos hacia una ecologia de la mente*. Buenos Aires: Editorial Planeta, 1991.

BATTRO, Antônio. *Computación y aprendizaje especial*. Buenos Aires: El Ateneo, 1986.

DAMÁSIO, Antônio R. *O erro de Descartes*: emoção, razão e o cérebro humano. São Paulo: Companhia das Letras, 1996.

FAGUNDES, Léa da Cruz. Novas tecnologias da informação e educação. In: Brasil, Ministério da Educação e do Desporto, Secretaria da Educação Média e Tecnológica. *Informática na escola*: Pesquisas e experiências. Brasília: 1994.

FOUCAULT, Michel. *As palavras e as coisas*: uma arqueologia das ciências humanas. Lisboa: Edições 70, 1986.

GARDNER, Howard. *Estructuras de la mente*: la teoria de las múltiples inteligências. México: Biblioteca de Psicologia y Psicoanálisis, 1987.

GUATTARI, Félix. *As três ecologias*. Campinas: Papirus, 1993.

LECOCQ, Pierre et al. A propôs des prothèses cognitives. In: CAVENI, J.P. *Psicologie cognitive, modeles etméthode*. Paris: PUG, 1988.

LEVY, Pierre. *O que é virtual?* Rio de Janeiro: Editora 34, 1996.

_____. *As tecnologias da inteligência*: o futuro do pensamento na era da informática. Rio de Janeiro: Editora 34, 1993.

MARASCHIN, Cleci. *O escrever na escola*: da alfabetização ao letramento. Tese de Doutorado. Faced/UFRGS, 1995.

MINSKY, Marvin. *A sociedade da mente*. Rio de Janeiro: Francisco Alves, 1989.

PAPERT, Seymour. *Logo, computadores e educação*. São Paulo: Brasiliense, 1985.

PIAGET, J. *Adaptación vital y psicologia de la inteligência*. Madri: Siglo XXI, 1978.

COMUNICAÇÃO

Adriane Roso

Embora vários estudiosos tenham se empenhado em discutir a comunicação, ela ainda não é central no estudo das Ciências Humanas e Sociais. No campo da psicologia percebemos isso mais explicitamente. Poucas são as publicações ligando comunicação e psicologia. Além disso, existem diversas áreas de especialização dentro da academia, como a psicologia clínica, escolar, psicometria, etc., mas não encontramos uma psicologia da comunicação. Isto está mudando aos poucos e, certamente, essa área apresenta um futuro promissor. Torna-se vital compreender a comunicação, mesmo para aqueles que não pretendem se especializar nessa área.

Há diversos aspectos a serem estudados na comunicação. Nossa proposta é estudar a comunicação de massa. Para tal, nos deteremos nas maneiras pelas quais o desenvolvimento e as práticas ligadas aos meios de comunicação de massa podem afetar o modo como as pessoas agem e se relacionam entre si. Dito de outro modo: estamos interessados em estudar o papel de "mediação", isto é, como as ações humanas são atualmente mediadas pela mídia nas sociedades modernas.

Moscovici (1972) coloca, com muita convicção e clareza, que o *"objeto central e exclusivo da Psicologia Social deve ser o estudo de tudo aquilo que se refere à ideologia e à comunicação do ponto de vista da sua estrutura, sua gênese e sua função"* (p. 55). Para aqueles que adotam uma concepção de ser humano historicamente construído e que enxergam a sociedade como um produto histórico-dialético, a comunicação obrigatoriamente torna-se um problema central a ser estudado e desvelado. A preocupação não é mais com *o que* é comunicado na nossa sociedade, mas, sim, com a *maneira* com que se comunica e qual o *significado* que a comunicação tem para o ser humano. A comunicação deve ser estudada como um campo de problemas, na medida em que sua prática requer a superação da própria realidade.

Todos os dias somos envolvidos e dominados por informações, imagens, sons, que, de uma forma ou de outra, tentam mudar, criar, ou cristalizar opiniões, ou atitudes nas pessoas. Isto é a própria mediação de nossas relações sociais. Como assinala Guareschi (1993), não há como negar a evidência de que hoje os meios de comunicação envolvem "*os seres humanos num novo espaço acústico, que McLuhan (1962; 1969; 1967) chama de 'mundo retribalizado', onde eles passam a ser bombardeados, instantaneamente, por variadíssimas e inúmeras informações de todas as partes do mundo*" (p. 20).

Esse espaço acústico pode assumir, muitas vezes, características de um agente revolucionário imperialista, que tem o poder de construir e moldar os seres humanos como bem entende. Assim, quem controla esse espaço, pode determinar que tipo de ser humano vai se formar.

Sendo a comunicação nosso objeto de estudo, passamos anos indagar sobre algumas questões como: De que maneiras podemos estudar a comunicação? O que as teorias em Psicologia têm a dizer sobre ela? Ela está a serviço de quem?

Iniciaremos mostrando como diferentes correntes teóricas podem abordar e iluminar o tema em discussão. A comunicação tem sido vinculada às diversas concepções teóricas em psicologia social. Desenvolveremos quatro dessas concepções: o Comportamentalismo, o Cognitivismo, a Psicanálise e a Teoria Crítica. O foco de nossa atenção vai centrar-se, contudo, na Teoria Crítica, pois é através dela que se pode mostrar as limitações e a ideologia das outras teorias.

Comportamentalismo

Compreender a concepção de ser humano dessa teoria é fundamental. Para ela, o ser humano é como se fosse uma máquina, que se comporta de maneiras previsíveis e regulares em resposta às forças externas, aos estímulos, que o afetam (SCHULTZ & SCHULTZ, 1992). Consequentemente, os processos básicos da personalidade estão fora do próprio indivíduo e são gerados por estímulos e reações que são observáveis.

Para mudar, criar, aprender ou ensinar determinado tipo de comportamento recorre-se a dois tipos de condicionamento: clássico e operante. O primeiro envolve o comportamento reflexo, onde o organismo responde automaticamente a um estímulo. Grande parte da publicidade é baseada neste processo, onde estímulos externos podem ser usados para estimular uma resposta ao *marketing*, quando uma necessidade é criada entre os consumidores. O segundo abarca o processo de aprendizagem, no qual é mais provável que uma pessoa faça, ou não, certo ato, porque foi reforçada ou punida no passado.

Associado a isso, acredita-se que, em vez de simplesmente aprendermos pela vivência direta do reforço, aprendemos por meio da modelagem, observando outras pessoas e estabelecendo os padrões do nosso comportamento com base no delas (SCHULTZ & SCHULTZ, 1992). No caso da comunicação de massa, a aprendizagem através da modelagem pode ser sumarizada assim: uma pessoa observa alguém na mídia, identifica-se com este e infere que o comportamento observado poderá produzir certo resultado desejado, se for imitado. Quando confrontada com circunstâncias relevantes, recorda-se do modelo e reproduz o comportamento. Isso causa alívio e reforça o vínculo entre esses estímulos e a resposta modelada, aumentando a possibilidade de que se repita a ação quando frente a semelhante situação.

Mas qual a utilidade disso? Acredita-se que veiculando o modelo com o qual se pretende que o telespectador se identifique, o resultado virá automaticamente. Por exemplo, escolhe-se uma artista famosa e *sexy* para vender um refrigerante *diet*; a telespectadora quer ser igual a ela e então compra tal produto.

Vê-se assim que quem controla os reforços pode controlar o comportamento, ou que, quem controla os modelos de uma sociedade, pode controlar o comportamento. O homem é tomado como um objeto passível de controle e a comunicação de massa passa a ser um instrumento desse controle.

Cognitivismo

O foco dos cognitivistas está no processo de conhecimento e não na díade estímulo-resposta, como no comportamentalismo. Os cognitivistas estão interessados na forma como a mente estrutura e organiza, de forma criativa, a experiência. A teoria da Gestalt enquadra-se aqui. O pressuposto básico dessa teoria é que as pessoas *"estão constantemente organizando partículas e pedaços de informação em padrões significativos"* (WORTMAN, LOFTUS & MARSHAL, 1981, p.

127), e o seu grande valor posiciona-se no *insight* de que o todo determina as partes, as quais contrastam com a assunção prévia de que o todo é meramente a soma total de seus elementos. Assim, uma propaganda de tevê, por exemplo, não é apenas imagens + sons + palavras. A percepção que um indivíduo vai ter de determinada propaganda será construída a partir de suas sensações e estas irão formar o todo. Acredita-se que há mais coisas na percepção do que enxergam nossos olhos e a percepção vai além dos elementos sensoriais.

Psicanálise

Muitos pressupostos da psicanálise podem também nos ajudar a compreender, ao menos em parte, estratégias empregadas pela mídia a fim de que determinadas propagandas e publicidades tenham resultado.

No ser humano existem inúmeros desejos, como desejos de consumo, desejo de afeto, etc. Vamos considerar dois pontos da abordagem psicanalítica que iluminam o caminho em direção à compreensão desses fenômenos. O primeiro refere-se aos processos mentais da ação mútua de forças que são originalmente da natureza de instintos (FREUD, 1980, vol. 20).

Mas qual a importância de entender os instintos, a libido e suas fases para a comunicação? Reconhece Freud que todos os desejos, impulsos instintivos, modalidades de reação e atitudes da infância acham-se ainda demonstravelmente presentes na maturidade e, em circunstância apropriada, podem mais uma vez surgir.

Comerciais de televisão podem auxiliar determinadas pessoas a encontrar uma fonte de satisfação para desejos que ficaram insatisfeitos na infância. Por exemplo, certo comercial de cerveja ilustra isso ao associar sua embalagem (símbolo fálico) a uma parte do corpo da mulher, colocando uma garrafa ao lado da outra, causando a impressão de que elas formam seios (símbolos orais).

O segundo ponto que vamos considerar refere-se ao "princípio de prazer-desprazer". O desprazer está relacionado com um aumento de excitação, e o prazer com uma redução. Como a satisfação de parte das necessidades dos seres humanos é regularmente frustrada pela realidade, procuramos encontrar algum outro meio de manejar nossos impulsos insatisfeitos. É justamente aí que está o perigo, pois sabendo que existe uma tendência interior a buscar sempre o prazer, e que a realidade não satisfaz sempre esse prazer, os comerciais tentam, então, suprir nossas carências de modo que o princípio do prazer sobrepuje seu rival. Então, comerciais que incitam busca de prazeres que são difíceis de ser conquistados podem acarretar consequências negativas para os próprios seres humanos.

A psicanálise poderá ajudar, certamente, a compreender alguns mecanismos psicológicos que se dão no interior da pessoa, controlados, em geral, por forças inconscientes. Não dá conta, entretanto, de explicar todo o mecanismo social e suas implicações.

Teoria crítica

Enquanto que o comportamentalismo, o cognitivismo e a psicanálise se preocupam mais com o indivíduo, explicando apenas parte do caminho, os teóricos críticos, ao repensarem o ser humano a partir dos aspectos ideológicos e culturais da sociedade, explicam outros fenômenos dos quais as teorias anteriores não podem dar conta.

Diferentemente das outras teorias, a Teoria Crítica, já de início, se preocupou em estudar a comunicação. Há mais escolas que adotam o referencial crítico, contudo a mais importante, que é chamada inclusive de Teoria Crítica, é a Escola de Frankfurt. Esta sempre esteve interessada na investigação da problemática da comunicação.

Segundo Guareschi (1993), os primeiros teóricos dessa escola partiram da constatação da não realização de um pressuposto marxista, que afirmava: estando maduras as contradições presentes nas relações de produção, a transformação da sociedade aconteceria automaticamente. Para os frankfurtianos, essas contradições já estavam profundas em diversas formações sociais, mas a dominação continuava sempre mais acentuada. Perceberam que havia outra variável que influenciava a realidade da dominação nessas sociedades: a ideologia.

Para eles a crítica radical da sociedade e a crítica da ideologia são inseparáveis, e essa crítica não é "moralizante". A ideologia está aí para ser questionada e analisada, não por ser repugnante ou imoral, mas por ser falsa, por ser ilusão. A crítica feita pelos frankfurtianos ao marxismo ortodoxo é dupla: 1) a infraestrutura econômica deixa de ser o centro da análise social, ampliando-se para todas as esferas da sociedade e 2) eles desenvolvem a noção de consciência e recuperam a subjetividade, através da análise das maneiras de desenvolvimento da subjetividade e o modo como as esferas da cultura e da vida cotidiana representam um novo campo de dominação. Esses dois pontos encontram-se articulados e deles se origina uma série de conceitos que ajudam a dar sustentação à teoria. Não seria possível, nesse momento, aprofundar todos os conceitos e tópicos de discussão aos quais a teoria nos remete. Entretanto, para entender como a Teoria Crítica discute a comunicação de massa, é fundamental rever dois conceitos: civilização e cultura. A civilização é o mundo concreto da reprodução material, do trabalho, da necessidade e do sofrimento. Ela representa a exterioridade. Em contrapartida, a cultura representa a interioridade, o mundo das ideias, do prazer e de tudo que se refere ao espírito (MARCUSE, 1970).

Até certo tempo atrás, a dicotomia entre esses dois conceitos, mostrados quase como opostos, explicava, em parte, o fato das pessoas se alienarem às insatisfações e desigualdades do mundo exterior, de modo a não lutar contra a infelicidade causada pela exploração capitalista. Ou seja, a cisão entre sujeito/objeto, entre bom/mau, entre dominador/dominado servia para a preservação das assimetrias sociais.

Esse modelo explicativo baseado nessa dicotomia, com o passar do tempo, foi perdendo sua força no sentido de controlar o descontentamento dos trabalhadores. Surgiu a necessidade da criação de mecanismos mais sofisticados: a cultura passa a ser transformada em mercadoria, perdendo suas características, para ser um valor de troca. Isto é, passa a existir uma "cultura industrial".

Segundo Freitag (1988), essa nova forma de produção de cultura tem a função de ocupar o espaço do lazer que resta às pessoas depois de um longo dia de trabalho, a fim de recompor suas forças para voltar a trabalhar no dia seguinte. A indústria cultural cria a ilusão de que a felicidade não precisa ser adiada para o futuro, por já estar concretizada no presente.

A indústria cultural, ao se vincular aos meios de comunicação, encontra uma fórmula magnífica para alimentar o sistema. A primeira coisa que muitas pessoas fazem, ao chegarem em casa, cansadas e insatisfeitas, é ligar a televisão no seu canal predileto, para se desligarem de uma realidade opressora. Para aqueles aos quais a televisão tradicional já não respondia satisfatoriamente foram criadas a televisão a cabo e a internet. Através deles, os buracos do coração – que estão cada vez mais profundos – são preenchidos por desejos de consumo, por ideais de liberdade, pelo individualismo e por uma falsa felicidade. A consequência disso é a eliminação da dimensão crítica necessária à destruição dessa cultura industrial, sem a qual não haverá emancipação.

Mas como os teóricos críticos agem para lutar contra a indústria cultural? Em primeiro lugar, como salienta Geuss (1988), os teóricos críticos tomam posição clara diante da ação humana, visando ao esclarecimento das pessoas que a assumem, fazendo-as capazes de descobrir quais seus interesses e levando esses agentes à libertação das coerções, às vezes autoimpostas e sempre autofrustrantes. Esse autor salienta ainda que, ao mesmo tempo que a Teoria Crítica é uma forma de conhecimento, ela difere, epistemologicamente, das teorias das ciências naturais, que são objetificantes ao passo que as críticas são reflexivas. Esses são, resumidamente, os pilares da Teoria Crítica e a partir deles todo o referencial teórico e prático é montado.

A esquizoanálise, como pensada por Guattari, Deleuze e Rolnik, não se distancia, fundamentalmente, desse referencial. Ela traz, também, algumas luzes para compreendermos os mecanismos empregados pela comunicação, principalmente a comunicação de massa. Ela surge como uma crítica a alguns psicanalistas, afirmando que reproduz a essência da subjetividade burguesa e cria uma relação de força que arrasta os investimentos de desejo para fora do campo social. Deste modo, ela recusa a ideia de que o desejo e a subjetividade estejam centrados nos indivíduos, mas, sim, afirma que eles são construídos socialmente. Ou seja, essa é uma ideia de subjetividade *"essencialmente fabricada, modelada, recebida e consumida que, por sua vez, ultrapassa os níveis de produção e do consumo e atinge o próprio inconsciente dos indivíduos. Isto quer dizer que, tudo aquilo que acontece quando sonhamos, fantasiamos ou nos apaixonamos, são afetos produzidos, socialmente, pelo capitalismo moderno e estão diretamente relacionados com o modo dos indivíduos perceberem o mundo, de se 'modelizarem' os comportamentos e de se articularem as suas relações sociais"* (CZERMAK & DA SILVA, 1993, p. 45).

Essa modelagem e fabricação é feita através de diferentes agenciamentos técnicos com os quais as pessoas têm contato. Hoje, essa subjetividade está marcada pela tecnologia. Essa ideia de produção de subjetividade, de desejos é um ponto de partida para entendermos melhor as contribuições da esquizoanálise para a comunicação.

O desejo é aqui entendido como movimentos intensivos que se expressam através da subjetividade enquanto modo dos indivíduos perceberem o mundo e articularem as suas relações sociais. O desejo é a produção do real e implica a noção de agenciamento, pois as pessoas desejam algo sempre dentro de um contexto. Um carro importado para o brasileiro, por exemplo, é desejado porque ele representa algo, seja *status* social ou apenas um produto mais durável que os nacionais.

Assim, o desejo está sempre conectado com o exterior e a mídia transforma-se em uma das fontes mais poderosas da produção desses desejos. Ela cria o desejo de possuirmos carros cada vez mais velozes, cria a necessidade de um corpo "dietético", etc.

Desse modo, os meios de comunicação falam ao sujeito brasileiro, criando uma massa desenraizada produtiva, que chamamos de indivíduo, e mantêm o sistema hierarquizante das relações. A esquizoanálise sugere que, através de um processo de individuação da subjetividade, de expressão e criação, ou seja, da singularização, a ruptura dessa ordem capitalista pode se consumar. A fonte para essa singularização é o deciframento dos modos de subjetivação dominantes na sociedade capitalista, a releitura da situação, a crítica a todas as formas de reducionismo que levam a um empobrecimento dos movimentos do desejo.

Embora Guattari (1988) afirme que "Faça-o!" poderia ser a palavra de ordem da esquizoanálise, acreditamos que, dentro da Teoria Crítica, é John B. Thompson (1995) que nos brinda com uma abordagem que é iluminada por fundamentos de ordem prática. Ele desenvolveu uma forma de analisar a mídia que é fundamentalmente ideológica e cultural, ou seja, que está preocupada não somente com o caráter significativo das formas simbólicas, mas, também, com a contextualização social das mesmas. Não importa somente *o que* elas significam, mas *como* elas significam dentro de determinado contexto social.

Por formas simbólicas entende-se o amplo espectro de ações e falas (linguísticas ou não linguísticas ou quase linguísticas), expressões faladas ou escritas, imagens e textos, que são produzidos por sujeitos e reconhecidos por eles como construtos significativos (THOMPSON,

1995). Assim, quase tudo que vemos, ouvimos ou percebemos, em fontes de comunicação, pode ser entendido como uma forma simbólica.

O problema surge quando essas formas simbólicas se colocam a serviço do poder, a serviço da ideologia. Ideologia, segundo Thompson, vem a ser "as *maneiras como o sentido (significado), mobilizado pelas formas simbólicas, serve para estabelecer e sustentar relações de dominação*" (THOMPSON, 1995, p. 79). Relações de dominação são relações estabelecidas de poder sistematicamente assimétricas, isto é, quando grupos particulares de agentes possuem poder de uma maneira permanente, e em grau significativo, permanecendo inacessível a outros agentes, ou a grupo de agentes, independentemente da base sobre a qual tal exclusão é levada a efeito.

Talvez seja Thompson quem melhor apresente um instrumental para analisar e interpretar a ideologia na mídia. Ele se pergunta como desmascarar o sentido que está a serviço do poder, sugerindo que a ideologia pode operar através de cinco modos principais, com suas respectivas estratégias. Elegemos alguns desses modos e estratégias, remetendo o leitor para a discussão mais completa (THOMPSON, 1995, p. 80-89).

O primeiro modo é denominado legitimação. A mídia, através dessa estratégia, veicula uma cadeia de imagens que mostra funcionários públicos como trabalhadores incompetentes, faltosos e bem remunerados, persuadindo a audiência de que apoiar a supressão da estabilidade empregatícia é coisa louvável e digna, que deve ser incentivada.

Uma estratégia da legitimação é a universalização. Acordos feitos entre montadoras de automóveis e governos ilustram isso. É dito que tais acordos trarão benefícios a todos. Na verdade, são pequenos grupos que são beneficiados e a grande maioria da população apenas ajuda a pagar tais privilégios.

Um segundo modo é a dissimulação. Um exemplo dessa estratégia é quando assistimos a uma entrevista de políticos do norte e eles usam a expressão "latinos". O uso de tal termo pode dissimular, negar ou inverter as relações entre coletividade e suas partes, pois não sabemos bem de que "latinos" eles se referem.

Um terceiro modo é via unificação. A campanha televisiva de privatizações de companhias estatais é illustrativa desse *modus operan-*

di. Ela tenta mostrar que o governo e os telespectadores estão unidos pelos mesmos ideais e vontades, dizendo que *O governo é igualzinho a você...* O telespectador passa a se identificar com o governo e enxerga as atitudes deste como uma projeção de seus próprios desejos.

Um quarto modo de operação da ideologia é a fragmentação. A representação de movimentos populares de trabalhadores na mídia é um exemplo claro. Ao invés da mídia enfatizar os ideais coletivos dos movimentos, ela enfatiza imagens sobre episódios de violência, ou colocando facções umas contra as outras, fragmentando esses grupos em partes conflitantes.

Tentamos mostrar, até aqui, como podemos interpretar aspectos da comunicação de massa a partir da ideologia. Essa é uma tarefa difícil, porém necessária, se objetivamos adotar uma postura crítica no sentido de emancipar as pessoas das relações de dominação. As contribuições da Teoria Crítica são iluminadoras nesse sentido; especialmente as contribuições de Thompson, pois elas dão conta de responder questões de ordem prática, pouco discutidas, em geral, por outras teorias.

Considerações finais

Várias teorias em psicologia social tentam compreender o papel da mídia na sociedade. Todas, de um modo ou de outro, tentam iluminar essa problemática. Algumas teorias, contudo, não dão conta de explicar determinados mecanismos e obscurecem a compreensão global da realidade. Elas explicam algo, mas ficam no meio do caminho. Assim, por exemplo, o que está por detrás do comportamentalismo, cognitivo e psicanálise é uma visão cartesiana: a dicotomia entre o mundo externo e interno. Cada abordagem tem sua maneira específica de explicar e lidar com essa dicotomia. Tanto os comportamentalistas quanto os cognitivistas partem da concepção de que existem seres humanos que podem saber o que é melhor para a humanidade e, portanto, são dignos de controlar e construir desejos nas pessoas.

Muitas vezes, mesmo de forma não proposital, os pressupostos dessas três teorias podem ser usados para um fim comum: manipular pessoas. Consequentemente, os postulados e princípios dessas correntes podem orientar pessoas e instituições no sentido da manipulação e construção de meios que reforcem as relações de dominação.

A Teoria Crítica tenta romper com essa visão cartesiana. O ser humano é compreendido sob a ótica processual, onde a pessoa e a sociedade são tomadas como realidades históricas, contraditórias, em um processo contínuo de construção e transformação. A realidade é entendida como socialmente construída.

Podemos ver, assim, que a Teoria Crítica nos proporciona um referencial teórico e prático mais amplo e adequado para o estudo da comunicação. Ela tem o compromisso básico de denunciar relações assimétricas e de lutar pela libertação de qualquer forma de relação de dominação, através do desafio à realidade, do questionamento, da crítica e da luta contra o controle e a manipulação. Ela possui, assim, uma dimensão emancipatória.

A Teoria Crítica, com seus postulados teóricos e práticos, dá garantia para que não se engane *"todo um povo, ou algumas pessoas o tempo todo!"* (GUARESCHI, 1996, p. 103). Para que a emancipação ocorra é importante que as pessoas se reúnam para discutir criticamente comunicação que é veiculada, tendo consciência da possibilidade de mudança e de seus direitos a uma comunicação ativa e não apenas passiva.

Sugestão de leituras

THOMPSON, J.B. *Ideologia e cultura moderna*: teoria social crítica na era dos meios de comunicação de massa. Petrópolis: Vozes, 1995. – Um livro abrangente e central, onde o autor, ao mesmo tempo que discute as teorias sobre ideologia, oferece uma teoria social para a compreensão do papel da mídia nas sociedades modernas. Do mesmo autor temos *The Media and Modernity*: A Social Theory of the Media. Cambridge: Polity Press.

GUARESCHI, P.A. (coord). *Comunicação e controle social*. Petrópolis: Vozes, 1993. – A leitura desse livro é interessante, pois traça uma ligação entre a psicologia social e a comunicação. Para tal, apresenta uma visão geral do fenômeno da comunicação, enfatizando temas como cultura, poder e controle social. A seguir trata sobre as contribuições que as diversas abordagens teóricas da psicologia trouxeram para o campo da comunicação. Sugerimos, também, a leitura de dois outros livros desse mesmo autor: *Comunicação e poder* – A presença e o papel dos meios de Comunicação de Massa Estrangeiros na América Latina

(1994). 10. ed. Petrópolis: Vozes, caps. 3 e 4, e *Sociologia crítica* – Alternativas de mudança, (1996). 44. ed. Porto Alegre: Mundo Jovem (principalmente os caps. 18, 19 e 21).

Bibliografia

CZERMAK, R. & DA SILVA, R.A.N. Comunicação e produção da subjetividade. In: GUARESCHI, P.A. (org.). *Comunicação e controle social*. 2. ed. Petrópolis: Vozes, 1993, p. 44-51.

FREITAG, B. *A teoria crítica ontem e hoje*. 2. ed. São Paulo: Brasiliense, 1988.

FREUD, S. Um estudo autobiográfico. Inibições, sintomas e ansiedade. A questão da análise leiga e outros trabalhos. In: *Edição Standard das Obras Psicológicas Completas*. Vol. 20. Rio de Janeiro: Imago, 1980.

GEUSS, R. *Teoria crítica*: Habermas e a Escola de Frankfurt. Campinas: Papirus, 1988.

GUARESCHI, P.A. *Sociologia crítica*: alternativas de mudança. 37. ed. Porto Alegre: Mundo Jovem, 1996.

_____. (org.). *Comunicação e controle social*. 2. ed. Petrópolis: Vozes, 1993.

GUATTARI, F. *O inconsciente maquínico*: ensaios de esquizoanálise. São Paulo: Papirus, 1988.

MARCUSE, H. Cultura e sociedade. Lisboa: 1970.

MOSCOVICI, S. Society and theory in social psychology. In: ISRAEL, J. & TAJFEL, H. (eds.). *The context of Social Psychology*. Londres: Academic Press (1972), p. 17-68.

SCHULTZ, D.P. & SCHULTZ, S.E. História da *psicologia moderna*. 6. ed. São Paulo: Cultrix, 1992.

THOMPSON, J.B. *Ideologia e cultura moderna*: teoria social crítica na era dos meios de comunicação de massa. Petrópolis: Vozes, 1995.

WORTMAN, C.; LOFTUS, E.F. & MARSHALL, M. *Psychology*. Nova Iorque: Alfred A. Knopf, 1981.

IDENTIDADE

Maria da Graça Jacques

> Sobre o que é o amor
> Sobre o que eu nem sei quem sou
> Se hoje sou estrela, amanhã já se apagou
> Se hoje eu te odeio, amanhã te tenho amor
> Lhe tenho amor
> Lhe tenho horror
> Lhe faço amor
> Eu sou um ator
> Prefiro ser esta metamorfose ambulante.
>
> Raul Seixas

A música, a literatura, o cinema, as artes em geral, têm se dedicado, com frequência, ao tema identidade. Em geral, tem suscitado interesse quando associado a casos paradoxais como a reencarnação de almas, os transplantes de cérebro, entre outros.

No nosso cotidiano, por vezes seguidas também nos defrontamos com a necessidade de responder a pergunta "quem és" a que a identidade remete. A repetição da resposta não traz certezas sobre seu conteúdo. Ao contrário. O emprego popular do termo é tão variado e o contexto conceptual tão amplo que, o que ostenta um nome tão definitivo, continua tão sujeito a inúmeras variações. Há uma grande semelhança entre essa frustração cotidiana e as dificuldades de defini-la nos variados campos do conhecimento, visto que diferentes concepções tentam explicar como nos tornamos humanos a partir de compreensões diversas sobre natureza humana. Além da filosofia, a antropologia, a sociologia e a psicologia têm se dedicado à temática.

A importância conferida ao estudo da identidade foi variável ao longo da trajetória do conhecimento humano, acompanhando a relevância atribuída à individualidade e às expressões do eu nos diferentes períodos históricos. Os estudos etnográficos revelam o caráter difuso do conceito de eu entre povos primitivos; na Antiguidade Clássica ganha importância acompanhando um aumento no valor à vida individual e ao mundo interno, seguindo-se um declínio acentuado a partir da influência da concepção cristã de homem e do corporativismo feudal. Este declínio foi tão acentuado que os historiadores se referem à descoberta da individualidade nos séculos XI, XII e XIII, o que se reflete na linguagem, na literatura, nas artes plásticas. O movimento romântico representa o ápice do culto ao egocentrismo e à introspecção já por influência do protestantismo e das formas capitalistas de produção, o que vai se refletir na profusão de produções teóricas sobre o tema identidade, inclusive na área da psicologia em seus primórdios como ciência independente.

Os estudos sobre identidade no âmbito psicológico passam, em geral, pela psicologia analítica do Eu e pela psicologia cognitiva. Em comum, caracterizam o desenvolvimento por estágios crescentes de autonomia, e consideram a identidade como gerada pela socialização e garantida pela individualização. Segundo a perspectiva de Erik Erikson (1972), um dos autores cujos estudos sobre o tema são bastante difundidos, a identidade tem como modelo o indivíduo em situação de competência e eficácia sociais; "crise de identidade", "cisão de identidade" são terminologias empregadas que sugerem uma forma abstrata, a-temporal e a-histórica de concebê-la.

Em psicologia social, a problemática da identidade ocupou um lugar central nos estudos de William James (1920), e, na tradição do Interacionismo Simbólico, nos trabalhos pioneiros de George Mead (1934). Após um período de poucos avanços, a temática voltou a receber atenção através de trabalhos sobre as relações entre os grupos, sobre a diferenciação social, sobre a identidade marginal...

O ponto de vista contemporâneo questiona alguns princípios fortemente arraigados na tradição teórica do estudo sobre o tema, especialmente as perspectivas naturalista, essencialista e maturacionista, como veremos mais adiante.

Como os autores conceituam a identidade?

Quando se referem ao conceito de identidade, os autores empregam expressões distintas como imagem, representação e conceito de si; em geral, referem-se a conteúdos como conjunto de traços, de imagens, de sentimentos que o indivíduo reconhece como fazendo parte dele próprio. Na literatura norte-americana, o termo consagrado é "self" ou "self-concept", correspondendo a conceito de si; a tradição europeia privilegia a noção de representação de si. A identidade pode ser representada pelo nome, pelo pronome eu ou por outras predicações como àquelas referentes ao papel social. No entanto, a representação de si através da qual é possível apreender a identidade é sempre a representação de um objeto ausente (o si mesmo). Sob este ponto de vista, a identidade se refere a um conjunto de representações que responde a pergunta "quem és".

Essa diversidade terminológica expressa a diversidade teórico-metodológica dos autores ao abordarem o tema; reflete, ainda, uma certa dificuldade de exprimir conceitualmente sua complexidade.

Em parte por esta dificuldade conceptual, os sistemas identificatórios são subdivididos e a identidade passa a ser qualificada como identidade pessoal (atributos específicos do indivíduo) e/ou identidade social (atributos que assinalam a pertença a grupos ou categorias); esta última ainda recebe predicativos mais específicos como identidade étnica, religiosa, profissional, etc. Jurandir Freire Costa (1989) emprega a qualificação "identidade psicológica" para se referir a um predicado universal e genérico definidor por excelência do humano em contraposição a apenas um atributo do eu ou de algum eu como é a identidade social, étnica ou religiosa, por exemplo. Habermas (1990) refere-se a "identidade do eu" que se constitui com base na "identidade natural" e na "identidade de papel" a partir da integração dessas através da igualdade com os outros e da diferença em relação aos outros. Com base no pressuposto inter-relacional entre as instâncias individual e social, a expressão "identidade psicossocial" vem sendo empregada (NETO, 1985), buscando dar conta desta articulação. Constata-se, portanto, o uso de predicativos diversos para qualificar os diferentes sistemas identificatórios que constituem a identidade.

A imprecisão conceitual da temática, resultado de abordagens diversas e de sua própria complexidade, talvez possa ser melhor esclarecida a partir do exame de algumas especificidades que a constituem.

Como se constitui a identidade?

A moderna teoria da evolução explica as mudanças acontecidas no desenvolvimento dos seres vivos a partir dos mecanismos de reprodução diferencial das variações genéticas. Esses mecanismos dão conta do processo evolutivo das plantas, dos animais e da espécie humana até o surgimento do *Homo sapiens sapiens*. Os estudos nas áreas de anatomia, antropologia e paleontologia endossam as propostas de que o processo a partir do *Homo sapiens sapiens* passa a ser regido pelas chamadas leis sócio-históricas que garantem uma significativa transformação em curto espaço de tempo, marcando definitivamente a ruptura com o mundo animal.

Este ponto de vista é reforçado pelos estudos anátomo-fisiológicos que demonstram o quanto à herança morfológica do cérebro se contrapõe a sua capacidade de produzir conexões funcionais (no sentido biológico) estáveis que se estabelecem segundo as experiências que o indivíduo vai experimentando ao longo da sua existência.

Com base neste enfoque, redimensiona-se a concepção sobre a constituição das especificidades humanas. As perspectivas naturalista, essencialista e maturacionista, que colocam no indivíduo a origem das funções psíquicas, são substituídas pela convicção de que estas funções não se encontram no substrato biológico, mas se constituem a partir da inserção do indivíduo no mundo (a existência das chamadas "crianças feras" reforça esta convicção).

Assim, o homem concreto se constitui, nas palavras de Lucien Sève (1989), psicólogo francês contemporâneo, a partir de um suporte biológico que lhe dá condições gerais de possibilidades (próprias da espécie *Homo sapiens sapiens*) e condições particulares de realidade (próprias de sua carga genética). No entanto, as características humanas historicamente desenvolvidas se encontram objetivadas na forma de relações sociais que cada indivíduo encontra como dado existente, como formas históricas de individualidade, e que são apropriadas no desenrolar de sua existência através da mediação do outro.

O emprego do vocábulo apropriação ao invés de adaptação ou introjeção tem o objetivo de destacar o caráter ativo e transformador do indivíduo na sua relação com o contexto sócio-histórico. Contexto sócio-histórico resultante da ação humana enquanto externalização do seu psiquismo que volta a se interiorizar transformado, num processo contínuo de articulação entre o individual e o social.

É do contexto histórico e social em que o homem vive que decorrem as possibilidades e impossibilidades, os modos e alternativas de sua identidade (como formas histórico-sociais de individualidade). No entanto, como determinada, a identidade se configura, ao mesmo tempo, como determinante, pois o indivíduo tem um papel ativo quer na construção deste contexto a partir de sua inserção, quer na sua apropriação. Sob esta perspectiva é possível compreender a identidade pessoal como e ao mesmo tempo identidade social, superando a falsa dicotomia entre essas duas instâncias. Dito de outra forma: o indivíduo se configura ao mesmo tempo como personagem e autor – personagem de uma história que ele mesmo constrói e que, por sua vez, o vai constituindo como autor.

Que outras dicotomias superar para compreender a identidade?

O emprego de expressões próprias à atividade cênica como personagem, autor, ator, papel, no estudo da identidade tem tradição nos textos clássicos de Erving Goffman (1985). O personagem se refere à identidade empírica, que é a forma que a identidade se representa no mundo. Implica sempre a presença de um ator enquanto desempenhando um papel social. O personagem ao mesmo tempo se confunde e se diferencia do papel. Em uma mesma representação é possível a existência de um mesmo papel (de pai, por exemplo) em personagens diferentes. Os papéis sociais são abstrações construídas nas relações sociais e que se concretizam em personagens; o personagem implica a existência de um ator que o personifica. Os papéis sociais caracterizam a identidade do outro e o lugar no grupo social; o personagem, enquanto representa um papel social, representa uma identidade coletiva a ele associada, construída e mediada através das relações sociais.

Antônio Ciampa (1987), psicólogo social brasileiro que de longa data vem se dedicando ao estudo da identidade, refere-se à presença de múltiplos personagens (embora a aparência de totalidade que a identidade evoca) que ora se conservam, ora se sucedem, ora coexistem, ora se alternam. A interpenetração entre os vários personagens que, por sua vez, interpenetram-se com outros personagens no contexto das relações sociais, garantem a processualidade da identidade enquanto repetição diferenciada, emergindo um outro que também é parte da identidade. O autor emprega o termo "metamorfose" para expressar este movimento.

Se necessário se fez superar a dicotomia individual/social para compreender o processo de constituição da identidade, a noção de metamorfose implica articular estabilidade/transformação. A estabilidade é marcante no contexto da identidade, cuja etimologia remete a *idem*, no latim, o mesmo. Esta noção conferida ao conceito tem suscitado inúmeras críticas por não dar conta da processualidade que lhe é própria.

A origem etimológica remete, ainda, à outra dicotomia que precisa ser superada para a compreensão da identidade: a do igual e do diferente. O vocábulo identidade evoca tanto a qualidade do que é idêntico, igual, como a noção de um conjunto de caracteres que fazem reconhecer um indivíduo como diferente dos demais. Assim, identidade é o reconhecimento de que um indivíduo é o próprio de que se trata, como também é unir, confundir a outros iguais. O nome próprio é um exemplo característico desta contradição. Enquanto prenome, é um diferenciador de outros iguais, mas também é um nivelador com outros iguais, similarmente nomeados. Enquanto sobrenome, distingue a individualidade, mas também remete a outros iguais do mesmo grupo familiar. A pluralidade humana tem o duplo aspecto da igualdade e da diferença.

Pluralidade que, paradoxalmente, implica também a unicidade pois o indivíduo vai se igualando por totalidades conforme os vários grupos em que se insere (brasileiros ou estrangeiros, homens ou mulheres, etc.) sem pressupor homogeneização: ao mesmo tempo em que o indivíduo se representa semelhante ao outro a partir de sua pertença a grupos e/ou categorias, percebe sua unicidade a partir de sua diferença. Essa diferença é essencial para a tomada de consciência de si e é inerente à própria vida social, pois a diferença só aparece tomando como referência o outro.

O que a identidade é e não é?

Ao iniciarmos este texto fizemos referência à intranquilidade que a resposta à pergunta "quem és" suscita. Ao finalizá-lo, tornamos ainda menos tranquila a sua resposta.

Compreender identidade segundo a proposta teórica aqui esboçada implica, necessariamente, articular dimensões aparentemente contraditórias, pois avessas ao pensamento lógico formal com o qual estamos habituados: individual/social, estabilidade/transformação, igualdade/diferença, unicidade/totalidade. Implica compreendê-la como constituída na relação interpessoal (eu, não-eu, eu-grupo) a partir da inserção do indivíduo no mundo social e através da sua atividade que se substantiva e se presentifica como atributo do eu: eu sou trabalhador – substantivo – porque exerço a atividade de trabalhar – verbo.

Esta presentificação (eu sou) expressa um momento originário quando nos "tornamos algo" e se representa como um "dado" que oculta o "dar-se" constante que expressa a processualidade da identidade e o movimento do social. O eu, pronome próprio que a identidade evoca, enquanto pronome é um substituto de substantivos ou nomes. O nome próprio é uma representação da identidade precocemente adquirida a partir da forma como os outros nos chamam, e, portanto, pelo seu caráter restritivo não dá conta da identidade.

É importante, também, não limitar o conceito de identidade ao de autoconsciência ou autoimagem. A identidade é o ponto de referência a partir do qual surge o conceito de si e a imagem de si, de caráter mais restrito.

A identidade é apreendida, segundo a perspectiva aqui desenvolvida, através da(s) representação(ões) de si em resposta à pergunta "quem és?". Esta representação não é uma simples duplicação mental ou simbólica da identidade, mas é resultado de uma articulação entre a identidade pressuposta (derivada, por exemplo, do papel social), da ação do indivíduo e das relações nas quais está envolvido concretamente.

Leituras complementares

O tema identidade não é um tema de fácil compreensão ou de resposta simples. Que o digam os autores que têm se dedicado ao seu estudo nos mais diferentes campos do conhecimento. A nossa experiência cotidiana também confirma esta afirmação.

Uma obra que explora exaustivamente a questão da identidade em uma perspectiva similar à aqui desenvolvida é *A história de Severino e a estória de Severina*, escrita por Antônio Ciampa e referendada na bibliografia. A partir da análise de uma história de vida e do poema "Morte e vida Severina" de João Cabral de Melo Neto, o autor apresenta uma série de considerações sobre a temática a partir de uma abordagem em Psicologia Social.

Sobre a relação entre o papel social e a identidade, a obra de Erving Goffman, *A representação do eu na vida cotidiana*, além de clássica, é excelente fonte de consulta, embora dentro de uma perspectiva que não rompe totalmente a dicotomia interno/externo. Tendo em vista a importância conferida ao papel de trabalhador em uma sociedade pautada pelo valor produtivo como a nossa, a articulação entre identidade e trabalho pode ser encontrada no capítulo "Doença dos nervos: o ser trabalhador como definidor da identidade psicológica", contido no livro *Relações sociais & Ética*, e no capítulo "Psicoterapia e doença dos nervos", do livro *Psicanálise e contexto cultural*, de Jurandir Freire Costa (ambos referendados na bibliografia).

E, por fim, a concepção de homem que fundamenta a perspectiva aqui desenvolvida encontra-se em *O desenvolvimento do psiquismo*, em que o autor, Alexei Leontiev, apresenta importantes considerações sobre o desenvolvimento filogenético e ontogenético do homem. Também o capítulo de Lucien Sève, "A personalidade em gestação", contém importantes contribuições a este respeito.

No campo artístico, a peça de teatro de Pirandello "Seis personagens à procura de um autor", e o curta gaúcho de Jorge Furtado "Esta não é sua vida", ambos publicados em livros (ver bibliografia), são ilustrativos sobre a temática, além, naturalmente, do poema de João Cabral de Melo Neto, já comentado, e da música de Raul Seixas, "Metamorfose ambulante", cujos versos abrem este texto.

Bibliografia

CIAMPA, Antônio. *A história de Severino e a estória de Severina*. São Paulo: Brasiliense, 1987.

COSTA, Jurandir Freire. Psicoterapia e doença dos nervos. In: *Psicanálise e contexto cultural*. Rio de Janeiro: Campus, 1989, cap. 2.

ERIKSON, Erik. *Identidade*: juventude e crise. Rio de Janeiro: Zahar, 1972.

FURTADO, Jorge. *Um astronauta no Chipre*. Porto Alegre: Artes e Ofícios, 1992.

GOFFMAN, Erving. *A representação do eu na vida cotidiana*. 4. ed. Petrópolis: Vozes, 1985.

HABERMAS, Jürgen. *Para a reconstrução do materialismo histórico*. 2. ed. São Paulo: Brasiliense, 1990.

JACQUES, Maria da Graça Corrêa. Doença dos nervos: o ser trabalhador como definidor da identidade psicológica. In: JACQUES, M.G. et al. *Relações sociais & Ética*. Porto Alegre: Abrapso, 1995, p. 62-70.

JAMES, William. *The letters*. Boston: Atlantic Monthly Press, 1920.

LEONTIEV, Alexei. *O desenvolvimento do psiquismo*. Lisboa: Horizonte, 1978.

MEAD, George. *Mind, self and society*. Chicago: University of Chicago Press, 1934.

NETO, Félix. Identidades migratórias. *Psiquiatria Clínica,* 6(2), p. 113-128, 1985.

PIRANDELLO, Luigi. *Seis personajes en busca de autor*. Buenos Aires: Argentina Condor, 1927.

SÈVE, Lucien. A personalidade em gestação. In: SILVEIRA, Paulo & DORAY, Bernard (orgs.). *Elementos para uma teoria marxista da subjetividade*. São Paulo: Vértice, 1989, cap. 5.

SUBJETIVIDADE

Nilza Silva

> *A única finalidade aceitável das atividades humanas é a produção de uma subjetividade autoenriquecedora de maneira contínua na sua relação com o mundo.*
> Félix Guattari

Discutir a subjetividade humana na atualidade, do ponto de vista da psicologia social que se exerce, é fazer opções. Opções epistemológicas, paradigmáticas, metodológicas, práxicas, éticas, estéticas, políticas. Escolher implica percorrer as trajetórias da construção dos saberes, imanente ao processo de hominização – mesmo que de maneira fragmentária e provisória. Escolher implica exercitar uma crítica que não seja complacente nem obsequiosa. Escolher implica respeitar o esforço coletivo do pensar.

Neste sentido, esboça-se uma incursão pelo pensamento da Grécia Antiga e por sua irrecusável influência na produção dos saberes ocidentais de todas as épocas. Procura-se, então, traçar uma linha transversal entre os desafios da realidade contemporânea e os saberes necessários para suportar esta complexidade, especialmente em relação ao processo de subjetivação e às opções do profissional da psicologia social.

Do passado ao presente

A hegemonia do pensamento pré-socrático estendeu-se por aproximadamente três séculos – entre séculos VIII aC e o V aC – e afetou-se por importantes transformações operadas no pensamento grego, inicialmente mais descritivo e posteriormente mais questionador.

O século VIII aC revelou um mundo feito para os fortes, os hábeis e os poderosos, protagonizados na escrita de Homero. A *Ilíada* descreve um mundo beligerante, cujo ideal heróico, da coragem e das façanhas pessoais, ressalta a excelência na guerra. A *Odisseia* descreve um mundo de viagens e comércio no qual a inteligência, a sagacidade e a esperteza são necessárias (CHEILIK, 1984).

O século VI aC apresentou forte indagação sobre a constituição do mundo. Destacaram-se duas vertentes de pensamento.

De um lado, a vertente mística revivia o culto ao deus grego Dioniso, na seita de Orfeu, concebendo o mundo pela ruptura da unidade divina. O humano carrega a dualidade corpo-alma. O corpo é a herança titânica que aprisiona a alma, como um invólucro ou um túmulo. A alma é a herança dionisíaca que, pela ascese e pela resistência aos prazeres e atrativos da vida terrena, se liberta do corpo para usufruir a vida eterna. Pela *metempsicose,* ou transmigração das almas, a alma deixa um corpo e se reintroduz em outro, pelo nascimento, até a purificação (MUELLER, 1978). Viver e morrer objetivam o retorno à unidade divina originária. A dualidade corpo-alma e a metempsicose influenciaram o filósofo natural jônico Pitágoras, de Samo (século VI aC), o filósofo eleata Empédocles, de Acragante (século V aC), que as estendeu aos animais e às plantas, e o filósofo clássico Platão (século IV aC), que as combinou com as ideias de beleza e verdade.

De outro lado, o apogeu da Jônia, território grego na Ásia Menor, estimulou a vertente da filosofia natural que propôs uma explicação racional para o universo. Dentre os jônicos, destacou-se Heráclito, de Éfeso (480 aC), que apresentou a ideia da mobilidade universal, na qual o movimento, como fluxo incessante, engendra a multiplicidade das formas. É o eterno devir. Assim, o processo de produção do homem é imanente ao processo de produção do mundo. É a afirmação da indissociabilidade homem/natureza.

A hegemonia do pensamento clássico grego estendeu-se por aproximadamente dois séculos – os séculos V aC e o IV aC – e foi estimulada pelo apogeu de Atenas.

No século V aC, destacaram-se três vertentes de pensamento.

A primeira, constituída pelos sofistas dentre os quais se destacou Protágoras, de Abdera (485 aC-410 aC), introduziu um novo conceito de homem, que extrai a verdade do contato com a realidade. Os sofistas ressaltaram a incomunicabilidade direta dessa experiência particular. Preconizaram também o caráter convencional das instituições, transformáveis segundo as necessidades humanas.

À segunda se filiaram os eleatas e os atomistas. Os filósofos da Escola Eleática, da Magna Grécia, no sul da Itália, conceberam a matéria una, imóvel e indestrutível. Dentre os eleatas, destacou-se Parmênides, que propôs a identidade como único fundamento da verdade. Para ele, a realidade é única e idêntica a si mesma e o devir é aparência. Portanto, afirma a dicotomia realidade-aparência. Dentre os atomistas, destacou-se Demócrito, de Mileto (460 aC-370 aC), que propôs o universo formado por partículas indestrutíveis e indivisíveis – os átomos.

A terceira foi representada por Sócrates (469 aC-399 aC), que propôs um conceito de homem essencialmente moral. A verdade, identificada com o bem, é o único ordenador da felicidade humana.

No século IV aC, consolidaram-se a filosofia e a retórica do período clássico. Platão (427 aC-348 aC), discípulo de Sócrates, concebeu o mundo bipartite, afirmando a dicotomia ideia-matéria (ou essência-aparência ou modelo-cópia). A ideia ou essência ou pura forma é o modelo universal, a realidade, que não se "corrompe" pelo devir. Pelo princípio da identidade, verdadeiramente ser é permanecer idêntico a si mesmo. A matéria ou aparência (imagem) ou corpo sensível é a cópia em devir, a ilusão. Pelo princípio da semelhança, a aparência torna-se cópia do modelo, a matéria imita a ideia, a ilusão mantém-se realidade. Já Aristóteles, de Estagira (384 aC-322 aC), discípulo de Platão, concebeu o mundo tripartite: corpo físico, alma incorpórea – que representa o mundo por ideias – e linguagem – que expressa as ideias. Também concebeu a alma tripartite: alma vegetativa, alma sensitiva e alma intelectiva. A vegetativa e a sensitiva – extensivas às plantas e aos animais – representam as paixões, os desejos, os sentimentos, as sensações, os afetos, expressos pela linguagem cotidiana que é plurívoca, isto é, com pluralidade dos sentidos. A intelectiva representa a razão, expressa pela linguagem unívoca, isto é, com unicidade dos sentidos (FUGANTI, 1990).

Resumidamente: a preocupação cosmológica pré-socrática mergulha na preocupação antropológica sofista que, por sua vez, trava um embate com a preocupação normativa socrático-platônica. Do mundo mítico ao mundo racional grego.

De forma geral, poder-se-ia, agora, traçar rudimentarmente a inserção do homem nos saberes produzidos nesse período e os princípios que orientaram esta inserção. Inicialmente, o único homem merecedor de nota e de proteção divina é o herói, o corajoso, o capaz, o inteligente, o sagaz. A seguir, o homem se inscreve diferentemente em cada uma das duas vertentes de pensamento que ora se afastam, ora se aproximam, ora se cruzam.

Uma das vertentes afirma duas dicotomias: 1) unidade divina-dualidade humana e 2) corpo-alma. Todos os homens, semideuses, precisam libertar-se da sua metade humana para conquistar a integridade divina. A unidade e indestrutibilidade divinas são deslocadas para a matéria. A identidade e a imobilidade fundamentam a verdade. Agrega-se nova dicotomia: realidade-aparência. A identidade e a permanência da essência introduz o homem no mundo da moralidade, no qual a verdade é identificada com o bem e o belo. A dicotomia ideia-matéria é fundamentada pelos princípios da identidade e da semelhança.

A outra vertente afirma a diferença da diferença. A metamorfose, que institui o novo – mesmo que imperceptível –, faz repercutir as disparidades de todas as coisas entre si. O homem, indissociável da natureza, é uma forma composta pelos fluxos mutantes, em devir. A verdade, como construção humana, apresenta-se plural e transitória.

Hegemônicas ou não, marginais ou não, essas concepções do processo de subjetivação humana atravessam, influem, contaminam todo o saber ocidental, até hoje. Elas desdobram-se, estilhaçam-se, desviam-se, opõem-se, entrelaçam-se, vibram, compõem-se, deslizam umas sobre as outras. Vão criando caminhos, atalhos, pontes que suportam as escolhas atuais, a reinvenção dos saberes e a construção do mundo.

Percorrendo o esboço traçado até aqui – aos saltos e sob o risco (ainda maior) de simplificações grosseiras – saliento dois princípios que orientam a inscrição do homem nos saberes: o *princípio da identidade e o princípio da diferença*.

De um lado, o princípio da identidade pressupõe uma imobilidade infinita que garante a existência do *mesmo* como modelo universal. O mesmo, o idêntico, se refere ao conceito determinável originário, que é fundado no sujeito pensante. Pensar pelo princípio da identidade é sempre estabelecer a relação da identidade do conceito com o sujeito que pensa. A realidade é ideal e estática, já que estabelece sempre a ligação entre a unidade originária e a totalidade futura, suprimindo qualquer elemento diferencial. A identidade fundamentou as teorias dos eleatas, dos atomistas, dos socrático-platônicos, de Hegel (no século XIX), dos estruturalistas (no século XX), dentre outros.

Georg Wilhelm Friedrich Hegel (1770-1831) propôs o *eu* como consciência individual e parte integrante da consciência universal. O desenvolvimento da consciência se realiza gradualmente, quando o homem toma consciência de si e do mundo, em progresso infinito até a liberdade total. Então, se unifica com o divino, *a ideia absoluta*. A realidade, como exteriorização da ideia, é criada pela razão. A lógica dialética hegeliana se baseia na contradição criadora, no movimento da tese (afirmação), da antítese (negação) e da síntese (negação da negação). Pelo princípio da identidade, Hegel retalha a diferença pelo seu excesso: a contradição se constitui na maior diferença, somente em relação ao idêntico. Subordina, assim, a diferença à identidade (DELEUZE, 1988).

O estruturalismo, que agrupa principalmente antropólogos, historiadores, etnólogos, linguistas, marcou com seu método a psicologia em meados do século XX. Claude Lévi-Strauss (1908), etnólogo, estudou os mitos e os fenômenos de parentesco como fenômenos de linguagem, aplicando o rigor dos modelos formais e regras combinatórias do método linguístico, isolando princípios universais. Pierre Clastres (1934-1977), etnólogo, estudou o poder, os conflitos, a divisão social, a constituição do Estado, propondo uma analogia estrutural entre os fenômenos. Roland Barthes (1915-1980), linguista e semiólogo, realizou estudos linguísticos e literários das narrativas e do cotidiano, para os quais utilizou o modelo de análise estrutural. Sob uma lógica de produção dos signos, elaborou um sistema definido pelas relações entre seus elementos internos, fornecidos pelas determinações contextuais. Jacques Marie Emile Lacan (1901-1981), psicanalista, ofereceu um estatuto científico à psicanálise, unindo-a à linguística, à semiologia e à matemática, para definir o inconsciente e suas leis pelo modelo da linguística estrutural. Para ele, os papéis humanos se organizam pela *lei da ordem simbólica*, formalmente idêntica à ordem do *significante* e fundada sob a primazia da estrutura da linguagem. Louis Althusser (1918-1990), filósofo, propôs o *corte epistemológico* como uma cisão radical e precisa entre a abstração teórica e os fenômenos vividos. Ele estabeleceu uma separação entre a ciência – legitimada pelo método formal – e os resíduos fenomenológicos ou empíricos, que não são científicos. As correntes estruturalistas propõem a realidade fixada por uma axiomática estrutural, na qual as premissas expressam verdades, cuja demonstração é desnecessária, por serem tautológicas, isto é, idênticas a si mesmas. Pelo princípio da identidade, estabelecem-se a repetição, a previsibilidade e a reversibilidade. A repetição do mesmo se dá porque o modelo, pertencente a um grupo de modelos, funciona como matriz analítico-explicativa de todos os fatos, vistos como homeostáticos. Assim, todos os fenômenos da realidade são esquadrinhados por conjuntos de relações formais. Por identidade, por semelhança, por analogia ou por oposição, os fenômenos são introduzidos na ordem dos códigos universais, atemporais, fundantes e são explicados a partir de determinações. Assim, qualquer modificação na realidade é previsível, porque essa mudança só se faz dentro dos limites definidos pela interdependência estrutural das partes em relação ao todo. Do retorno possível aos estados originários resulta a reversibilidade no tempo (GUATTARI, 1987).

De outro lado, o princípio da diferença pressupõe uma mobilidade incessante. Sempre de um "estado" a outro. A realidade, produzida por fluxos de qualquer natureza, mantém-se em estado instituinte, mutante. Em eterno devir. Por isto, não pode ser capturada por formalizações: resiste à previsibilidade. A consistência dos fenômenos se faz num processo, no qual as composições dos elementos, as relações entre as forças – acaso – e as concatenações dos fluxos, códigos, tempos, acontecimentos, velocidades, trajetórias implicam na imponderabilidade da história, na irrepetibilidade das mesmas composições, na heterogeneidade das transformações e na irreversibilidade do tempo. Pensar pelo princípio da diferença é efetuar a relação do diferente com o diferente. É afirmar a diferença. Uma dificuldade aparece: capturado pela representação, o princípio da diferença acaba sendo mediado pelo idêntico, pelo semelhante, pelo oposto, pelo análogo. Torna-se necessário, então: 1) desfazer a identidade do conceito e do sujeito pensante, para introduzir a diferença no pensamento; 2) reconhecer as multiplicidades como transformadoras da ideia – feita de elementos e relações diferenciais – para compor a diferença na afirmação (e não na negação); 3) não tomar o diverso como matéria do conceito idêntico, para restaurar a diferença individuante, singularizante (DELEUZE, 1988). A diferença fundamentou as teorias de Heráclito, dos sofistas, de Nietzsche (no século XIX), de Foucault, de Deleuze e de Guattari (no século XX), dentre outros.

Friedrich Wilhelm Nietzsche (1844-1900) propôs a indissociabilidade vida/pensamento, afirmando que se implicam mutuamente, pela eliminação de limites, no esforço de criação do novo. Pensar é inventar novas possibilidades de vida e depende das forças que entram em relação. Uma nova maneira de pensar e uma nova maneira de avaliar – *transavaliação* – produzem o super-homem. A vontade de poder é o elemento diferencial e genético da força que se exerce sempre sobre outra força. Portanto, para Nietzsche, vontade é uma força que entra em relação com outra, afirmando sua diferença. O super-homem se engendra neste embate de forças (vontades), sempre afirmativas da diferença. O eterno retorno, como ser do devir, é a expressão do princípio do retorno do diferente, da reprodução da diferença. Ele constitui a diferença e a repetição dela. A realidade é criada pelas forças (vontades), em cujas relações são constituídos os corpos de qualquer natureza. À lógica dialética, da contradição e da negação, Nietzsche opõe a lógica da afirmação da diferença (DELEUZE, s/d).

Michel Foucault (1926-1984), Gilles Deleuze (1925-1995) e Félix Guattari (1930-1992) propõem a indissociabilidade homem/natureza, afirmando que a produção do mundo se realiza num processo: 1) inclusivo, do qual não há exterioridade possível; 2) mutante, porque se efetua pela transformação ininterrupta; 3) flexível, para o qual não há determinações; 4) fortuito, por materializar o acaso; 5) comunicante, porque se dá por "passagens", por "estados". É um processo que engendra as *multiplicidades*, pelas quais tudo pode se interpenetrar com tudo – sem hierarquia entre as instâncias individuais, coletivas e institucionais – mudando a natureza do que se vai produzindo. Fluxos de matéria/energia, de relações vazam territórios, aumentam qualitativa e quantitativamente suas conexões, suas disjunções e suas conjunções. Os corpos emergem e se efetuam nesta luta, neste confronto de forças, de velocidades, de composições, neste movimento incessante. Os corpos são, pois, "estados" dos seus movimentos – modos de estar – *"superfície de inscrição dos acontecimentos"*, *"volume em perpétua pulverização"*, cujos fluxos estão sempre em *"insuperável conflito"* (FOUCAULT, 1989, p. 22). O tornar-se humano inclui o tornar-se não humano: a produção da subjetividade é imanente à produção do mundo. Pelo processo de subjetivação, o *sujeito* se desfaz em multiplicidades. Pela heterogeneidade dos seus suportes físicos, biológicos, psíquicos, verbais, econômicos, estéticos, éticos, políticos, a subjetividade é um produto cultural como qualquer outro. Como processo, a subjetividade emergente se relaciona com o mundo pelo limite, pela vizinhança: *individua-se* nas relações de alteridade e *coletiza-se* nas multiplicidades, para *"além do indivíduo"* e para *"aquém da pessoa"* (GUATTARI, 1990, p. 8).

Do presente ao futuro

O final deste século tem sido pródigo em desafiar todos os saberes, misturando-os, separando-os, esvanecendo os limites para a investigação, mas, sobretudo, impondo uma velocidade à ação difícil de perseguir. Experimenta-se, de um lado, o esgotamento do estruturalismo e seus universais e, de outro, o recrudescimento da vertente de pensamento que: 1) inscreve o paradigma ético-estético-político no paradigma científico; 2) investe em *processo* – diverso de sistema e estrutura – na abertura, na ruptura incessante, na precariedade, na singularidade; 3) indica transformações e suas reordenações de limites; 4) valoriza os cruzamentos, criadores de novas condições de produção dos saberes; 5) traça os percursos dos arranjos de poderes, construtores e organizadores dos regimes de verdade e de exclusão dela. A perplexidade do pesquisador talvez seja o que mais fortemente impregna o processo contemporâneo de construção dos saberes. E, por isto mesmo, não deve ser desprezada.

O modelo capitalista de produção tem-se amparado especialmente na *competição* e no *controle* como organizadores: 1) dos modos de pensar, de perceber, de sentir, de relacionar-se e 2) dos equipamentos coletivos que se engancham neste processo produtivo, ao longo da sua trajetória. Os modos, os meios, as velocidades destes fluxos não se inscrevem apenas na economia de mercado: são imanentes ao processo de constituição do mundo, em todas as suas dimensões – da planetária à da subjetividade.

> A subjetividade hoje permanece massivamente controlada pelos dispositivos de poder e de saber que colocam as inovações técnicas, científicas e artísticas a serviço das figuras mais retrógradas da socialidade. E, contudo, outras modalidades de produção subjetiva – processuais e singularizantes – são concebíveis. Estas formas alternativas de reapropriação existencial e de autovalorização podem tornar-se amanhã a *razão de vida* das coletividades humanas e dos indivíduos que recusam abandonar-se à entropia mortífera característica do período que nós atravessamos (GUATTARI, 1989, p. 26).

Há fartos dispositivos – especialmente institucionais e massmidiáticos – que se incumbem de banalizar a vida, reduzindo-a ao trabalho: seja "colando" a preparação para viver no século XXI à preparação para trabalhar (acesso ao emprego?) nesse século, seja fazendo a apologia do individualismo absoluto. Afirma-se, por todos os meios de expressão, que, num mundo diversificado, de fronteiras abertas, complexo, interdependente, com acesso internacionalizado ao capital e aos fatores de produção, a educação se apresenta como ferramenta estratégica para o enfrentamento do mundo do trabalho, cada vez mais competitivo. Maiores também são as exigências da disposição para o aprendizado contínuo, da mobilidade geográfica, da capacidade de adaptação a novos ambientes e novas situações. Assim, a diferença está na qualidade da mão-de-obra nacional. No caso brasileiro, *"o governo, empresários e estudiosos do problema estão convencidos de que as oito séries do nível fundamental constituem a melhor base para qualquer aspirante a uma vaga no mercado de trabalho"* (CAIXETA, 1997, p. 9). Que qualidade de mão-de-obra se propõe aqui? Além disso, constrói-se uma subjetividade produto/produtora desse modelo, nutrida por um individualismo, cujo princípio fundamental é o mesmo que rege as grandes empresas. As estratégias e as oportunidades de destaque, de promoção, de visibilidade são ilimitadas e orientadas sempre para os resultados. Estão à disposição de todos e dependem exclusivamente de cada um (PETERS, 1997).

A subjetividade, engendrada como *"resíduo"* no processo de produção do mundo, é um produto cultural complexo. Desvelar "o *conjunto de condições"* que possibilitam a emergência de *"instâncias individuais e/ou coletivas"*, como *"território existencial autorreferencial"* na sua relação com o mundo, é um dos maiores e mais potentes desafios da atualidade (Guattari, 1990, p. 7).

A hipertrofia das injunções do mercado contemporâneo se garante por três vias principais que resignificam competição e controle: 1) a desregulamentação dos mercados financeiros; 2) a integração mundial do capital e 3) as revoluções tecnológicas e comunicacionais. Elas facilitam a expansão e a primazia das empresas transnacionais, potencializando sua capacidade de intervenção global e a mobilidade crescente dos seus processos de produção.

A terceira revolução industrial, impulsionada pela tecnologia do silício, retalha e remonta unidades menores de trabalho e capital numa linha de produção separada em partes e distribuída, como uma teia, em redor do planeta. Por um lado, a produção dentro da fábrica é substituída pela terceirização; a integração, pela desintegração. Por outro lado, a fusão das empresas produzem seu crescimento desenfreado. É a economia *plug-and-play:* mais competitiva, flexível, dinâmica e produtiva, combinando máxima segmentarização com máxima desterritorialização. Cada vez mais apartados, vai-se cada vez mais longe e mais rápido – mesmo sem sair do lugar (HUBER & KORN, 1997). Este modelo econômico opera, de um lado, pelo descentramento das redes de poder, que tornam as relações de força difusas e legitimam certos discursos e práticas à custa da invalidação de outros, e, de outro lado, pela circulação do capital financeiro em busca de valorização rápida e farta. Para a localização dos investimentos, competem entre si Estados nacionais e/ou regiões dentro do mesmo Estado. As facilidades fiscais (sobrecodificadas "guerra fiscal"), a redução do Estado, as privatizações, a desregulamentação do mercado de trabalho e da seguridade social – que facilitam a flexibilização, o arbitramento salarial, a precarização das condições de trabalho, a volatilização do emprego – funcionam como elementos de atração para os grandes negócios.

Esta acelerada transformação arrasta consigo também: 1) a transnacionalização da miséria, do desemprego, do isolamento político das relações de trabalho, da instabilidade e insatisfação sociais, da degradação ambiental; 2) a exclusão, porque impossibilita a apropriação e a fruição, por todos, dos meios e benefícios; 3) o descompromisso com as populações, acentuando as desigualdades e assimetrias sociais; 4) a redução do mercado local combinada com a expansão do mercado globalizado. Neste percurso, o capitalismo descentralizado – neoliberalismo – realiza o deslocamento das contradições: das relações de produção para as relações de mercado; das relações de exploração (capital/trabalho) para as relações de exclusão (produto/consumidor); das relações de exclusão para as relações de eliminação. Enquanto as relações de produção explicitam a exploração de uns por outros e a luta de classes, as relações de mercado privilegiam o produto e a satisfação do consumidor, cada vez mais raro. Por mecanismos de controle, o mercado se estabelece, apesar da exclusão de amplas camadas da população, "desnecessárias" à ordem instituída. Elas podem ser desviadas, empurradas, eliminadas.

E o desempregado? Excluídos, pela lógica do desaparecimento do emprego, os desempregados acabam por considerar-se *"incompatíveis com uma sociedade da qual eles são os produtos mais naturais"*. E como produtos estão plenamente incluídos. Neste processo de subjetivação, a vergonha tem sua aplicabilidade "domesticadora", funcionando como *"um elemento importante de lucro"*.

> Ela altera na raiz, deixa sem meios, permite toda a espécie de influência, transforma em vítimas aqueles que a sofrem, daí o interesse do poder em recorrer a ela e a impô-la; ela permite fazer a lei sem encontrar oposição, e transgredi-la sem temor de qualquer protesto. É ela

que cria o impasse, impede qualquer resistência, qualquer desmistificação, qualquer enfrentamento da situação. É ela que afasta a pessoa de tudo aquilo que permitiria recusar a desonra e exigir uma tomada de posição política do presente. É ela, ainda, que permite a exploração dessa resignação, além do pânico virulento que contribui para criar (FORRESTER, 1997, p. 12).

Das escolhas

Inicialmente, faz-se uma ligeira incursão por uma parte do acúmulo epistemológico dos últimos vinte e oito séculos de enunciação humana. Esta viagem através dos saberes – *do passado ao presente* – apresenta um roteiro nem linear nem harmonioso nem necessariamente emancipador.

Na segunda parte, descreve-se resumida e fragmentariamente a realidade contemporânea "em construção", na qual se está mergulhado e com a qual se tem uma relação visceral de produto/produtor. *Do presente ao futuro* é uma proposta de continuação da viagem. Os caminhos, as sendas, os atalhos, as pontes estão para ser construídos. Como uma provocação.

E a psicologia social? Pode-se tomá-la como uma unidade indivisível? Se não, qual psicologia social serve de referência às escolhas profissionais? Em quais dispositivos se engancha para interferir na realidade? De que realidade trata? Com o que, como e para que funciona? Com o que, como e para que a psicologia social constrói seus saberes? De quais saberes o profissional da psicologia social se vale para suas opções? Algumas das respostas a estas questões não são tão evidentes nem tão simples quanto aparentam. Requerem muito mais do que ler este texto ou este livro. Exigem seguir os largos caminhos e também as trilhas. Exigem criar onde ainda não existe. Exigem empenhos, lutas, alianças, mergulhos, interlocuções. E, principalmente, opções. Opções epistemológicas, paradigmáticas, metodológicas, práxicas, éticas, estéticas, políticas.

Sugestão de leituras

Apresentam-se outras sugestões de leituras que investem na inquietação e no debate, que colocam o desafio e a dúvida, que exercitam a sensibilidade e o compromisso.

Gilles Deleuze, no livro *Conversações* (Rio de Janeiro: Editora 34, 1992), realiza um passeio na sua produção teórica entre 1972 e 1990. A partir de elementos da arte, da ciência, da filosofia e da política, faz uma interlocução com Foucault, Guattari, Spinosa e Leibniz.

Félix Guattari, em *Três ecologias* (Campinas: Papirus, 1991), trata de três esferas de relações: ambiental, social e mental, que implicam heterogeneticamente o processo de produção da subjetividade.

Umberto Eco, Furio Colombo, Francesco Alberoni e Guiseppe Sacco, em *La Nueva Edad Media* (Madri: Alianza Editorial, 1990), analisam, na sociedade contemporânea, as transformações dos Estados Nacionais, as relações de poder, os conflitos emergentes, a ruptura do consenso, a fragmentação e a insegurança sociais.

Boaventura de Souza Santos, em *Pela mão de Alice* (São Paulo: Cortez, 1995), analisa aspectos da trajetória histórica do capitalismo até a contemporaneidade, abordando modos de produção de poder, desafios dos paradigmas, democracia, emancipação social e subjetividade.

Bibliografia

CAIXETA, Nely. Como virar a página. *Brasil em Exame*. São Paulo: Abril, ed. especial, p. 6-11, set, 1997.

CHEILIK, Michael. *História antiga*. Rio de Janeiro: Zahar, 1984.

DELEUZE, Gilles. *Nietzsche e a filosofia*. Porto: Rés Editora, s/d.

_____. *Diferença e repetição*. Rio de Janeiro: Graal, 1988.

FORRESTER, Viviane. *O horror econômico*. São Paulo: Unesp, 1997.

FOUCAULT, Michel. *Microfísica do poder*. Rio de Janeiro: Graal, 1989.

FUGANTI, Luiz Antônio. Saúde, desejo e pensamento. In: LANCETTI, Antônio (dir.). *Saúde e loucura 2*. São Paulo: Hucitec, 1990, p. 19-82.

GUATTARI, Félix. Linguagem, Consciência e Sociedade. In: LANCETTI, Antônio (dir.). *Saúde e loucura 2*. São Paulo: Hucitec, 1990, p. 3-17.

_____. *Cartographies Schizoanalytiques*. Paris: Éditions Galilée, 1989.

_____. *Revolução molecular, pulsações políticas do desejo*. São Paulo: Brasiliense, 1987.

HUBER, Peter & KORN, Jessica. A unha de produção agora é uma teia. *Exame*. São Paulo: Abril, ed. 645, a. 31, n. 20, p. 102-106, 24/set., 1997.

MUELLER, Fernand-Lucien. *História da Psicologia*. São Paulo: Companhia Editora Nacional, 1978.

PETERS, Tom. Corra! Bem-vindo à Era do Eu S.A. *Exame*. São Paulo: Abril, ed. 643, a. 31, n. 18, p. 108-114, 27/ago., 1997.

GÊNERO

Marlene Neves Strey

Dentro da psicologia social científica, os temas de gênero tinham pouca expressão e, no máximo, apareciam como sexo, indicando as diferenças encontradas entre homens e mulheres em experimentos de laboratório ou de campo.

Para reverter esse quadro foi necessário tanto o estabelecimento da conhecida *crise da psicologia social,* quanto as pressões dos crescentes movimentos feministas, que iniciaram antes do século XX, mas que tiveram seu apogeu há poucas décadas. Hoje gênero, embora seja um conceito que perpasse todas as áreas de estudo da psicologia e de outras áreas do conhecimento, tem íntima afinidade com a psicologia social, principalmente a psicologia social que lança seu olhar para a história, para a sociedade e para a cultura, não conseguindo entender o ser humano separado dessas instâncias.

Antes de seguir na análise do que seja gênero, é importante abrir um parênteses para fazer algumas colocações sobre o *movimento feminista,* que está constantemente associado aos estudos de gênero. Esse movimento teve suas origens em vários acontecimentos: na revolução norte-americana, quando John Stuart Mill reivindica para as mulheres as promessas da Declaração de Independência; na Revolução Francesa, com a Declaração dos Direitos da Mulher e da Cidadã redigida por Olímpia de Gouges em 1791 (inspirada na Declaração dos Direitos do Homem) e "A Reivindicação dos Direitos da Mulher" de Mary Wollstonecraft de 1792, um dos seus documentos fundacionais, que, sem outorgar direitos às mulheres, proporcionaram as bases conceituais e teóricas que permitiram a luta pela igualdade de direitos políticos e educativos. Abriu-se um espaço público às mulheres no qual puderam manifestar-se, ainda que o discurso e as práticas feministas se mantivessem calados durante um longo tempo.

O feminismo levou à aparição de mudanças conceituais importantes no século XIX (trabalho assalariado, autonomia do indivíduo civil, direito à instrução) e à presença das mulheres na cena política. Durante o século XIX produziram-se constantes reformulações e conquistas femininas que se foram plasmando nas condutas individuais e nas coletivas, na legislação, na arte e no pensamento.

O pensamento e a luta pela igualdade e da realização da igualdade para as mulheres se constitui no pilar básico do feminismo. Igualdade não só no sentido jurídico, a qual foi o objetivo primordial durante as primeiras etapas de reivindicação feminista, mas que, graças ao desenvolvimento e evolução tanto no plano conceitual como no plano das mudanças sociais e nos comportamentos, foi se transformando, a ponto de não se poder afirmar hoje que o discurso feminista contemporâneo seja o mesmo que nos começos do século XIX (PRÁ, 1997).

Sexo e gênero

Embora muitos autores e autoras possam utilizar os termos *sexo e gênero* como sinônimos, trata-se de dois conceitos que se referem a aspectos distintos da vida humana.

Sexo não é gênero. Ser uma fêmea não significa ser uma mulher. Ser um macho não significa ser um homem. Sexo diz respeito às características fisiológicas relativas à procriação, à reprodução biológica. A divisão sexual na reprodução já está bem entendida. Os machos produzem esperma, as fêmeas produzem óvulos; e depois gestam os *filhotes* que foram concebidos. O sexo biológico, ou seja, as características anátomo-fisiológicas das pessoas vêm determinada, em geral, pela dotação cromossômica, pelas estruturas gonadais e pela dotação hormonal (fetal, pós-natal e puberal) responsáveis da estruturação genital interna e externa dos caracteres sexuais secundários (desenvolvidos na puberdade).

As diferenças sexuais são encontradas em todos os mamíferos. Entretanto, os humanos desde sua origem têm interpretado e dado uma nova dimensão a seu ambiente físico e social através da simbolização (LANE, 1995). Humanos são animais autorreflexivos e criadores de cultura. O sexo biológico com o qual se nasce não determina, em si mesmo, o desenvolvimento posterior em relação a comportamentos, interesses, estilos de vida, tendências das mais diversas índoles, responsabilidades ou papéis a desempenhar, nem tampouco determina o sentimento ou a consciência de si mesmo(a), nem das características da personalidade, do ponto de vista afetivo, intelectual ou emocional, ou seja, psicológico. Isso tudo seria determinado pelo processo de socialização e outros aspectos da vida em sociedade e decorrentes da cultura, que abrange homens e mulheres desde o nascimento e ao longo de toda a vida, em estreita conexão com as diferentes circunstâncias socioculturais e históricas. Os seres humanos têm diferenças sexuais, mas, de maneira semelhante a todos os outros aspectos de diferenciação física, elas são experienciadas simbolicamente. Nas sociedades humanas, elas são vividas como gênero.

Enquanto as diferenças sexuais são físicas, as diferenças de gênero são socialmente construídas. Conceitos de gênero são interpretações culturais das diferenças de gênero (OAKLEY, 1972). Gênero está relacionado às diferenças sexuais, mas não necessariamente às diferenças fisiológicas como as vemos em nossa sociedade. O gênero depende de como a sociedade vê a relação que transforma um macho em um homem e uma fêmea em uma mulher. Cada cultura tem imagens prevalecentes do que homens e mulheres devem ser. O que significa ser homem? O que significa ser mulher? Como as mulheres e os homens supostamente se relacionam uns com os outros? A construção cultural do gênero é evidente quando se verifica que ser homem ou ser mulher nem sempre supõe o mesmo em diferentes sociedades ou em diferentes épocas.

Principalmente nos Estados Unidos, onde o movimento feminista teve grande importância e exerceu influência internacional, o conceito de gênero foi introduzido em seu discurso teórico na década de 1970 primeiramente através de estudos da antropologia. Mas também na Europa, em 1972, a inglesa Ann Oakley havia apontado a necessidade de distinguir entre *macho* e *fêmea* e gênero, na classificação social de *masculino* e *feminino*. Diversas autoras começaram a aprofundar o tema, salientando que, além de contar com um modo de produção, toda a sociedade possui um sistema de gênero: conjunto de arranjos através dos quais a sociedade transforma a biologia sexual em produtos da atividade humana e nos quais essas necessidades transformadas são satisfeitas. Este sistema incluiria vários componentes, entre outros a divisão sexual do trabalho e definições sociais para os gêneros e os mundos sociais que estes conformam.

O movimento feminista pretendia que o uso do conceito ou categoria gênero transformasse profundamente os paradigmas da história e de outras disciplinas do conhecimento humano. Em função desses estudos, gênero passou a ser muitas vezes equiparado à mulher, pois se debruçavam principalmente sobre a mulher e suas contingências. Embora seja utilizado o termo gênero quando *se* fala de mulheres, sempre fica claro que não se pode obter informações sobre elas sem, ao mesmo tempo, obter informações sobre os homens. Assim, para conhecer-se como são as mulheres, *socialmente construídas,* faz-se necessário saber sobre os homens, *socialmente construídos.* É imprescindível conhecer a história do desenvolvimento de ambos os gêneros, assim como é importante estudar todas as classes para compreender o significado e alcance da história de como funcionou e funciona a ordem social ou para promover sua transformação.

A visão do gênero como *construção cultural* e *histórica* implica tratar com categorias simbólicas, cujas características principais são dar prioridade à *interpretação construída* em uma dialética entre o dado concreto e o esquema explicativo; na centralidade dos *símbolos* e dos diversos fatores que podem influir em sua leitura, como por exemplo o lugar e o momento, se é uma leitura individual ou se é coletiva. Através da capacidade humana de criar e manipular símbolos, os sistemas simbólicos vêm a ser condição e consequência da interação social. No entanto, é necessário lembrar que esta capacidade simbólica, tanto de produzir como de interpretar, de ler a realidade e de significar, tem sido, e ainda de certa forma é, unilateral e excludente, posto que se faz prioritariamente desde o ângulo masculino. É sobre essa visão distorcida que os estudos de gênero buscam lançar luz (SCOTT 1995).

Os estudos de gênero são importantes na psicologia, na antropologia, na sociologia, na história. O conceito de gênero abre uma brecha no conhecimento sobre a mulher e o homem, na qual torna possível uma compreensão renovadora e transformadora de suas diferenças e desigualdades. Para além das diferenças individuais, é importante salientar as interações sociais que influem nos resultados educativos e ocupacionais, entre outros tantos.

Assim, o conceito de gênero deve estar presente quando estudamos desenvolvimento, trabalho, escola, família, personalidade, identidade, grupos, sociedade, cultura. Isto é particularmente central na psicologia social de cunho histórico-crítico, pois a análise e o estudo das situações e condições sociais geradoras de desigualdade, o desenvolvimento conceitual e de modelos teóricos explicativos, a proposta de estratégias de intervenção e de programas de ação eficazes, têm como objetivos fundamentais a erradicação de situações e condições geradoras de desigualdade. Vemos então convergirem nesse sentido os estudos de gênero e a psicologia social histórico-crítica.

A questão da hierarquia de gênero

A hierarquia de gênero descreve uma situação na qual o poder e o controle social sobre o trabalho, os recursos e os produtos, são associados à masculinidade (GAILEY, 1987). O patriarcado é uma forma de hierarquia, em que os homens detêm o poder e as mulheres são subordinadas. Numa sociedade patriarcal, a autoridade social efetiva sobre as mulheres é exercida através dos papéis de pai e de marido. Sob as condições patriarcais, as mulheres às vezes exercem autoridade através do papel de mãe em oposição aos outros papéis familiares, tais como esposa, filha, irmã, ou tia. ·

Até recentemente, o patriarcado era a forma prevalecente na hierarquia de gênero na civilização ocidental (LERNER, 1990). Hoje, todavia, a forma é diferente. O poder social agora é identificado com atributos considerados como masculinos. Pessoas do sexo masculino ou feminino podem desempenhar papéis, através dos quais o poder pode ser exercitado, mas eles permanecem como papéis masculinos. Em virtude de serem simbolicamente masculinos, a discriminação contra as mulheres gerada por esses papéis recebe reforço ideológico. Além disso, vemos em algumas teorias psicológicas, por exemplo, que o *papel paterno* é considerado como benéfico na ruptura da *simbiose materno-filial,* que conduziria uma criança a ter problemas psicológicos. Nessas teorias, dá-se por suposto que cada pessoa cumpre seu papel (invariável, a-histórico) e que o papel masculino (paterno) é necessariamente benéfico e que o papel feminino (materno) é pelo menos perigoso Não por acaso a *mãe sempre* é *a culpada...*

Todas as sociedades explicam as hierarquias sociais através de origens divinas, de costumes ou naturais para as hierarquias sociais. A tendência prevalecente nas civilizações ocidentais contemporâneas é propor razões naturais para a ordem social existente. Em nossa sociedade ocidental, esta tendência pode ser vista nas crenças disseminadas de que os recursos têm sido escassos desde a aurora da existência humana; que a inteligência é herdada e pode ser medida acuradamente; e que, embora a discriminação racial e sexual possa ser objetada, ela está baseada em inferioridade e superioridade naturais. Essas noções têm um paralelo nas religiões que apresentam razões de ordem divina para a existência de desigualdades de raça e sexo (WOLF & GRAY, citado por GAILEY, 1987).

Muitas pessoas assumem que os homens são naturalmente mais agressivos. As mulheres são encorajadas, às vezes, a desenvolver a assertividade, mas os homens são incentivados a canalizar o que é visto como um recurso natural, possivelmente ligado ao cromossomo Y. Algumas teorias alternativas argumentam que homens e mulheres são basicamente semelhantes, ao menos com respeito a seus potenciais intelectuais e emocionais. Nesta visão, as diferenças entre mulheres e homens refletem fatores culturais, ou seja, espera-se que homens sejam de uma maneira e mulheres sejam de outra (OAKLEY, 1972). No entanto, essas teorias não dizem como as culturas chegaram a exigir essas diferenças de ambos os sexos. E também algumas teorias não explicam por que essas diferenças exigidas também comportam desigualdade e subordinação das mulheres aos homens.

Se a subordinação política e econômica é um fenômeno cultural, nossa tarefa é buscar uma explicação histórica ou cultural para a situação das mulheres e dos homens em todas as sociedades. Destacando o mundo ocidental e com as devidas precauções, a posição de gênero é um dos eixos essenciais para a manutenção do poder na hierarquia social, que é essencialmente masculina no seu topo e tem estratégias de fragmentação (por classes, por idades, por grupos ou culturas minoritárias). Assim, essa hierarquia nos leva a viver rivalidades e lutas entre pessoas jovens e idosas, pobres e ricas, negras e brancas, mulheres e homens. Essas relações antagônicas estruturam a dependência e a submissão.

Variações em gênero através das culturas

Os estudos de gênero nos mostram uma tremenda variedade de culturas no mundo. Em algumas sociedades, a divisão do trabalho por gênero é uma das maneiras-chave sobre as quais a atividade econômica está organizada. Em outras, a divisão do trabalho por gênero é encontrada primariamente na esfera doméstica. As diferenças entre sociedades onde o gênero é central à produção econômica e aquelas onde é secundário se refletem nas diferenças em todas as estruturas de autoridade.

Em algumas sociedades, que muitas vezes são chamadas de "primitivas", a propriedade é considerada comum a todos os participantes da referida sociedade, as quais em geral se consideram parentes. Embora a autoridade social possa variar, podendo ser igualitária ou estratificada, o que todas têm em comum é a ausência de separação entre o público e o privado. Existe outra maneira lógica de encarar as diferenças sexuais. Em termos físicos, as características sexuais secundárias não são muito pronunciadas antes da puberdade e, em algumas populações nunca são tão acentuadas e culturalmente sublinhadas como em nossa sociedade ocidental. Assim, em certas culturas podem chegar a existir até quatro gêneros, dependendo de quando é determinado o início e o fim da vida reprodutiva: crianças (que parecem semelhantes), adultos homens e mulheres (que parecem diferentes) e velhos(as) (que voltam a parecer semelhantes). Há variantes culturais no gênero adulto, onde a preferência sexual pode criar outros papéis de gênero ou as pessoas podem trocar o gênero, ou mesmo adotar os papéis procriativos do outro gênero. Colocar o foco somente nas diferenças sexuais é ignorar a criatividade cultural. Nossa sociedade ocidental rotula homens e mulheres desde o nascimento até à morte, mas existem outras sociedades onde as diferenças de gênero não se estendem para além dos papéis adultos de procriação.

Os estudos transculturais nos mostram então dois aspectos universais sobre o gênero: gênero não é idêntico a sexo e gênero fornece a base para a divisão sexual do trabalho em todas as sociedades. Não existe um conteúdo universal para os papéis de gênero. A maneira como homens e mulheres são conceitualizados varia enormemente. Em algumas sociedades, homens e mulheres têm a opção de poder adotar o trabalho e os papéis das pessoas do sexo oposto. A divisão do trabalho por gênero pode incluir cada um ou cada uma em seu papel escolhido, mas isto não se deve a seu sexo. Em alguns casos, mulheres e homens têm uma visão antagônica entre si. Em outros casos, existe uma visão compartilhada de que as mulheres têm menos poder, menos autonomia pessoal, mas tanto o trabalho como os direitos de propriedade, por exemplo, não são considerados necessariamente privilégio dos homens. Como podemos então definir se as mulheres são subordinadas?

O que é subordinação e como se expressa?

Subordinação pode ser definida como uma relativa falta de poder. Em termos de autoridade social, um grupo subordinado tem pouco ou nenhum controle sobre a tomada de decisões que afetam o futuro daquele grupo. Os trabalhadores, por exemplo, não têm nenhuma capacidade de vetar a decisão de sua empresa se ela decide fechar a fábrica num determinado lugar e abrir em outro. Podemos falar *em subordinação de gênero* quando as mulheres não estão no controle das instituições que determinam as políticas que afetam as mulheres, tais como os direitos reprodutivos ou a paridade nas práticas de emprego. Discriminação nos salários e nas promoções são exemplos da subordinação das mulheres na nossa sociedade. Em outras sociedades, a subordinação pode envolver a necessidade de as mulheres casarem para poder sobreviver. A isso se alia o fato do papel de esposa trazer menos autoridade do que o de marido. Em suma, subordinação envolve dependência sistemática, sendo o grupo subordinado ativo ou não em tarefas produtivas.

A subordinação é mais difícil de determinar se focarmos somente as atitudes. As atitudes expressas podem mudar relativamente rápido, pois são sensíveis às mudanças no clima político. As pessoas podem pensar que são iguais, acreditando que são tão boas como qualquer outro grupo. Mas elas podem de fato ser subordinadas independentemente do que acreditem. As pessoas têm a capacidade simbólica de criar crenças que justifiquem as condições existentes e assim dão sustentação e continuidade ao sistema. Simbolicamente, a subordinação é frequentemente expressa como uma relação de complementaridade: *Os trabalhadores precisam dos patrões, assim como os patrões precisam dos empregados* e afirmações do estilo. O aspecto de poder na relação é negado. Por esta razão, é mais confiável centrar o estudo da subordinação principalmente nas relações políticas e econômicas do que nas atitudes, embora em Psicologia isso não seja comum, tendo em vista muitas linhas teóricas centrarem-se apenas no indivíduo.

O problema é sabermos se a subordinação das mulheres sempre aconteceu ou se foi desenvolvida ao longo da história humana. Temos teorias que argumentam que essa relação é natural; outras dizem que é cultural e outras, ainda, dizem que, embora seja cultural, é universal, ou seja, sempre esteve e estará presente nas relações entre mulheres e homens.

Teorias sobre a hierarquia de gênero

Algumas teorias dizem que as mulheres sempre estiveram subordinadas aos homens desde a origem da humanidade. Isso teria se dado em função de sua inerente passividade, sua fraqueza física ou sua incapacidade de funcionar como uma igual devido às demandas da procriação. Entre essas teorias, encontramos as abaixo relacionadas e que, embora proponham a existência de um patriarcado primordial como fator de semelhança em todas, não apresentam muito mais em comum.

O homem caçador: subordinação baseada nas origens humanas

Essa teoria fala sobre a adaptação humana como a base para a divisão sexual do trabalho e a subordinação feminina. Embora muito criticada, essa teoria continua ainda a ter muita vigência, por isso vamos falar um pouco mais sobre ela, enquanto que apenas mencionaremos as demais que são mais atuais e que demandariam uma discussão mais profunda.

De acordo com essa visão, há cerca de dois milhões de anos atrás, nossos ancestrais tinham sua sobrevivência garantida pela caça. Os homens eram os encarregados da caça; as mulheres dependiam dos homens para conseguir carne. Os homens dividiam a caça primeiramente com suas próprias mulheres, filhos e filhas. Depois de fixado esse primitivo padrão de comportamento de papel sexual na humanidade em construção, isso persistiria até os dias de hoje.

A razão dos homens caçarem seria o fato das mulheres serem mais voltadas naturalmente para suas famílias ou menos móveis devido aos encargos da maternidade e do cuidado com as crianças. As mulheres, então, devido a isso, foram incapazes de desenvolver a agressividade, a atenção ao detalhe, ao planejamento e à lealdade ao grupo e cooperação ostensiva ligada à caça como uma atividade cooperativa. Essa adaptação às necessidades de subsistência imprimiram na humanidade a divisão sexual do trabalho, na qual os homens se tornaram mais agressivos e mais capazes para o trabalho conjunto em grupos, enquanto que as mulheres se tornaram mais passivas e mais fixadas nos trabalhos domésticos e cuidado com as crianças.

As críticas mostram que essa visão apresenta um viés claramente masculino. Por exemplo, a ênfase na caça como essencial para o desenvolvimento da cultura é bastante dúbia (MILES, 1989). Os hominídios comiam carne, mas muito mais provavelmente em forma de carniça abandonada por outros carnívoros do que conseguida pela caça. Embora fossem onívoros, a maior parte da dieta era vegetariana, e qualquer pessoa, inclusive as muito jovens e de ambos os sexos, podiam conseguir mais facilmente (LIEBOWITZ, 1986). A caça deliberada parece haver surgido muito mais tarde e na forma de forçar os animais a caírem de despenhadeiros, onde poderiam ser facilmente mortos se já não o estivessem, o que não impediria a participação de qualquer pessoa, nem mesmo das crianças. Outro problema é a suposição da nuclearidade da família nos primórdios da humanidade. Seriam as famílias compostas por pai, mãe, filhos e filhas? Existiria nos grupos ancestrais o conhecimento de como funciona o processo de procriação, que permitiria aos homens terem uma noção de quem seriam seus filhos e suas filhas? Essas são questões difíceis de responder, não existindo provas suficientes nesse sentido para dar sustentação a teorias desse tipo.

O complexo da supremacia masculina: A guerra e o controle populacional

As explicações técnico-ambientais falam daquilo que seria uma *lei natural* (escassez de recursos, pressão populacional), que levaria à emergência de características culturais para a adaptação da sociedade às estruturas das leis naturais. Um dos propósitos dessa teoria é explicar por que os homens dominam as mulheres (HARRIS, citado por GAILEY, 1987). O controle populacional teria sido um problema desde tempos imemoriais. Na medida em que iam se desenvolvendo, as diversas culturas tratavam de fomentar as guerras como forma de contenção do crescimento da população. Para isso, os homens eram levados a desenvolver ao máximo sua agressividade para poderem atuar como ferozes guerreiros e obterem suas gratificações sexuais através do estupro das mulheres dos povos vencidos. Já as mulheres seriam socializadas para serem passivas e submeterem-se aos interesses dos jogos de guerra.

Teorias ligadas à sociobiologia

A subordinação aumenta a adaptação. Os sociobiologistas, tais como Wilson (1981), atribuem a dominação masculina à seleção natural, em que os mais adaptados sobrevivem e se desenvolvem. Tentativas de alterar práticas sexistas, então, contradiriam as leis naturais, o que poderia levar, a longo prazo, a uma série de problemas. Os homens, por possuírem muitos espermatozóides, procurariam disseminá-los no maior número possível de mulheres, já que são elas e não eles que pagam o preço da procriação (gravidez, parto, lactação, etc.). Já as mulheres, devido a isso e por terem poucos óvulos ao longo de sua vida reprodutiva, procurariam para pai de seus(as) filhos(as) algum homem que pudesse ajudá-las a criá-los(as) da melhor maneira possível. Para convencê-lo, se submeteriam a ele.

Teorias estruturalistas

Essas teorias dizem que a subordinação feminina é cultural, mas é universal. Um desses grupos de teorias considera que as mulheres têm menor *status* e menos autoridade que os homens porque estão associadas ao domínio doméstico, enquanto os homens estão associados ao domínio público. Isso é universal e se deve a que as mulheres são responsáveis pela gestação e cuidado das crianças (FIRESTONE, 1976). Tudo então dependeria do grau de envolvimento conquistado na esfera pública pelas mulheres e na esfera doméstica pelos homens.

Outro grupo de teorias que também se refere à subordinação feminina como cultural, porém universal, salienta que isso se deve à divisão do trabalho por gênero (GODELIER, 1981; ORTNER, 1981). Desde as primeiras culturas, as mulheres seriam simbolicamente associadas à natureza, enquanto os homens seriam associados à cultura, sendo esta última superior à primeira, portanto, os homens dominam as mulheres, assim como a cultura domina a natureza.

A subordinação como um processo histórico

Se as teorias anteriores estão sujeitas a muitas críticas, a possibilidade de entendimento da subordinação feminina pode se dar através do estudo da estratificação que existe ou existiu e das relações dessas formas de estratificação com a divisão do trabalho por gênero e as relações de propriedade.

No mundo ocidental capitalista, a experiência de gênero e o *status* das mulheres advêm da vida em uma sociedade estratificada por classes com uma economia capitalista. Nem todas as sociedades têm essas características atualmente e, no passado, existiram sociedades estratificadas por classe com economias muito diferentes da capitalista, como a Europa feudal, as civilizações greco-romanas, baseadas no trabalho escravo, etc. Assim, o modo de produção, em si mesmo, não pode ser invocado como a base da subordinação feminina.

Muitos(as) teóricos(as) veem a hierarquia de gênero como um processo histórico, que está ligado a outras formas de hierarquia social. Entender essa relação exige que se estude as diversas espécies de estratificação social que existem e que existiram e as relações dessas espécies com a divisão do trabalho e as relações de propriedade. Também a formação dos Estados ligados à formação de classes estaria na base da exploração em geral, com uma dinâmica que criaria e daria suporte às desigualdades e à exploração.

Desde que a hierarquia de gênero emerge com a formação de classe e do estado, pode-se perguntar: se *a biologia não é destino, então por que são as mulheres e não os homens que se tornaram subordinadas?*

Na formação do Estado, tanto as mulheres da elite quanto as das classes produtoras tiveram sua autoridade diminuída. Na medida em que o estado vai se formando e a distância entre as classes da elite e as classes produtoras vai aumentando, torna-se cada vez mais necessário que os grupos de parentesco das sociedades iniciais deixem de ser autônomos, pois necessitam providenciar produtos e serviços para o suporte da elite não produtiva. A reprodução nesse sentido geral de continuidade se torna cada vez mais politizada. Nessa espécie de crise da reprodução social é que está a origem da hierarquia de gênero (GAILEY, 1987).

A reprodução das relações de classe envolve a replicação da força de trabalho existente, reposição através da conquista de povos vizinhos, ou a combinação de ambos os métodos. As religiões sustentadas pelo Estado, os militares e outras instituições não baseadas no parentesco, atuavam de diferentes modos para promover a reprodução das relações hierárquicas através de noções de obediência, aceitação, controle da sexualidade e linhas de parentesco sancionadas pelo próprio estado.

O controle sobre o trabalho e, através do trabalho, dos produtos, é o principal item político na formação do Estado. A existência de uma esfera de tributação da produção destinada para as autoridades civis e a continuação parcial da produção através das linhas de parentesco inicia a fragmentação da divisão do trabalho pelos integrantes dos grupos de parentesco. A divisão entre as esferas pública/civil e parentesco/doméstica também abala a unidade da identidade social por parentesco. A nova divisão do trabalho baseada na classe leva as pessoas para a força de trabalho de acordo com as categorias de gênero e idade, mas estes aspectos estão separados da influência integradora dos papéis de parentesco. Em outras palavras, de acordo com Gailey (1987), pelo menos na esfera civil, as pessoas podem ter identidades abstratas: um homem adulto, uma mulher adulta. A esfera civil cria a situação na qual as pessoas podem ser consideradas somente em termos de seu sexo, independentemente de seus papéis familiares (pai, mãe, filho, filha).

Quando os grupos são definidos de acordo com uma ou duas características, aparece o estágio do estabelecimento do reducionismo biológico. Os constituintes de um grupo particular de trabalho (camponeses e camponesas, cativos e cativas de guerra ou membros de uma comunidade conquistada) tendem a ser definidos em termos físicos. Relações de trabalho exploradoras, para a produção de bens e serviços para dar suporte a uma classe não produtiva, sem o consentimento dos produtores, dão lugar ao surgimento de estereótipos de classe, sexo e raça.

Esses estereótipos variam dentro de cada sociedade estatal, mas cada uma cria uma ideologia justificando as desigualdades de classe, sexo e raça com base em diferenças inatas.

A razão pela qual as mulheres recebem extrema sujeição ideológica está relacionada com a abstração na divisão civil do trabalho e a supressão da autonomia dos grupos de parentesco na reprodução. As mulheres não apenas são capazes de trabalhar, mas também de produzir outros(as) trabalhadores(as). Como tal, as pertencentes à classe trabalhadora se tornam o foco principal do controle estatal.

Quanto às mulheres da elite, elas tinham para seu reconhecimento somente sua capacidade biológica de reprodução, já que eram tão improdutivas quanto os homens de sua classe. Assim, sua sexualidade e alianças maritais eram ainda mais supervisionadas que as da classe trabalhadora. Fertilidade fora de lugar poderia causar tumulto político. No entanto, as mulheres da elite mantinham bastante poder e autoridade social. Essa fase na formação do Estado é frequentemente confundida pelos pesquisadores como o *matriarcado*. As mulheres da classe dominante tinham considerável poder político, mas nunca estavam sozinhas no poder.

Com a transposição das relações de parentesco para a esfera doméstica, o poder político das mulheres dentro da elite declina e com o tempo as mulheres em geral são vistas abstratamente de uma maneira que as relaciona com a reprodução biológica, afastada da cultura e basicamente ligada à natureza.

O Gênero na psicologia

Na psicologia, as tentativas de olhar mais detidamente as mulheres e os homens têm sido mais frequentemente associadas com as *diferenças sexuais* (DEX & KITE, 1987). São discutidas se essas diferenças são biológicas ou fruto de práticas de socialização, mas quase sempre enfocadas no indivíduo como sendo a fonte das mesmas.

Isso é um problema sob os mais diversos aspectos, entre eles o da generalização dos resultados de pesquisas, por exemplo. Ainda nessa perspectiva, vemos inúmeros estudos que buscam diferenças em características de personalidade e comportamentos sociais; atitudes emocionais; comportamentos agressivos; comportamentos de ajuda; comunicação não verbal; influência social. Mais especificamente no que diz respeito às mulheres, saltam à luz conceitos tais como o medo ao *sucesso* ou uma ênfase na *moralidade do apego e questões ligadas à responsabilidade*.

Uma variante na vertente das diferenças tem sido uma tentativa de definir as dimensões psicológicas da *masculinidade* e da *feminilidade*. São buscadas a verificação das diferenças entre homens e mulheres, mas, acima de tudo, se elas realmente existem e quais seriam os seus determinantes.

Durante muitas décadas as escalas de masculinidade e feminilidade (M e F) refletiam e promoviam um certo número de acepções sobre sua *natureza*. As respostas normativas eram consideradas como um sinal de saúde psicológica. Assim, os desvios dos escores da média eram vistos não simplesmente como um dado estatístico, mas como um diagnóstico psicológico válido. Em particular, a homossexualidade e os problemas familiares eram vistos como sendo ligados aos desvios dos escores de masculinidade e feminilidade.

As críticas às escalas que se baseavam na crença que masculinidade e feminilidade eram um *continuum* com a máxima masculinidade num extremo e a máxima feminilidade no outro serviram para o desenvolvimento de outras escalas que consideravam esses dois conceitos como dimensões independentes. A escala mais conhecida nesse sentido é o *Bem Sex Role Inventory* (BEM, 1974). Daí saiu também o conceito de androginia (A), onde as pessoas apresentariam M e F aproximadamente equivalentes. As pessoas andróginas seriam consideradas como tendo vantagens sobre as pessoas masculinas ou femininas, principalmente no que dizia respeito à saúde mental. Outros estudos questionaram essas crenças de predizer comportamentos ou saúde mental a partir de tipos de M, F ou A. Spence (1984), um dos estudiosos do tema e elaborador de escalas desse tipo, afirma que é importante distinguir entre os conceitos teóricos de M e F e toda a gama de comportamentos de gênero que apresentam uma multiplicidade de determinações sociais e culturais com pouca relação direta a conceitos teóricos mais globais.

Todas essas crenças, tanto as baseadas em diferenças biológicas, como as baseadas em diferenças psicológicas de homens e mulheres, são causadoras de grandes vieses nos estudos científicos de gênero. As diferenças encontradas entre ambos os sexos, além de não serem tão grandes quanto se possa pensar, podendo ser mais aparentes do que reais, dependem muito do contexto e de situações bastante concretas. Felizmente essa descoberta já está presente nos trabalhos de muitos pesquisadores e pesquisadoras na psicologia.

Apesar disso, como bem salientam Dex & Kite (1987), ainda existem muitas crenças sobre diferenças de gênero que persistem, tanto no senso comum como no campo científico, o que leva à manutenção de estereótipos no senso comum e distorções nos estudos ditos científicos. Nessas crenças sobre gênero aparecem e se entrelaçam elementos descritivos (como são as diferenças) e prescritivos (como deveriam ser as diferenças).

Assim, vemos que os homens são considerados como sendo mais *instrumentais* (que agem, competem, buscam realização profissional) que as mulheres, enquanto elas seriam mais *expressivas* (são mais afetivas, buscam aproximação) que eles. É importante notar que os traços considerados masculinos costumam ser avaliados mais positivamente na sociedade que os traços considerados femininos, e as razões disso nem sempre são buscadas ou consideradas pelas pesquisas realizadas.

De todos os modos, as pesquisas transculturais revelam que, de uma maneira geral, os homens são vistos como mais ativos, com mais necessidade de realização, de domínio, de autonomia, sendo também mais agressivos. Já as mulheres seriam vistas como mais fracas, menos ativas, mais preocupadas com suas necessidades afiliativas e de afeto. Os pesquisadores e pesquisadoras admitem que é necessário cautela na generalização desses resultados, já que existe uma grande variabilidade, lado a lado com semelhanças através das culturas.

Atualmente, o gênero, na psicologia social histórico-crítica, é visto como uma construção histórica, social e cultural. Assim, o estudo das diferenças de qualquer tipo entre homens e mulheres (ou das semelhanças), inclusive as psicológicas, deveria ser evocado sob esse prisma. Além disso, mais importante que diferenças ou semelhanças, é o reparto de poder entre ambos os sexos que permite que uns dominem outros, que uns tenham maior possibilidades de realizações que outros. A Psicologia tem que estar atenta a este tipo de questões que aceitam e incentivam a multiplicidade e a plenitude dos indivíduos e coletivos, independentemente do sexo.

Leituras complementares

No Brasil, diversas autoras têm escrito sobre gênero e menos autores têm feito o mesmo, embora sejam cada vez mais numerosos. Especificamente dentro da Psicologia Social histórico-crítica, indicamos os textos da seção 4 (Psicologia e relações de gênero) do livro da Abrapso – região sul – publicado em 1997, *Psicologia e práticas sociais*. Outras obras também são interessantes e atuais, principalmente os livros coletivos que reúnem as ideias de diversas pessoas, tanto da psicologia como de outras áreas. Nesse caso se encontram os livros *É uma mulher...*, organizado por Reolina Cardoso e publicado pela Vozes, com autoras psicólogas e o organizado por Marlene Neves Strey,

Mulher – Estudos de Gênero, reunindo artigos de autoras de diversas áreas das ciências sociais e políticas, publicado pela Unisinos. Outro livro cuja leitura é recomendada é o publicado pela Artes Médicas, de Porto Alegre, e integrado por profissionais da área da saúde, *Gênero e saúde.* Ainda de autoras gaúchas, está o livro de Helena Scarparo, que trata sobre mulheres da classe popular, intitulado *Cidadãs brasileiras,* editado pela Revan. A respeito dos homens, o livro organizado por Dario Caldas é uma das contribuições sobre a discussão do gênero masculino. O livro intitula-se *Homens – Comportamento, sexualidade, mudança* e é editado pela Editora Senac de S. Paulo. Uma publicação recente sobre o tema é a obra *Gênero, sexualidade e educação* de Garcia Lopes Louro, editado pela Vozes, 1977.

Bibliografia

DEX, K. & KITE, M.E. Thinking about gender. In: HESS, B.B. & FERREE, M.M. (orgs.). *Analyzing gender*: a handbook of social science research. Newbury Park: Sage, 1987.

FIRESTONE, S. *A dialética do sexo*: um estudo da revolução feminista. Rio de Janeiro: Labor do Brasil, 1976.

GAILEY, C.W. Evolucionary perspectives on gender hierarchy. In: HESS, B.B. & FERREE, M.M. (eds.). *Analyzing gender*: a handbook of social science research. Newbury Park: Sage, 1987.

GODELIER, M. The origins of male domination. *New Left Review,* 127, p. 3-19, 1981.

LANE, S.T.M. Linguagem, pensamento e representações sociais. In: LANE, S.T.M. & CODO, W. (orgs.). *Psicologia social*: O homem em movimento. São Paulo: Brasiliense, 1995.

LERNER, G. *La creación del patriarcado.* Barcelona: Crítica, 1990.

LIEBOWITZ, L. In the begining... The origins of the sexual division of labour and the development of the first human societies. In: COONTZ, S. & HENDERSON, P. (eds.). *Womens work, mens property.* Thetford: Verso, 1986.

MILES, R. *A história do mundo pela mulher.* Rio de Janeiro: LTC, 1989.

OAKLEY, A. *Sex, genderand society.* Nova York: Harper & Row, 1972.

ORTNER, S. Gender and sexuality in hierarchical societies. In: ORTNER, S. & WHITEHEAD, H. (eds.) *Sexual meanings*. Nova York: Cambridge University Press, 1981.

PRÁ, J.R. O feminismo como teoria e prática política. In: STREY, M.N. (org.). *Mulher*: estudos de gênero. São Leopoldo: Unisinos, 1997.

SCOTT, J. Gênero, uma categoria útil de análise histórica. *Educação e Realidade*, vol. 20, n. 2, jul.-dez., 1995.

WILSON, E.O. *Da natureza humana*. São Paulo: Queiroz, 1981.

O PROCESSO GRUPAL

Sérgio Antônio Carlos

Todos nós temos alguma experiência de participação grupal. Para uns mais intensa que para outros, mas de qualquer forma muito importante para a estruturação de nossas convicções e para o desenvolvimento de nossas capacidades. Estas vivências grupais, no nosso cotidiano, nos deixam marcas mais ou menos profundas dependendo da forma como se dá a nossa inserção e as relações que aí se desenvolvem.

Parte-se do princípio de que estamos constantemente nos relacionando com outras pessoas, com os mais diversos objetivos. Relações mais intensas e duradouras, ou menos intensas e passageiras. Todas nos marcam, de uma forma gratificante e/ou traumática. É com toda esta carga das experiências anteriormente vividas que nos jogamos em novas experiências de relacionamentos grupais.

A nossa inserção grupal pode ser realizada de uma forma consciente ou não. Temos consciência de que participamos de alguns grupos, comumente aqueles que aderimos por uma opção pessoal. A participação nos demais é feita, geralmente, de maneira rotineira e sem nos darmos conta. Muitas vezes somos carregados pelo grupo.

Até aqui estávamos nos referindo aos chamados grupos "espontâneos" ou "naturais". Claro que precisamos também considerar os grupos organizados com finalidades específicas. Organizados e coordenados pelos próprios participantes, ou por profissionais das mais variadas formações. Podemos pensar em todo o leque dos grupos de anônimos (AAs, NAs, DQAs, AL-ANONs, ALATEENs, CCAs), em grupos ligados às Igrejas, em grupos que atuam nas comunidades, nos partidos políticos, nos sindicatos, nas escolas, nas fábricas, nas praças. São formas de organização da sociedade que refletem e participam dos embates que acontecem no seu seio. Grupos que tanto podem estar a serviço da transformação social quanto da sua manutenção.

Estamos, portanto, rodeados de grupos e participando ou negando participar deles em todos os momentos de nossa vida.

A preocupação com o grupo

Historicamente, sabe-se que o vocábulo *groppo* ou "grupo" surgiu no século XVII. Referia-se ao ato de retratar, artisticamente, um conjunto de pessoas. Regina Duarte Benevides de Barros (1994) diz que foi somente no século XVIII que o termo passou a significar "reunião de pessoas". A mesma autora afirma que o termo pode estar ligado tanto a ideia de "laço, coesão" quanto a de "círculo" (p. 83). Tanto a sociologia quanto a psicologia têm demonstrado interesse no estudo dos pequenos grupos sociais, pensando o "grupo" como uma intermediação entre o "indivíduo" e a "massa".

Os estudos dos pequenos grupos sociais, embora sejam realizados por várias áreas de conhecimentos humano-sociais, são em geral associados com a sociologia e a psicologia. Na psicologia, o estudo sistemático dos pequenos grupos sociais, buscando compreender a dinâmica dos mesmos, tem início na década de 1930 e 1940, com Moreno e com Kurt Lewin. Moreno inicia com o teatro da espontaneidade que vai levar ao psicodrama. Na área de pesquisa cria a sociometria para o estudo de relações de aproximação e afastamento entre as redes de preferência e rejeição, tanto nos grupos quanto na comunidade como um todo. Lewin cria o termo "dinâmica de grupo", que foi utilizado pela primeira vez em 1944. Não podemos esquecer que a preocupação com grupos, tanto de Moreno quanto de Lewin, aparece em seguida às inovações tayloristas e fordistas que levam à elevação dos lucros, mas também à deterioração das relações tanto dos operários entre si quanto em relação a chefias e patrões (apud BARROS, 1994).

Há uma tradição, no estudo e na intervenção com pequenos grupos, que está ligada ao trabalho junto a escolas e a fábricas, que privilegia o treinamento em busca da produtividade. Os especialistas em grupos se atêm à aplicação de técnicas grupais que desenvolvem a cooperação entre os participantes e não levam o grupo a se autocriticar e buscar o seu caminho para o funcionamento, pois uma das possibilidades é não se constituir enquanto grupo. Neste caso, a constituição do grupo está a serviço da instituição e é utilizada como um dos instrumentos de controle que a mesma exerce sobre o indivíduo.

Grupo ou processo grupal

Em geral, os autores, ao se referirem ao conceito de grupo, partem da descrição do mesmo fenômeno social: a reunião de duas ou mais pessoas com um objetivo comum de ação. O que difere é a leitura que os mesmos fazem do processo de constituição do grupo e do entendimento da finalidade do mesmo.

Lewin (1973, p. 54) afirma que *"a essência de um grupo não reside na similitude ou dissimilitude de seus membros, senão em sua interdependência. Um grupo pode ser caracterizado como um 'todo dinâmico': isto significa que uma mudança no estado de uma das partes modifica o estado de qualquer outra parte. O grau de interdependência das partes ou membros do grupo varia, em todos os casos, entre uma massa sem coesão alguma e uma unidade composta"*. Lewin centra a sua definição na interdependência dos membros do grupo, onde qualquer alteração individual afeta o coletivo. Demonstra uma preocupação em buscar a essência do grupo, o que traz junto uma imagem de o "grupo como um ser" que transcende as pessoas que o compõem. Há uma visão de um grupo "ideal": aquele marcado por uma grande coesão.

Olmsted é um outro autor que trata o tema, define um grupo como *"uma pluralidade de indivíduos que estão em contato uns com os outros, que se consideram mutuamente e que estão conscientes de que têm algo significativamente importante em comum"* (1979, p. 12). Esta definição traz consigo a ideia da consideração mútua, sem a preocupação da homogeneidade. Aponta para a diversidade dos participantes e para o sentimento de compartilhar algo significante para cada um deles.

Nas afirmações acima encontramos pontos que ainda hoje são importantes para o estudo dos pequenos grupos sociais. Um deles é o contato entre as pessoas e a busca de um objetivo comum, a interdependência entre seus membros, a coesão ou espírito de grupo que varia em um contínuo que vai da dispersão até unidade.

Podemos dizer que, de acordo com o referencial de homem e de mundo que os cientistas sociais assumem, vai variar o entendimento e a explicação que os mesmos vão dar em relação ao grupo e aos processos grupais.

Os estudos sobre os pequenos grupos dentro da perspectiva lewiniana trazem implícitos, conforme Lane (1986), valores que visam reproduzir os de individualismo, de harmonia e de manutenção. A mesma autora enfatiza que a função do grupo é definir papéis, o que leva a definição da identidade social dos indivíduos e a garantir a sua reprodutividade social.

Existe um modelo ideal de grupo? Na tradição lewiniana temos um ideal de grupo coeso, estruturado, acabado. Passa a ideia de um processo linear. Neste modelo não há lugar para o conflito. Estes conflitos são vistos como algo ameaçador e que deve ser resolvido tentando-se chegar a um consenso. A questão do grupo é vista como um modelo de relações horizontais, equilibradas, equitativas, ou seja, um lugar onde as pessoas se amam, se respeitam e cooperam umas com as outras. Algo que pode e deve ser buscado e atingido, como um modelo ideal de funcionamento social. Algo semelhante ao que Löwy (1979) denomina de anticapitalismo romântico.

O grupo também pode ser visto como um lugar onde as pessoas mostram suas diferenças. Onde as relações de poder estão presentes e perpassam as decisões cotidianas, onde o conflito é inerente ao processo de relações que se estabelece. Onde há uma convivência do diferente, do plural. Não como um movimento de defesa das minorias, mas num movimento de cada um e de todos procurando discutir suas ideias com o(s) outro(s). Num confronto de ideias, buscando conciliar apenas o conciliável, deixando claro as individualidades, o diferente. A importância de afirmar que as pessoas são diferentes, pensam de maneira diferente porque possuem valores diferentes, mas que podem produzir juntas o seu processo grupal. Este é um embate diário das relações pessoais que trazem consigo toda uma história de vida. Relações onde estarão presentes as múltiplas determinações de cada sujeito. Determinações de classe social, de gênero, de raça e de nacionalidade. Relações que embater-se-ão tanto na busca consciente de uma dominação quanto de defesas inconscientes utilizadas para lutar e/ou fugir das ameaças que as novas situações – desconhecidas – lhes colocam. Conflitos que podem gerar, conforme Bion (1975), situações de funcionamento na base de ataque ao desconhecido ou da espera de um messias que venha trazer a salvação ao grupo.

O grupo precisa ser visto como um campo onde os trabalhadores sociais que se aventuram devem ter claro que o homem sempre é um homem alienado e o grupo é uma possibilidade de libertação (LANE, 1986). Mas também pode ser uma maneira de fixá-lo na sua posição de alienado. O grupo não é a garantia do engajamento. Neste caso, as relações que aí se estabelecem podem ser meramente de reprodução das relações de dominação e de alienação da sociedade capitalista que nos rodeia. Podem, em contrapartida, ser um momento em que o grupo se pense, explicite as situações que entravam o seu funcionamento; onde as pessoas pensam, elaboram, enfim, trabalham as suas relações e conseguem estabelecer uma experiência única, refletida e que faz os seus participantes se sentirem sujeitos.

Para esta possibilidade um autor latino-americano que contribuiu muito foi Enrique Pichon-Rivière (1982). A partir do questionamento da psiquiatria e dos grupos em hospitais psiquiátricos, cria a técnica dos grupos operativos. Um dos conceitos fundamentais é o de Ecro – Esquema Conceitual Referencial e Operativo. Pichon afirma que cada um de nós possui um Ecro individual. Ele é constituído pelos nossos valores, nossas crenças, nossos medos e nossas fantasias. Quando nos encontramos para trabalhar com outras pessoas trazemos o nosso Ecro e com ele dialogamos com os outros, ou melhor, com os Ecros dos outros. Como nem sempre explicitamos os nossos Ecros o nosso diálogo pode ser dificultado. Quando se está trabalhando em grupos, a realização da tarefa estabelecida pode ser dificultada pelas diferenças de Ecros que estão em jogo. O autor fala na construção de um Ecro grupal. Este Ecro seria um esquema comum para as pessoas que participam de um determinado grupo – sabendo o que pensam em conjunto – poderem partir para agir também coletivamente a partir do aclaramento das posições individuais e da construção coletiva que favorece a tarefa grupal.

Como "funciona" o processo grupal

Quando pensamos em processo grupal não estamos nos referindo ao grupo como uma entidade acabada. Estamos pensando o grupo como um projeto, como um eterno vir-a-ser. Pensando como Sartre e Lapassade (1982) este processo é dialético. É constituído pela eterna tensão entre a serialidade e a totalidade. Há uma ameaça constante da dissolução do grupo e a volta à serialidade, onde cada integrante assume e afirma a sua individualidade sendo mais um na presença dos demais. Ao mesmo tempo há uma busca constante da totalidade, onde cada um dos integrantes participa com os demais, introjeta-os e dá sentido à relação estabelecida. Cada integrante se afirma e assume a totalidade do grupo.

Partindo da ideia de processo e da construção coletiva do projeto, não podemos pensar em um "treinamento" de grupo, no sentido de aplicação de uma série de exercícios que possam ajudar as pessoas a atingir um "ideal de grupo" pertencente ou criado pelo "profissional-treinador". As chamadas "dinâmicas de grupo" nada mais são do que técnicas de submissão do grupo ao profissional e à instituição/organização.

A constituição do grupo em processo pode requerer a presença de um profissional – técnico em processo grupal. O trabalho do mesmo será auxiliar a que as pessoas envolvidas na experiência pensem o processo que estão vivenciando. O *se pensar* não cada um individualmente, mas cada um participando de um mesmo barco que busca estabelecer uma rota. Talvez o porto não seja seguro, porque não existe um destino final. Quando isto acontece o processo acaba e o grupo se dissolve. Enquanto o grupo persiste é um constante navegar. Um constante questionar a rota. Um aprender a conviver com a insegurança e com a incerteza. Talvez, uma mudança de rota devido a avaliação do trajeto já percorrido e do que falta. Enfim, há uma preocupação em centrar na tarefa e tornar explícitas as questões implícitas que estão dificultando a realização da tarefa pretendida, ou que a estão facilitando. Esta é uma maneira de o grupo se tornar sujeito do seu próprio processo. Os integrantes da experiência terão condições de tomar decisões de forma mais lúcida e, portanto, podendo avaliar os benefícios e os riscos das futuras ações que pretendem desenvolver.

À guisa de fechamento

No decorrer deste texto deixamos clara a nossa preocupação na compreensão dos pequenos grupos sociais. Compreensão, no sentido de *comentar* acerca deles, pois como Peralta (1996) não acreditamos que o movimento grupal possa ser lido – no sentido de uma certeza. Tendo claro que este *comentário* está impregnado dos valores e posições teórico-metodológicas de cada um dos comentaristas. Portanto, não existem verdades absolutas, mas apenas hipóteses que devem ser colocadas para o grupo. O próprio grupo poderá trabalhar confrontando o nosso comentário com os comentários produzidos pelos seus integrantes. Daí resultarão situações de manutenção de relações já estabelecidas ou a mudança das mesmas, numa decisão muito mais dos participantes do que do profissional que compreende, mas não vive o processo.

De acordo com a compreensão que temos do processo grupal é que vamos buscar uma maneira de intervenção profissional. É o referencial que utilizamos para o entendimento que nos dará sustentação para a escolha de técnicas adequadas para a intervenção grupal. Intervenção que pretendemos seja numa perspectiva transformadora onde as pessoas que participam de um processo grupal sejam vistas como sujeitos que em conjunto podem decidir o seu destino tendo claras as possibilidades e os limites.

Sugestão de leituras

Para aprofundar as questões sobre grupo e processo grupal é fundamental a leitura do texto *O processe grupal*, de Silvia Lane. Nele a autora dá uma visão dos principais autores que abordam o estudo dos pequenos grupos sociais. Faz uma análise crítica destas abordagens do ponto de vista do materialismo histórico. Deve ser considerado como um roteiro para aprofundar a questão.

O texto de Henrique Pichon-Rivière *O processo grupal* é um clássico latino-americano para o estudo e a intervenção de pequenos grupos. Nele são encontrados os fundamentos e o detalhamento do que o autor denomina de "grupo operativo". Na mesma linha, porém com uma linguagem mais simplificada, indico a coletânea de textos de Madalena Freire Weffort, Juliana Davini, Fátima Camargo e Mirian Celeste Martins *Grupo – indivíduo, saber e parceria*: malhas do conhecimento. É resultado de um seminário coordenado pelas autoras.

Quem desejar se aprofundar dentro de um referencial psicanalítico é necessário buscar a base em Sigmund Freud, principalmente no texto *Psicologia das massas e análise do eu*. A partir da *Psicologia das multidões*, de Gustavo Le Bon o autor aborda o contágio e o efeito hipnótico que acontece nas massas e desenvolve conceitos de relações libidinais, tanto dentre os integrantes entre si quanto destes com o seu "chefe". É muito interessante a análise que realiza do Exército e da Igreja, mostrando as relações hierarquizadas.

Bibliografia

BARROS, Regina Duarte Benevides de. *Grupo*: a afirmação de um simulacro. São Paulo, 1994. Tese de Doutorado em Psicologia Clínica. PUC-SP.

BION, W.R. *Experiências com grupos.* 2. ed. São Paulo: Edusp, 1975.

BOUDON, Raymund & BOURRICAUD, François. *Dicionário crítico de sociologia.* São Paulo: Ática, 1993.

FREUD, Sigmund. Psicologia das massas e análise do eu. In: FREUD, Sigmund. *Obras Completas.* Rio de Janeiro: Delta, s/d. Vol. IX, p. 4-105.

LANE, Silvia. Processo grupal. In: LANE, Silvia et al. *Psicologia Social*: o homem em movimento. São Paulo: Brasiliense, 1986, p. 78-98.

LAPASSADE, George. Dialética dos grupos, das organizações, das Instituições. In: ID. *Grupos, organizações e instituições.* 2ª ed. Rio de Janeiro: Francisco Alves, 1982, p. 237-263.

LEWIN, Kurt. *Problemas de dinâmica de grupo.* 2. ed. São Paulo: Cultrix, 1973.

LÖWY, Michael. *Para uma sociologia dos intelectuais revolucionários.* São Paulo: Lech Livraria Editora Ciências Humanas, 1979.

OLMSTED, Michael S. *O pequeno grupo social.* São Paulo: Herder, 1970.

PERALTA, Juan. *Grupos.* México, Maestria en Psicologia Social de Grupos e Instituciones. http://cueyalt.uam.mx/~mpsi/textos/grupal.html, 16 de novembro de 1996. 9f.

PICHON-RIVIÈRE, Henrique. *O processo grupal.* São Paulo: Martins Fontes, 1982.

WEFFORT, Madalena Freire. O que é um grupo? In: WEFFORT, Madalena Freire; DAVINI, Juliana; CAMARGO, Fátima; MARTINS, Mirian Celeste. Grupo – indivíduo, saber e parceria: *malhas do conhecimento.* São Paulo: Espaço Pedagógico, 1994.

WILSON, Gertrude & RYLAND, Gladys. *Prática do serviço social de grupo: uso criador do serviço social.* Rio de Janeiro: Serviço Social do Comércio, 1961.

PSICOLOGIA POLÍTICA

Louise A. Lhullier

Para começo de conversa precisamos definir do que estaremos tratando, ou seja, o que é psicologia, o que é política e o que é psicologia política. Essas definições são necessárias para que se estabeleça uma base comum para a nossa comunicação (autora/leitores), mas é importante que se diga que não há consenso sobre elas.

Desde o início do curso de Psicologia, os estudantes tomam contato com a discussão sobre o objeto de estudo dessa disciplina. Vocês já devem ter percebido, então, que diferentes escolas de pensamento definem o objeto da psicologia de acordo com a perspectiva teórica que lhes é própria. Assim, uma escola diz que ela estuda o *comportamento* humano, outra que estuda a *mente* humana, e assim por diante.

Neste texto adotaremos a perspectiva da psicologia social crítica, na tradição de pensamento representada no Brasil pela Associação Brasileira de Psicologia Social – Abrapso. Nessa abordagem, a psicologia pode ser definida como a disciplina que estuda o sujeito em sua relação com o mundo. Nessa relação com o mundo esse sujeito se constitui, ao mesmo tempo, como produto e como produtor da sua história e da história da sociedade em que vive.

Há três palavras-chave nessa definição: sujeito, relação e mundo. O sujeito é sempre sujeito da ação – seja ele indivíduo ou grupo, "eu" ou "nós". Ele só existe porque age, na sua relação com o mundo. Essa relação é o foco da análise, pois é aí que o sujeito se constitui, é aí que ele existe enquanto tal e é aí, portanto, que a psicologia pode encontrá-lo como objeto de conhecimento. Por outro lado, é através dessa relação que ele vai construir a realidade, o mundo. Trata-se aqui tanto da realidade/mundo "para si", ou seja, como existe para o sujeito, quanto da realidade/mundo "em si", porque os efeitos da ação humana transcendem as existências particulares. Em outras palavras, o efeito transformador da ação dos sujeitos vai além dos limites da existência do indivíduo, do grupo, tanto em termos de tempo quanto de espaço. Ao agir no mundo imprimimos marcas, desencadeamos movimentos cujos múltiplos efeitos frequentemente não conseguimos antever.

Quanto à definição de política, a diversidade de perspectivas também é muito grande. Bobbio (1992), em seu *Dicionário de Política*, nos mostra como historicamente o conceito de política esteve "estreitamente ligado ao de poder", mais especificamente ao de poder político. Ele distingue poder político de outras formas de poder (poder econômico e poder ideológico) como pertencente

> à categoria do poder do homem sobre outro homem, não à do poder do homem sobre a natureza. Esta relação de poder é expressa de mil maneiras, onde se reconhecem fórmulas típicas da linguagem política: como relação entre governantes e governados, entre soberano e súditos, entre Estado e cidadãos, entre autoridade e obediência etc. (p. 955).

Neste texto, definiremos política de uma forma muito ampla e simples, começando por situá-la como atividade humana que se dá na esfera das disputas pelo poder entre grupos organizados. Essa atividade humana é entendida conforme a concepção de Lane (1986):

> a atividade implica ações encadeadas, junto com outros indivíduos, para a satisfação de uma necessidade comum. Para haver este encadeamento é necessária a comunicação (linguagem) assim como um plano de ação (pensamento), que por sua vez decorre de atividades anteriormente desenvolvidas (p. 16).

Essas "*ações encadeadas, junto com outros indivíduos, para a satisfação de uma necessidade comum*", no caso da política, reúnem, de um lado, aqueles que buscam transformar uma determinada relação de poder político – seja no plano macrossocial, seja no microssocial – e, de outro, os que buscam mantê-la.

Um primeiro aspecto fundamental nessa perspectiva é que reconhece que todo fazer humano é necessariamente comprometido com valores. Sendo a ciência um fazer humano não existe possibilidade de que seja neutra ou isenta de valores. Na mesma linha de raciocínio, considera essencial explicitar os compromissos do fazer científico, no campo dos valores, da ideologia, em seus determinantes sociais e históricos. Da mesma forma, não concebe estudar a ação humana – e sobretudo a atividade política – desvinculada das suas determinações sócio-históricas. A definição de Sabucedo (1996) revela, embora de maneira não explicitada, esse compromisso:

a psicologia política consiste no estudo das crenças, representações ou senso comum que os cidadãos têm sobre a política e os comportamentos destes que, por ação ou omissão, incidam sobre ou contribuam para a manutenção ou mudança de uma determinada ordem sociopolítica (p. 22).

Seria impossível estudar as ações ou omissões que contribuem para a mudança ou manutenção de uma determinada ordem sociopolítica sem analisar esta última e as relações entre ela e as ações/omissões dos sujeitos. Portanto, a definição de Sabucedo contempla as dimensões que já destacamos: política como atividade humana que se dá na esfera das disputas pelo poder entre grupos organizados. Atividade humana como "ações encadeadas, junto com outros indivíduos", voltada ou para a transformação de uma determinada relação de poder político, ou para a sua manutenção. No entanto, como é impossível a neutralidade na ação dos sujeitos a omissão também é objeto de estudo da psicologia política. Esta trata também, portanto, do "apoliticismo", da ausência de participação política ou da negação da política, já que esses posicionamentos contribuem para a manutenção ou transformação da ordem sociopolítica, independentemente das intenções dos sujeitos que os adotam.

É interessante, ainda, esclarecer que o fato da atividade política se dar "na esfera das disputas pelo poder entre grupos organizados" ou de se constituir de "ações encadeadas, junto com outros indivíduos", não significa necessariamente que, para se considerar o comportamento de uma determinada pessoa como político, esta deva estar inserida num grupo organizado ou estar articulada politicamente com outras. Significa, isso sim, que o seu comportamento tem a intenção de contribuir ou contribui de alguma forma para a manutenção ou para a transformação de uma determinada relação de poder político, ou ordem sociopolítica.

Finalmente, é bom lembrar que os estudos que originaram a psicologia política frequentemente ultrapassaram as fronteiras das disciplinas formalmente constituídas – Psicologia, Sociologia, Ciência Política etc. –, em busca de uma melhor compreensão dos fenômenos estudados. Ela se constituiu, então, a partir da contribuição de pesquisadores e estudiosos de diversas áreas do conhecimento. Pode-se afirmar, portanto, que é uma disciplina de tradição multidisciplinar. Por outro lado, a complexidade dos problemas de que se ocupa e a multiplicidade de áreas de conhecimento de origem dos profissionais que construíram a psicologia política fizeram com que grande parte da sua construção se desse no terreno da interdisciplinaridade. Isso significa que boa parte do conhecimento nessa área situa-se numa área compartilhada com outras disciplinas – especialmente com a Sociologia e a Ciência Política –, constituindo uma região "de fronteira" à parte das disciplinas-mães, um território que é de todos e não é de ninguém em particular.

Este é o caso, por exemplo, dos estudos sobre comportamento político, que tratam de temas tais como comportamento eleitoral e movimentos sociais, entre outros. Tanto isso é verdade que a Associação Nacional de Pesquisa em Comportamento Político –Anapol –, criada em junho de 1996 por pesquisadores de diversas das mais importantes universidades brasileiras, é presidida por uma psicóloga, mas compõem sua diretoria e Conselho Deliberativo tanto psicólogos quanto sociólogos e cientistas políticos.

Psicologia política ou psicologia da política

Para alguns autores são os problemas estudados pela psicologia política que a definem, já que ela tem se caracterizado até agora muito mais pelos temas que aborda do que por um referencial teórico-metodológico próprio. Para outros, no entanto, essa caracterização como área temática é insuficiente, porque nos diz do que tem se ocupado a psicologia política, mas nada nos revela sobre as suas possibilidades e perspectivas na construção do conhecimento. Além disso, não distingue entre, de um lado, as abordagens fundamentadas na concepção crítica e, de outro, na perspectiva da neutralidade científica.

Embora à primeira vista essa questão possa não parecer muito importante, veremos que ela é fundamental. Como nos alerta Sabucedo (1996), ao definirmos essa disciplina estamos apontando diretamente para suas possibilidades e seus limites. Assim, esse autor nos leva a refletir sobre as diferenças entre uma psicologia política e uma psicologia da política:

> Se falamos de psicologia política, nos deparamos com uma disciplina que assume que a psicologia não é algo completamente alheio e à margem da política, que a própria psicologia contém teorias políticas. Se, em vez disso, nos referimos a uma psicologia da política, estamos ante uma abordagem totalmente diferente. Neste último caso, a psicologia e a política seriam duas entidades absolutamente diferenciadas. A finalidade dessa disciplina, a psicologia da política, consistiria

na aplicação do conhecimento psicológico ao estudo dos fenômenos políticos. Esse conhecimento psicológico seria gerado a partir de instâncias científicas que se consideram axiologicamente assépticas e neutras (p. 19).

A psicologia da política estaria identificada, portanto, com uma abordagem acrítica de psicologia, que supõe a possibilidade da neutralidade científica, de um conhecimento psicológico objetivo e isento de valores. Mais do que isso, essa perspectiva defende uma postura neutra por parte do cientista. O trabalho de Lasswell, considerado o pai da psicologia política na história dessa disciplina escrita pelos autores norte-americanos, é um bom exemplo dessa orientação, na medida em que buscou encontrar na psicologia as chaves para a compreensão do comportamento político, centrando seus estudos nos processos psicológicos individuais e grupais. As categorias teóricas que privilegiou na investigação das causas do comportamento apontam com clareza nessa direção: personalidade e psicopatologia, motivação, conflito, percepção, cognição, aprendizagem, socialização, gênese das atitudes e dinâmica de grupo.

Um dos grandes problemas na psicologia da política é que promove uma redução da política à psicologia, através da psicologização dos fenômenos políticos e da desconsideração das condições sociais e históricas em que eles ocorrem.

Como Sabucedo (1996) nos alerta, essa abordagem *"introduz um aspecto de fatalismo e de impotência quanto à possibilidade de mudança social"*. Por exemplo:

> A aproximação cognitiva ao tema do preconceito ilustra perfeitamente essa dinâmica. Desde o momento em que a categorização é colocada como um processo cognitivo normal e responsável pelos estereótipos, se está afirmando que o prejuízo e as condutas de discriminação são inevitáveis [...] O discurso da autodenominada nova direita, rótulo sob o qual se enquadram velhas ideias fascistas, utiliza esse tipo de abordagem, assinalando que o etnocentrismo é uma tendência humana natural (p. 22-23).

Essa perspectiva "neutra" teria, portanto, consequências políticas que derivam diretamente das conclusões "objetivas" de seus estudos. Isso porque, se elegemos como nível de análise o indivíduo, ou a psicologia individual, as perguntas que faremos e as respostas que obteremos serão limitadas a essa esfera. Ou, como fica mais claro nas palavras de Kelman (1979):

se definimos o problema como um problema psicológico próprio de um determinado grupo de pessoas, então o mais provável é desenvolver políticas que incluam estratégias de mudança dessas pessoas e não políticas que modifiquem a estrutura social que possibilita a existência desses problemas (p. 102).

Creio que já está razoavelmente claro o que é a psicologia *da* política. Consequentemente, avançamos na direção de esclarecer o que *não é* a psicologia política. Porém, é necessário lembrar que a distinção que fazemos nesse texto e que compartilhamos com outros autores não é consensual. Há muitos outros – notadamente norte-americanos – que não distinguem entre as abordagens crítica e acrítica, como veremos em seguida, ao analisar um pouco da história da disciplina.

Um pouco de história

Não é fácil escrever a história de uma disciplina. É necessário escolher os personagens e fatos que serão incluídos ou excluídos, o que terá destaque e o que será mencionado apenas de passagem, que fontes de informação deverão prevalecer em caso de divergências... Enfim, há uma multiplicidade de escolhas a fazer. É recomendável, portanto, que se tenha um critério para orientá-las, assim como clareza quanto às razões que nos levam a adotá-lo. No caso deste texto, por exemplo, a distinção que fazemos entre psicologia política e psicologia *da* política exige que tenhamos uma postura crítica em relação às histórias que não estabelecem tal diferença.

Nesse sentido, uma discussão interessante e necessária é colocada por Sabucedo (1996) quando trata da questão da paternidade da disciplina. Tanto o pioneiro *Handbook of Political Psychology* organizado por Knutson (1973) quanto a *International Society of Political Psychology* consideram Lasswell como o pai da psicologia política. Ora, como já foi assinalado acima, independentemente de seus reconhecidos méritos, o trabalho de Lasswell é centrado na perspectiva individualista e acrítica que caracteriza a maior parte da produção norte-americana nessa área. Contudo, na tradição (acrítica) norte-americana de pensamento psicopolítico, na qual foi escrita a história oficial da psicologia política, é compreensível a atribuição de paternidade a Lasswell. O questionamento cabe aos que não se identificam com essa tradição de pensamento.

As origens da psicologia política remontam à Grécia Clássica, mas não trataremos aqui desse passado distante. Já no Renascimento, entre os pensadores que se ocuparam em analisar as relações entre os fenômenos psicológicos e políticos, não podemos ignorar Maquiavel. Suas ideias influenciaram, nos últimos séculos, tanto o cotidiano das sociedades ocidentais quanto a ação de diversos governantes e a construção do conhecimento nas ciências humanas. Para ilustrar o alcance de sua influência, bastaria lembrar que foi ele o autor de uma série de máximas e reflexões que foram apropriadas pelo senso comum e incorporadas ao nosso cotidiano, como, por exemplo, a popular expressão "os fins justificam os meios" (e, para ele, o poder era um fim...). Mas, além disso, em *O príncipe,* Maquiavel presenteou seus leitores com diversos ensinamentos sobre como manter o poder político. Não é à toa que essa leitura tem servido de referência a poderosos e aspirantes ao poder, desde então até os nossos dias. No campo da ciência, recentes trabalhos sobre o *maquiavelismo* mostram como esse pensador renascentista continua sendo uma rica fonte de inspiração para novos estudos sobre a questão do poder.

Mais recentemente, nos últimos cem anos, são muitos os nomes que podemos citar como precursores da psicologia política. Vários deles são familiares aos estudantes de Psicologia porque fazem parte da história dessa área do conhecimento, como Le Bon, Freud, Wundt, Fromm e Reich. Outros certamente não lhes são estranhos, como Weber, Durkheim e Adorno.[1] Considerando, porém, a psicologia política em seu sentido estrito, diferenciada da psicologia *da* política, a principal referência entre esses precursores mais recentes é certamente Adorno, através de uma grande investigação sobre a personalidade autoritária, publicada em 1950, com seus colegas do Grupo de Berkeley (Adorno; Frenkel-Brunswick; Levinson; Sanford, 1965)[2].

No entanto, embora a partir da década de 1930, através de diversos estudos e pesquisas, tenha começado a se constituir uma base para a sua formalização, a psicologia política somente se instituciona-

---

1. Muitos outros nomes poderiam e deveriam ser citados e comentados para que se fizesse justiça a esses precursores. Não é possível fazê-lo, no entanto, no espaço desse capítulo. Aqueles que se interessarem por esse tema precisarão recorrer à bibliografia indicada ao final, especialmente a Sabucedo (1996), que também servirá como fonte de referência a outros autores.

2. Esse trabalho se constituiu, na verdade, num conjunto de estudos conduzidos por diferentes pesquisadores, de base teórica psicanalítica, que buscou identificar relações entre personalidade (a personalidade autoritária) e ideologia (fascismo).

lizou como uma disciplina independente a partir da década de 1970. Entre os anos 1930 e os anos 1970, foram desenvolvidos diversos estudos sobre atitudes sociopolíticas, autoritarismo, ideologia e subjetividade, poder e influência, comunicação de massa, propaganda e comportamento eleitoral, socialização e participação política, entre outros, mas não havia, ainda, nem uma identidade que unificasse os pesquisadores, nem o reconhecimento externo de uma totalidade que englobasse esse conjunto de pesquisas.

Na década de 1970 a psicologia política adquire identidade, visibilidade social e presença institucional. Entre os diversos acontecimentos que contribuíram para isso, Sabucedo (1996) menciona o lançamento do *Handbook of Political Psychology* (KNUTSON, 1973), que reunia textos de psicólogos, sociólogos e cientistas políticos. Incluía também, por sinal, um capítulo sobre a história da disciplina, cujo conteúdo fortalecia a afirmação de autonomia da psicologia política e concedia a Lasswell a sua paternidade. Outras publicações foram surgindo nos anos seguintes, dando visibilidade e consistência à disciplina. Ao mesmo tempo, foi se estruturando uma associação entre estudiosos e pesquisadores da área, nos Estados Unidos, que culminou, em 1978, com a criação da *International Society of Political Psychology*. Essa entidade, amplamente reconhecida como o principal foro de discussões no âmbito da psicologia política até os nossos dias, realiza reuniões científicas anuais e publica a revista trimestral *Political Psychology*.

Fica evidente, pelo acima exposto, que a história da psicologia política como disciplina autônoma e reconhecida nos círculos acadêmicos deve muito aos pesquisadores norte-americanos. Consequentemente, a história oficial da disciplina se confunde com frequência com a sua história nos Estados Unidos. É importante ter clareza disso para compreender que uma outra história vem sendo escrita em outros países, na Europa e na América Latina. É nessa "outra história" que surge a distinção com a psicologia *da* política.

A psicologia política na América Latina e no Brasil: uma breve notícia

A predominância de outras tradições de pensamento em países europeus e latino-americanos produziu, é óbvio, outras perspectivas, outras abordagens aos problemas psicopolíticos. A história recente desses países – especialmente o fim de diversas ditaduras e a reconquista de liberdades democráticas – desafiou e estimulou os pesquisadores a se ocuparem de problemas muito diversos daqueles próprios da realidade norte-americana.

Na América Latina o desenvolvimento da psicologia política é mais recente, datando da década de 1980. É claro que também aqui tivemos precursores, trabalhos isolados que abordaram as relações entre psicologia e política, mas ainda sem constituir, no seu conjunto, uma disciplina autônoma. Uma característica marcante desse desenvolvimento entre nós, pesquisadores latino-americanos, é que ele se deu em resposta a necessidades sociais concretas. Ardila (1996) enumera como principais abordados pelos pesquisadores em nosso contexto:

> movimentos sociais, democracia, modernização, identidade nacional, participação política, comportamento eleitoral, consciência política, conflito, negociação, alienação, dependência, liderança, tortura, nacionalismo, internacionalismo, autoritarismo, movimentos ecológicos e ambientalistas, luta de classes, relação do Terceiro Mundo com o Primeiro e o Segundo, meios de comunicação de massa (com a sua influência sobre decisões políticas), participação, papel da mulher e socialização política de crianças e adolescentes (p. 339).

Ardila (1996) destaca Freud e Marx como influências marcantes no desenvolvimento da psicologia política latino-americana, e os nomes de Maritza Montero, da Universidade Central da Venezuela, e de Ignacio Martin-Baró (falecido em 1989) como seus principais autores. Ainda segundo esse autor, México, Chile, Venezuela, Porto Rico, Costa Rica e Colômbia são os países onde a disciplina se encontra mais desenvolvida, mas o Brasil, Argentina e El Salvador também contribuem com trabalhos importantes à construção dessa área de conhecimento.

No Brasil, a psicologia política ainda se encontra em fase de afirmação enquanto disciplina autônoma. Sua presença nos espaços institucionais ainda é tímida. Embora nos anais de diversas reuniões científicas da Psicologia – principalmente da Abrapso – possam ser identificados muitos estudos e pesquisas que se inserem nessa área de conhecimento, a identidade da disciplina e a identificação da maioria dos pesquisadores com a mesma ainda está em construção.

A consolidação da psicologia política entre nós exige um resgate da sua história no contexto brasileiro e um panorama completo da situação atual. Da mesma forma, é necessário que conquiste uma maior visibilidade acadêmica e social através da presença nos currículos de graduação e pós-graduação e, principalmente, que sejam fortalecidos os grupos de pesquisa já existentes e que seja estimulada a criação de novos.

Para concluir, não poderia deixar de assinalar que há muitos nomes que deverão ser mencionados como personagens importantes quando contarmos a (nossa) história da psicologia política no Brasil. Fica assim como convite e desafio a outros pesquisadores que estejam empenhados em resgatar a importância dessa área de conhecimento para a construção de uma sociedade mais igualitária.

Sugestão de leituras

Para ir um pouco mais adiante na exploração dessa fascinante área de conhecimento que é a Psicologia Política sugere-se algumas leituras, abaixo referenciadas. O critério adotado para escolhê-las foi a sua utilidade para um mapeamento do território da disciplina, em geral e no Brasil. Não seguem, necessariamente, a mesma linha teórico-metodológica. Constituem um bom começo e espero que estimulem a avançar. Boa leitura!

Em Português

PENNA, Antônio Gomes. *Introdução à psicologia política*. Rio de Janeiro: Imago, 1995.

SANDOVAL, Salvador A.M. O comportamento político como campo interdisciplinar de conhecimento: a reaproximação da Sociologia e da Psicologia Social. In: CAMINO, Leôncio; LHULLIER, Louise & SANDOVAL, Salvador A.M. (org.). *Estudos sobre comportamento político*. Florianópolis: Letras Contemporâneas, Abrapso, 1997.

_____. Algumas reflexões sobre cidadania e formação de consciência política no Brasil. In: SPINK, Mary Jane (org.). *Cidadania em construção: uma reflexão transdisciplinar*. São Paulo: Cortez, 1994.

PONTE DE SOUZA, Fernando. *Histórias inacabadas*: um ensaio de Psicologia Política. Maringá: Editora da UEM, 1994.

CAMINO, Leôncio. Uma abordagem psicossociológica no estudo do comportamento político. *Psicologia e Sociedade:* 8(1): 16-42; jan./jun., 1996.

CAMINO, Leôncio; MENANDRO, Paulo R.M. Apresentação geral. In: CAMINO, Leôncio; MENANDRO, Paulo R.M. (orgs.). *A sociedade na perspectiva da psicologia*: questões teóricas e metodológicas. Rio de Janeiro: Associação nacional de Pesquisa e Pós-Graduação em Psicologia – Anpepp, 1996.

FREITAS, M.F.Q. Contribuições da psicologia social e psicologia política ao desenvolvimento da psicologia social comunitária. *Psicologia e Sociedade;* 8(l):63-82; jan./jun., 1996.

LHULLIER, Louise A. A psicologia política e o uso da categoria "Representações Sociais" na pesquisa do comportamento político. In: ZANELLA, Andréa; SIQUEIRA, Maria Juracy T.; LHULLIER, Louise A. & MOLON, Suzana (orgs.). *Psicologia e práticas sociais.* Porto Alegre: Abrapsosul, 1997.

GUARESCHI, Pedrinho. Qual a "prática" da psicologia social da ABRAPSO? In: ZANELLA, Andréa; SIQUEIRA, Maria Juracy T.; LHULLIER, Louise A. & MOLON, Suzana (orgs.). *Psicologia e práticas sociais.* Porto Alegre: Abrapsosul, 1997.

CROCHIK, José Leon. A (im)possibilidade da psicologia política. In: AZEVEDO, Maria Amélia & MENIN, Maria Suzana De Stefano. *Psicologia e política: reflexões sobre possibilidades e dificuldades deste encontro.* São Paulo: Cortez; Fapesp, 1995.

Em espanhol

SABUCEDO CAMESELLE, José Manuel. *Psicologia política.* Madri: Editorial Síntesis, 1996.

SEOANE, Júlio & RODRÍGUEZ, Ángel. *Psicologia política.* Madri: Ediciones Pirâmide, 1988.

Em inglês

ARDILA, Ruben. Political psychology: the Latin American perspective. *Political Psychology.* 17(2): 339-351; jun., 1996.

Bibliografia

ADORNO, T.W.; FRENKEL-BRUNSWICK, E.; LEVINSON, D.J.; SANFORD, R.N. *La personalidad autoritária.* Buenos Aires: Proyección, 1965.

ARDILA, Ruben. Political psychology: the Latin American perspective. *Political Psychology.* 17(2): 339-351; jun., 1996.

BOBBIO, N. et al. *Dicionário de política.* Vol. I, Brasília: EdUNB, 1992.

KELMAN, H.C. Ethical imperativos and social responsability in the oractice of political psychology. *Political Psychology.* 1: 100-102, 1979.

KNUTSON, J.N. *Handbook of political psychology.* San Francisco: Jossey-Bass, 1973.

LANE, S.T.M. & CODO, Wanderley (orgs.). *Psicologia social*: o homem em movimento. São Paulo: Brasiliense, 1986.

LASSWELL, H.D. *Psychopatology and politics.* Chicago: The University of Chicago Press, 1930.

SABUCEDO CAMESELLE, José Manuel. *Psicologia política.* Madri: Editorial Síntesis, 1996.

PARTE 3

EXPERIÊNCIAS

PSICOLOGIA SOCIAL E ESCOLA

Andréa Vieira Zanella

> A compreensão do texto a ser alcançada por sua leitura crítica implica a percepção das relações entre o texto e o contexto. (Paulo Freire, 1981, p. 12).

Partindo do que nos aponta Paulo Freire, solicito que o leitor me acompanhe na tarefa de buscar as relações entre o texto e o contexto: o texto aqui proposto, o qual diz respeito à atuação do psicólogo no espaço escolar em uma perspectiva social crítica; e o contexto, que se refere tanto à história da psicologia escolar no Brasil quanto às suas implicações sociais e políticas.

Gostaria inicialmente de destacar a própria dificuldade com o título. Afinal, várias são as terminologias adotadas: Psicologia Escolar; Psicologia Educacional; Psicologia da Educação; Psicologia na Educação. Goulart (1987) e Davis e Oliveira (1992) apresentam razões para essas diferentes terminologias, e com certeza leitores ávidos em identificá-las poderão recorrer à bibliografia indicada.

De nossa parte, interessa demarcar que a diversidade e complexidade da atuação do psicólogo (afinal, são tantas as chamadas "áreas de atuação": escolar, organizacional, do esporte, clínica, jurídica, comunitária, etc.) têm revelado, ao que parece, como cada vez mais inadequada a discussão sobre essas áreas de atuação tal qual vinha acontecendo, isto é, como áreas estanques, separadas, com arcabouço técnico e teórico delimitado. Para complicar ainda mais os leitores iniciantes na área, há uma diversidade enorme de orientações teórico-metodológicas.

No que diz respeito à atuação do psicólogo, os esforços na delimitação de espaços tão demarcados têm sérias implicações, sendo que me parece importante assinalar ao menos uma: a não reflexão sobre as consequências sociais e políticas dessas ações. Isto porque, se concordamos que o texto se relaciona com o contexto que por sua vez se relaciona com o texto, certamente entendemos que nossas ações sempre e necessariamente resultam de situações e concomitantemente contribuem para a constituição de novos contextos. Cabe, pois, refletir sobre esse novo contexto que estamos produzindo.

A discussão da psicologia enquanto áreas de atuação nos parece, pois, deslocada. Afinal, como nos aponta Eizirik (1988, p. 33):

> Não é o lugar que define a postura de um profissional – embora nem todos pensem assim –, é antes a capacidade de refletir criticamente sobre teorias, métodos e práticas, avaliando resultados e pensando acerca das necessidades do país em que nos encontramos.

Espero que essas colocações iniciais ajudem o leitor a entender por que o título se refere à atuação do psicólogo *na* escola: o local é demarcado, mas a atuação profissional que defendemos é necessariamente múltipla, posto que assim se caracteriza a realidade.

Psicologia e educação: uma longa história

Continuando a nossa conversa, faz-se necessário destacar alguns dados, ainda que breves, a respeito das contribuições da psicologia à educação. Apesar de "nova" enquanto ciência e profissão (vale lembrar que seu reconhecimento no Brasil data de 1962), a presença da psicologia já era realidade em nosso país desde o final do século passado e início deste século, seja através das teses de conclusão de curso defendidas por médicos da Bahia e Rio de Janeiro, seja como disciplina nos cursos de formação de professores (YAZZLE, 1990).

Contextos diferentes, mas com uma mesma perspectiva teórico-metodológica: a do "ajustamento", da identificação de distúrbios (sejam estes de personalidade, de conduta, de aprendizagem), visando à correção dos mesmos ou então à sua prevenção. Sob essa ótica, a psicologia exerceu sobre a educação *"...uma influência bastante nefasta, pois os problemas de escolarização passaram a ser localizados basicamente nos próprios alunos e em suas famílias, geralmente vistas como desorganizadas e desestruturadas"* (ANDALÓ, 1997, p. 169).

Desse modo, mais do que contribuir com a superação do fracasso escolar, a psicologia historicamente contribuiu para a legitimação do mesmo e, consequentemente, para a manutenção da ordem social vigente. Isto na medida em que os problemas sociais eram reduzidos a problemas psiquiátricos, sendo o sujeito visto como "doente mental" em potencial.

Com a regulamentação da profissão, os serviços de psicologia junto às instituições escolares caracterizaram-se por essa perspectiva, a qual ainda não foi superada. Tanto isso é verdade que em um jornal de uma associação de profissionais da área[1] encontramos a seguinte referência à atuação do psicólogo:

> É preciso que nos manifestemos a respeito do nosso perfil profissional, que mostremos o quanto podemos fazer sob a ótica da saúde e do desenvolvimento, que convençamos a todos de que o desenvolvimento de uma criança e de um jovem em um adulto sadio requer atenção e cuidados especiais de uma grande equipe de técnicos, e que o psicólogo escolar é parte fundamental dessa equipe. Ao mesmo tempo, é preciso que convençamos a todos de que um desenvolvimento saudável na infância previne desajustamentos na idade adulta, ou melhor, que quando jovens aprendem a identificar e a lidar com seus "pesadelos", eles previnem problemas futuros.

Sob essa ótica a atuação pauta-se, portanto, em uma perspectiva preventivo-curativa, em que os conhecimentos da psicologia são utilizados fundamentalmente para o diagnóstico e intervenção junto a alunos que apresentam as chamadas "dificuldades de aprendizagem". Ao psicólogo é atribuída, pois, uma função eminentemente técnica.

Em contraposição, temos a atuação do psicólogo em uma perspectiva social crítica, o que caracteriza as discussões e trabalhos que vêm sendo desenvolvidos pelos profissionais ligados à Abrapso (Associação Brasileira de Psicologia Social). Partindo da compreensão de que o homem é social e historicamente constituído e, concomitantemente, caracteriza-se como produtor de cultura e história, a intervenção do psicólogo na escola pauta-se na análise das situações educativas em sua complexidade, considerando os vários aspectos aí envolvidos: históricos, econômicos, políticos, sociais etc.

Uma breve análise destas diferentes perspectivas de atuação junto às instituições escolares é o que apresentaremos a seguir.

---

1. Jornal Abrapee Nacional. Ano 5, Vol. 1 e 2, jan-dez, 1996.

Psicólogo escolar – Técnico da Educação

Desde a sua inserção nas escolas, o psicólogo tem sido geralmente considerado como um técnico que, juntamente com os demais especialistas da educação (orientadores, supervisores e administradores escolares) contribui para a maximização do processo ensino/aprendizagem.

A concepção desse trabalho como especialismo técnico-científico tem se prestado, no entanto, a fins distintos do que os apregoados. Compreender essa outra função nos remete à história da divisão social do trabalho (DST), fenômeno que se consolidou no século passado. Como nos esclarece Coimbra (1990, p. 10), mais do que em decorrência das necessidades tecnológicas, a DST originada nas fábricas é explicada pela necessidade de fiscalizar, hierarquizar e disciplinar os trabalhadores, delegando a estes funções cada vez mais distanciadas dos meios e do processo de produção como um todo.

Essa função de fiscalização é assumida, portanto, pelo pessoal técnico. No entanto, mais do que técnica a função destes é claramente política, pois consiste em "...perpetuar a dependência dos operários, sua subordinação, sua separação dos meios e do processo de produção" (GORZ in: COIMBRA, 1990, p. 10).

No contexto educacional brasileiro essa DST foi acentuada na década de 1970, no auge do regime militar, na época do chamado milagre econômico brasileiro. Através da lei 5.692/71, os especialistas da educação traziam consigo a proposta de modernização da escola, herdada do taylorismo.

Aos técnicos, tidos como detentores do saber, caberia a função de assessorar os professores, os que "não sabem". Aos primeiros, pois, caberia a função de planejamento, enquanto os docentes eram tidos como os executores.

Essa perspectiva aparece claramente em trabalhos que versam sobre o papel do psicólogo escolar e que tem sido amplamente discutidos e divulgados em cursos de formação do psicólogo em todo o Brasil, como é o caso do texto de Reger. Para este autor, o objetivo básico do psicólogo escolar consiste em:

> ajudar a aumentar a qualidade e a eficiência do processo educacional através da aplicação dos conhecimentos psicológicos... Enquanto

educador comprometido com a identidade do acadêmico, o psicólogo escolar pode tentar ensinar a outros profissionais no sistema escolar (REGER, 1989, p. 14/15 – grifo nosso).

Essa perspectiva ainda é compartilhada por grande parte dos profissionais que atuam em escolas ou que discutem a questão, conforme apontamos anteriormente. Desse modo, assumindo uma atuação eminentemente técnica, o psicólogo, mais do que contribuir com a escola na discussão de seus impasses, legitima a hierarquização do trabalho, assumindo função de controle. Nesse sentido, nega aos demais (professores, alunos, orientadores, pais, diretores, merendeiras etc.) a possibilidade de se perceberem como corresponsáveis tanto pela realidade encontrada quanto por um projeto social outro que se queira construir.

Superar essa atuação politicamente comprometida com a manutenção do *status quo* vigente requer deste profissional, entre outras coisas, a compreensão do caráter histórico da divisão social do trabalho. Desse modo este poderá atuar no sentido de "desmistificar esses territórios tão bem marcados e fechados – do 'não saber' e 'saber' – para que outros saberes possam fluir e circular, saberes que não seriam monopólio de uns poucos" (COIMBRA, 1990, p. 14).

O psicólogo na escola – Para além da função técnica

Repensar o papel do psicólogo requer, como foi apontado acima, superar a visão técnica. Mas afinal, se a função do psicólogo não é técnica (ou não somente técnica), como podemos entendê-la?

Toda e qualquer ação humana (aí incluindo-se o *quefazer* psicológico) é sempre e necessariamente política, pessoal, social e histórica. É, nesse sentido, concomitantemente afetiva, cognitiva, social, motora, posto que em toda e qualquer situação apresentamo-nos como um todo, enquanto sujeitos histórica e socialmente constituídos e, ao mesmo tempo, como constituidores ativos do contexto no qual nos inserimos. A nossa ação, portanto, está sempre comprometida, tenhamos consciência disso ou não, com um projeto de sociedade.

Desse modo, necessária se faz a reflexão crítica constante sobre a nossa atuação. Por sua vez,

...as perguntas críticas que os psicólogos devem se formular a respeito do caráter de sua atividade e, portanto, a respeito do papel que está desempenhando na sociedade, não devem centrar-se tanto no onde, mas no a partir de *quem;* não tanto em como se está realizando algo, quanto em *benefício de quem;* e, assim, não tanto sobre o tipo de atividade que se pratica (clínica, escolar, industrial, comunitária ou outra), mas sobre quais são as *consequências históricas concretas* que essa atividade está produzindo (MARTIN-BARÓ, 1997, p. 22).

Considerando essas questões, como pode então ser entendida a atuação do psicólogo junto às instituições escolares? Recorro a Paulo Freire (1983) que há muito nos alertou para o fato de que cabe aos profissionais de um modo geral e aos profissionais que atuam na educação, como é o caso, constituírem-se como trabalhadores sociais, historicamente comprometidos com o processo de mudança.

Desse modo, o psicólogo, entendido como trabalhador social, teria como papel "atuar e refletir com os indivíduos para conscientizar-se junto com eles das reais dificuldades da sua sociedade" (FREIRE, 1983, p. 56).

Nesse processo de atuação conjunta, de produção coletiva de uma nova práxis educativa, o psicólogo pode contribuir em muito com a análise e redimensionamento das relações sociais que se estabelecem no contexto educacional. E por que essa questão é importante?

As relações sociais caracterizam-se como palco onde as significações são coletivamente produzidas e particularmente apropriadas. É, pois, nas relações sociais que os homens constituem-se enquanto sujeitos, enquanto capazes de regular a própria conduta e vontade. Tal compreensão vem ao encontro dos postulados de Vygotsky (1987), o qual esclarece que as funções psicológicas superiores[2] são constituídas nas e pelas relações que o homem estabelece com outros homens, num movimento dialético que compreende o social e o particular, sendo do ambos mutuamente constitutivos.

As relações sociais entabuladas no contexto escolar, por sua vez, organizam-se em razão das atividades que caracterizam a própria escola: o ensinar e o aprender. Ao falarmos em redimensionamento das relações sociais enfatizamos, pois, a necessidade de que essas possibilitem a todos a concretização com pleno êxito das atividades citadas, de modo a que o acesso ao conhecimento historicamente produzido possa efetivamente ser prerrogativa de todos.

---

2. De acordo com Vygotsky (1987), as funções psicológicas superiores são funções caracteristicamente humanas, socialmente constituídas, que se pautam pela mediação dos signos.

A atuação de psicólogo caracteriza-se, nesse sentido, como ação voltada para a cidadania, sendo esta entendida enquanto possibilidade de os indivíduos "...se apropriarem dos bens socialmente criados, de atualizarem todas as possibilidades de realização humanas abertas pela vida social em cada contexto historicamente determinado" (COUTINHO, 1994, p. 14).

Desse modo, procurando conhecer a realidade escolar como um todo, com suas múltiplas determinações, o psicólogo pode contribuir para o repensar da escola, na medida em que redimensiona sua própria atuação e contribui para que os demais integrantes desta reflitam também sobre a forma como agem/interagem frente ao real. Estaria, assim, contribuindo efetivamente para a transformação social pois, como nos esclarece Freire (1983, p. 50),

...no momento em que os indivíduos, atuando e refletindo, são capazes de perceber o condicionamento de sua percepção pela estrutura em que se encontram, sua percepção muda, embora isso não signifique, ainda, a mudança da estrutura. Mas a mudança da percepção da realidade, que antes era vista como algo imutável, significa para os indivíduos vê-la como realmente é: uma realidade histórico-cultural, humana, criada pelos homens e que pode ser transformada por eles.

O compromisso do psicólogo no contexto educacional deve ser, portanto, com a superação da dicotomia planejamento/execução que alija os professores/os alunos/os pais/as faxineiras e outros da possibilidade de conhecimento, imputando a estes o posto da submissão, do não ser capaz, do não saber. Às relações de dominação/submissão contrapõem-se as relações de cooperação, marcadas por laços de solidariedade e pelo compromisso com uma sociedade não exclusora, onde os direitos civis, políticos e sociais possam efetivamente ser prerrogativa de todo cidadão.

O *quefazer* psicológico crítico no contexto escolar caracteriza-se, portanto, como ação pautada pela indignação em relação a toda e qualquer forma de violência, como ação que se opõe aos processos de exclusão social e, nesse sentido, ao fracasso escolar. A atuação que se almeja é comprometida, assim, com um projeto de realidade que busca para todos uma "vida mais digna de ser vivida" (CROCHIK, 1992).

Sugestão de leituras

Entendendo a atuação do psicólogo como múltipla, posto que assim se caracteriza a realidade, várias são as leituras que poderiam ser indicadas. Apontarei aqui algumas que me parecem importantes, destacando que certamente muitas outras igualmente relevantes poderiam aqui constar.

Dois livros já considerados clássicos e indispensáveis, ambos de Maria Helena Souza Patto, são: *Psicologia e ideologia* (São Paulo: T.A. Queiroz, 1984) e *A produção do fracasso escolar* (São Paulo: T.A. Queiroz, 1990). Mais recente temos o livro *Psicologia escolar: em busca de novos rumos* (São Paulo: Casa do Psicólogo, 1997), organizado por Adriana M. Machado e Marilene P.R. de Souza.

A respeito do *sucesso escolar* uma coletânea de textos importantes e críticos encontra-se no Cadernos Cedes n. 28, editado pela Papirus.

Por fim, textos que caracterizam a perspectiva da Abrapso podem ser encontrados na revista *Psicologia e Sociedade* e no livro *Psicologia e práticas sociais,* este editado pela Regional Sul da Abrapso.

Bibliografia

ANDALÓ, Carmen S. Psicologia e educação. In: ZANELLA, A.V. et al. *Psicologia e práticas sociais.* Porto Alegre: Abrapsosul, 1997.

COIMBRA, Cecília. A divisão social do trabalho e os especialismos técnico-científicos. *Revista do Departamento de Psicologia da UFF,* a. II, n. 2. 1º sem., 1990.

COUTINHO, Carlos N. Cidadania, democracia e educação. In: BORGES, A. et al. *Escola*: Espaço de construção da cidadania. São Paulo: FDE, 1994.

CROCHIK, José Leon. Notas sobre a relação ética-psicologia. *Psicologia, ciência e profissão.* CFP, a.12, n. 2, 1992.

DAVIS, Cláudia & OLIVEIRA, Zilma. *Psicologia na educação.* São Paulo: Cortez, 1992.

EIZIRIK, Marisa F. Psicologia hoje: uma análise do quefazer psicológico. *Psicologia, ciência e profissão,* a.8, n. 1, 1988.

FIGUEIREDO, Luís Cláudio. *Matrizes do pensamento psicológico.* Petrópolis: Vozes, 1991.

FREIRE, Paulo. *A importância do ato de ler*: em três artigos que se complementam. São Paulo: Cortez, 1990.

―――. *Educação e mudança.* São Paulo: Paz e Terra, 1983.

GOULART, Íris Barbosa. *Psicologia da educação*: fundamentos teóricos e aplicações à prática pedagógica. Petrópolis: Vozes, 1987.

MARTIN-BARÓ, Ignacio. O papel do psicólogo. *Estudos de Psicologia*, a.2, n. 1, 1997.

REGER, Roger. Psicólogo escolar: educador ou clínico? In: PATTO, M.H.S. (org.). *Introdução à psicologia escolar*. São Paulo: T.A. Queiroz, 1989.

VYGOTSKY, Lev Semionovitch. *História del desarrollo de las funciones psíquicas superiores*. La Habana/Cuba: Científico-Técnica, 1987.

YAZZLE, Elisabeth G. *A formação do psicólogo escolar no estado de São Paulo*: subsídios para uma ação necessária. São Paulo: 1990. Dissertação (mestrado). PUC-SP.

PSICOLOGIA SOCIAL NO TRABALHO

Carmem Ligia Iochins Grisci
Gislei Romanzini Lazzarotto

O nosso dia a dia constitui-se de práticas, e elas são alicerçadas a partir das mais diversas inserções que se estabelecem. Sobre elas, no entanto, nem sempre se debruça um olhar mais apurado e, em razão disso, pode-se incorrer na ideia de que uma prática é algo que acontece desconectado de sentidos.

Há de se considerar, contudo, que uma prática não só representa o mundo, como *inventa* o mundo. Derivada do latim – *praticare* –, prática significa "agir, tratar *com as gentes*" (vocábulo *praticar*, FERREIRA, 1986). Neste sentido, uma prática jamais prescindirá de uma relação e de uma ética (GUARESCHI, 1995). Uma prática é social porque constitui a realidade que, por sua vez, é múltipla; porque toma o sujeito como algo em contínua construção, porque os modos de pensar do sujeito não se dão dissociados dos modos de pensar do mundo e da cultura na qual se inscreve.

A prática profissional e científica não se coloca, portanto, como meramente tecnicista, devendo estar ciente de que não só transforma o sujeito que a pratica, como também o mundo. O corpo de conhecimento da psicologia social é, sem dúvida, recortado por valores. Independentemente do recorte, no entanto, a ética sempre se fará presente. Portanto, diz respeito a que psicologia falamos, e de que sociedade nos propomos a construir.

Nem sempre a psicologia norteou suas práticas no sentido de considerar a ética. No que se refere ao trabalho, a psicologia contribuiu muito para que o mérito e o fracasso, por exemplo, fossem vistos como características que dissessem respeito única e exclusivamente aos sujeitos individuais.

No que se refere à saúde, sabemos que a atuação da psicologia voltou-se, prioritariamente, para a classificação dos sujeitos em saudáveis ou não saudáveis, aptos ou inaptos ao trabalho, atentos ou desatentos diante de riscos do cotidiano e assim por diante. Ao agir desta maneira, a psicologia debruçou-se mais para a produção, em busca de resultados, do que para o trabalho e os(as) trabalhadores(as). Desta forma, tornou suas práticas um dos fatores mantenedores de uma estrutura social tida como natural e inevitável.

Dimensões constitutivas do sujeito tais como classe social, gênero, raça/etnia, foram deixadas à margem das práticas vigentes relacionadas a trabalho, tendo como consequência sua fragmentação e marginalização. O interesse dominante, além de privilegiar apenas algumas das condições visíveis do trabalho, tratava de invisibilizar outras tantas características com repercussões diretas à saúde dos sujeitos.

Nota-se que, desta maneira, o tripé – psicologia, trabalho e saúde – evidencia-se enquanto prática de uma relação de dominação, em que alguns expropriam as possibilidades que outros têm de construir e de se construírem no cotidiano da vida. Esta relação assimétrica define o que muitos hoje chamam de ideologia (THOMPSON, 1995). A partir da coerência ideológica permeada neste tripé assim caracterizado, resta ao(a) trabalhador(a) a doença. A respeito da doença, sim, é permitido ao(à) trabalhador(a) deter o conhecimento de seu "processo de produção", e ele(a) realmente a detém, como é possível observarmos dos detalhamentos provenientes de suas explanações. Um processo mais ou menos lento, desde seu desencadear até a instalação completa que, dentro da tradição que culpa e individualiza o(a) trabalhador(a), somente a ele(a) diz respeito, ficando a Psicologia com o papel de classificá-lo.

Através de suas falas, os trabalhadores(as) ilustram formas pelas quais o trabalho que realizam lhes traz prejuízos à saúde. Como evidência disso, registram que ao ingressarem no trabalho eram *normais e saudáveis,* mas que ao longo do tempo perderam tais características. Assumir a *dor normal do trabalho* como algo de sua única e exclusiva responsabilidade é comum entre esses trabalhadores(as) que, estimulados pela tradição dominante, se culpam pela falta de um organismo resistente, ou por não se terem cuidado (LAZZAROTTO, 1992).

Decorrente destes equívocos, legitimou-se o descrédito da palavra dos sujeitos do trabalho pela organização do trabalho, organização esta que planeja e executa sem minimamente considerar as interferências impostas em sua vida, causando assim o sofrimento individual e o adoecimento coletivo da classe trabalhadora, em resposta à ideologia da vergonha e do fracasso tal como considerado por Christophe Dejours (1988, 1994).

É possível que, na ilusão de uma única verdade, a busca por fórmulas oriundas de um fazer já concebido, estipulado e executado ainda se manifeste. No entanto, num mundo em mudança constante e veloz, a busca por novas possibilidades, pelo respeito das singularidades, pela compreensão de que trabalho também pode ser uma experiência digna e de prazer, mostra-se urgente. Embora nem sempre mensurável, ou passível de completa apreensão, a nova ordem do trabalho traz implicações diretas aos(às) trabalhadores(as) nas mais diversas dimensões que compõem a vida. Toda e qualquer prática eticamente comprometida deveria, a princípio e por princípio, caracterizar-se enquanto prática contextualizada social e historicamente, sob o risco de análises incompletas e deturpadas.

A ideia ainda muito presente de uma Psicologia dividida em áreas específicas de atuação, geralmente marcada por estereótipos, compromete tanto o reconhecimento social da profissão quanto a articulação dos próprios psicólogos(as). Resgatar a história de nossa própria construção é fundamental para que não nos coloquemos tão somente enquanto "aplicadores" de conhecimentos, mas como "fazedores" de conhecimento; não somente reprodutores de técnicas, mas produtores de novos modos de fazer.

Para além dos modos tradicionais do fazer psicologia em relação ao trabalho

A psicologia tem, no que se refere ao trabalho, possibilidades cruciais. Basta que se admire e inquiete diante da realidade de trabalho experienciada por cada trabalhador(a). Sua importância evidencia-se, principalmente, na possibilidade de resgatar a fala abafada enquanto medida de anulação dos(as) trabalhadores(as), através da capacidade de escuta das experiências geradoras de sofrimento vivenciadas no dia a dia do trabalho (GUARESCHI & GRISCI, 1993).

Desta capacidade de escuta derivam-se novas possibilidades de relação. Entre elas, nos deparamos com a passagem de uma situação de alienação do(a) trabalhador(a) para uma situação de consciência crítica produzida no resgate de seus modos de pensar, sentir e vivenciar. Tal resgate poderá constituir-se em novos modos de experienciar o trabalho, proveniente dos próprios trabalhadores e trabalhadoras, no que diz respeito à reconstrução de seus vínculos enquanto classe trabalhadora, com o próprio trabalho e com quem compartilham a vida.

A ordem social que se globaliza e se complexifica vem dinamizando representações sociais do trabalho, diferenciações nos modos de organizá-lo, e complexificações produtivas que acarretam distinções no mundo do trabalho e dos(as) próprios(as) trabalhadores(as), sobre os quais (contexto e sujeito) a psicologia não pode se furtar de lançar o olhar. Atenta à interdisciplinaridade, em função da complexidade de objetos, a psicologia deve buscar novas fontes e novos referenciais.

Há de se discutir acerca daqueles(as) que trabalham, conforme proposto no livro organizado por Eduardo Davel e João Vasconcelos (1996): São eles(as) trabalhadores(as) ou "recursos" humanos? São eles(as) "descartáveis ou recicláveis?"

Como vimos anteriormente, as lógicas que deram sentido às práticas psicológicas nem sempre se voltaram para esta discussão. A questão do gênero do(no) trabalho, por exemplo, não recebeu destaque pelo conhecimento, ciência e profissão até os movimentos feministas. No entanto, a divisão sexual do trabalho produz/reproduz desigualdades sociais que vão para além do espaço de realização do trabalho (SOUZA-LOBO, 1991).

Além disso, desde a década de 1970 o interesse acerca das consequências das inovações tecnológicas centravam-se nos efeitos mais visíveis de tais inovações, sendo que a busca pelo conhecimento do que elas representam para os(as) trabalhadores(as) manteve-se marginalizada (ITANI, 1997).

Tal constatação encontra eco na atual *desordem do trabalho* (MATTOSO, 1995) que indica mais para a perda de direitos, o desemprego e a marginalização, entre outros, do que para a libertação daqueles(as) que trabalham. Embora não mais apresentados como aqueles(as) trabalhadores(as) massificados(as) que o fordismo cunhou, os(as) trabalhadores(as) de hoje encontram-se numa nova ordem de massificação. A ordem da massa dos(as) excluídos(as) que aumenta vertiginosamente as filas do desemprego devido a um mundo do trabalho que não mais necessita de sua força para se movimentar (FORRESTER, 1997).

Em relação às novas tecnologias, observa-se que, por mais que elas proporcionem maior produção em menor tempo, não libertam os(as) trabalhadores(as), uma vez que o que estes(as) ainda vendem é o seu tempo de trabalho. Conforme Paulo Maya (1996), no contexto das sociedades capitalistas industrializadas, mesmo as periféricas, como o Brasil, o tempo livre foi incorporado ao processo produtivo obedecendo às mesmas regras da lógica de produção de mercadorias que regem o tempo de trabalho dos indivíduos.

No mundo do trabalho, particularmente, observa-se que mudanças – expressas nos processos de virtualização propiciados pela informática, a comunicação instantânea e globalizada, a rapidez dos fluxos, as empresas virtuais – indicam para novos modos de ser que têm gerado experiências traumáticas nos sujeitos do trabalho, com implicações imediatas à sua saúde. Reestruturações do trabalho apresentam mensagens duplas aos(as) trabalhadores(as), tais como competição/cooperação, submissão a regras/criatividade, individualismo/times, controle externo/controle interno, requerendo deles(as), por sua vez, reestruturações psíquicas.

Discursos bem elaborados indicam formas diferenciadas de gestão, como o neotaylorismo, o tecnoburocrático, o baseado na excelência e o participativo entre outros (CHANLAT, 1996). Embora estas formas repercutam direta e diferenciadamente na saúde dos(as) trabalhadores(as), o que se observa é que elas não minimizam seus sentimentos de estar em constante falta, em constante despreparo, em constante insegurança frente às possibilidades de exclusão do mercado de trabalho em transformação. Pelo contrário, elas são acréscimos às conhecidas preocupações que assombraram, e assombram, a classe trabalhadora.

Tal quadro merece, a nosso ver, ser amplamente considerado pela psicologia voltada ao âmbito do trabalho no sentido de compreender e intervir nos possíveis efeitos sociais e subjetivos dele decorrentes. Ainda mais que, embora o conteúdo do trabalho tenha sido enriquecido em determinados aspectos e setores, exigindo uma melhor qualificação, "não é possível ignorar que um grande número de trabalhadores continua a executar atividades fragmentadas, sem sentido e de baixa qualificação. Além disso, não podemos nos esquecer de que as novas políticas de pessoal tentam, a sua maneira, normalizar os comportamentos e o pensamento, o que coincide inegavelmente com o ideal taylorista" (LIMA, 1996, p. 42).

A importância de se ampliar escutas e olhares sobre estas questões faz parte de múltiplos esforços. Esforços estes tomados no sentido de pluralizar a compreensão da realidade social, de identificar diferenças/igualdades que permeiam o universo da classe trabalhadora, para que a saúde ou a falta dela não se centre unicamente na culpabilização dos indivíduos como consequência de seu não ajustamento à nova ordem social.

Alguns exemplos do fazer psicologia em relação ao trabalho

Práticas profissionais e científicas em psicologia social – tais como pesquisas e consultorias – realizadas com trabalhadores(as) em diferentes inserções, no período de 1994 a 1997, no Rio Grande do Sul – visando abordar a questão saúde a partir de um recorte que torne visíveis os riscos aos quais os sujeitos se expunham no dia a dia, tanto no espaço territorializado do trabalho quanto na comunidade e nos movimentos sociais, evidenciam que a possibilidade de uma prática não meramente tecnicista é viável. Seguem alguns exemplos:

1. Em uma pesquisa que visava relacionar gênero, saúde e risco no cotidiano do trabalho, realizada num Hospital de Clínicas Veterinárias (GRISCI, PIVETTA & GOMES, 1997), comprovou-se que se os(as) trabalhadores(as) devem ser vistos desde a perspectiva do gênero, inclusive os espaços de trabalho, e o mesmo propriamente dito se colocam nesta perspectiva. Embora tanto os homens quanto as mulheres estejam expostos aos riscos do(no) trabalho, eles são representados, sentidos e vividos de uma forma diferenciada desde a perspectiva do gênero. Cabe aos homens a preocupação para com os riscos visíveis e que tragam danos materiais imediatos ao físico, e às mulheres a preocupação para com os riscos invisíveis e que possam trazer danos igualmente invisíveis em um tempo futuro.

Essa investigação, além de descrever os riscos do cotidiano do trabalho no hospital através da construção de mapa de riscos, permitiu elucidar que eles não somente extrapolam o âmbito do corpo físico e do território do trabalho, como também causam interferências na qualidade de vida e nas relações dos sujeitos, cabendo às *estratégias defensivas* (DEJOURS, 1994) um papel importante no sentido de possibilitar entender que se os(as) trabalhadores(as) não estão se protegendo dos riscos com atitudes e equipamentos concretos/corretos de proteção, o estão fazendo psicologicamente. Contudo, sabemos que esta proteção, longe de proteger efetivamente, alimenta comportamentos de exposição aos riscos por parte dos(as) trabalhadores(as) e alimenta a falta de medidas na estrutura para eliminar os riscos.

2. Nossa experiência relativa à formação de cipeiros (membros das Comissões Internas de Prevenção de Acidentes), numa proposta de organização sindical, revelou a necessidade de repensar a noção de saúde a partir das relações de produção (de bens materiais e serviços) e reprodução (alimentação, vestuário, moradia, educação, lazer, etc.), uma vez que saúde limitava-se a aspectos que diziam respeito unicamente aos indivíduos isoladamente. O dar-se conta de que as relações estabelecidas causavam adoecimento do(no) trabalho e consequente exclusão do(no) trabalho, extrapolava tradicionais análises meramente condicionadas a definir atos ou condições inseguras.

A possibilidade de estabelecer relações entre as formas de trabalhar e as formas de viver traz como consequência a noção de que somos, ao mesmo tempo, seres singulares e coletivos inseridos num contexto de relações sociais. O resgate do significado das próprias ações revela-se no discurso sobre as atividades desenvolvidas com estes(as) trabalhadores(as), ao avaliarem que aprenderam e ensinaram muitas coisas sobre o trabalho, o ser cipeiro e a vida. Torna-se claro, portanto, que ensinar e aprender é algo que se dá em conjunto e que remete ao social. A valorização do próprio conhecimento e do conhecimento do outro apresenta-se como um espaço de afirmação da existência da identidade destes(as) trabalhadores(as), mostrando que é o mesmo sujeito quem ensina e quem aprende. Destaca-se, ainda, a percepção de que até então o(a) cipeiro(a) sentia-se somente como aquele responsável por *cobrar* dos colegas o ato inseguro, reproduzindo uma forma ideológica de agir frente aos acidentes do trabalho.

3. Em pesquisa que investiga as representações sociais do acidente de trabalho entre trabalhadores da construção civil, três dimensões principais foram evidenciadas em relação à ocorrência de tais acidentes: fatalismo (destino, sorte ou azar); individualismo (descuido, desatenção ou características psicológicas individuais); e determinadas mediações (trabalho perigoso, medo, pressa, falta de equipamento de proteção, coerção, desafio).

Estas mediações se colocam como um espaço negado pelos trabalhadores(as), e eles só falam delas quando se insiste em que se procurem as verdadeiras razões dos acidentes. Assim, por exemplo: quando perguntados por que tinham se acidentado, a resposta imediata, em 80% dos casos, era "porque me descuidei" (minha culpa); "foi um azar", "não tive sorte" (meu destino). Mas, discutindo mais a fundo o fato, eles referem outras razões que levam aos acidentes:

"porque o patrão mandou apurar o serviço, para entregar a obra"; ou porque ele foi "chamado a fazer outro serviço, e na volta o andaime caiu porque tinha esquecido de prender"; e ainda mais: se não se arriscasse não era considerado suficientemente viril etc. Isso evidencia uma ideologia de individualismo e fatalismo, escondendo as verdadeiras razões dos acidentes. As representações sociais do trabalho circunscrevem-se, desta maneira, no que o autor denomina como "*Minha culpa, meu destino*" (POSSAMAI, 1997).

4. Uma outra experiência voltada para a comunidade, em vilas periféricas da região metropolitana, que se constituiu na elaboração de mapas de riscos sociais, demonstrou, tal qual no hospital acima referido, e na pesquisa com trabalhadores da construção civil, a necessidade de um alargamento da noção de risco, comumente voltada para o concreto e o físico conforme encontrada na literatura em geral. Cabe ressaltar, no entanto, que os riscos acarretam, além do sofrimento físico, sofrimento mental aos sujeitos. Ao construir categorias de riscos a partir de seus próprios referenciais, os sujeitos das vilas periféricas constataram, por exemplo, que a falta de energia elétrica não só limitava ações no espaço doméstico, mas também reproduzia os limites sociais impostos ao ir e vir destes sujeitos no espaço público; que os esgotos a céu aberto não só traziam possibilidades de contaminação, mas evidenciavam o descaso dos órgãos oficiais para com a saúde de uma população excluída. Estas evidências confirmam que os riscos podem ser considerados como riscos sociais.

Estas experiências desvelam a imprescindível necessidade de perguntar e de analisar o porquê de serem sujeitos específicos os que mais retratam e denunciam o sofrimento físico e mental. São, comumente, as mulheres, os(as) pobres, os(as) trabalhadores(as) não qualificados(as), aqueles(as) que habitam as periferias, etc., os(as) que sofrem em decorrência de uma ideologia já cristalizada nas relações de trabalho que se expande ao cotidiano da vida. É através desta análise que poderão surgir práticas realmente voltadas para a relação saúde e trabalho que entrelacem modos de trabalhar e modos de viver.

Considerações finais

Ao finalizar, perguntamo-nos: o que de "novo" se pode perceber nestas páginas? Esta é, com certeza, uma dimensão que afeta aqueles(as) que tentam pensar praticamente o mundo do trabalho. Na incessante tentativa de buscá-lo é necessário, no entanto, que não nos deixemos cegar pelo ritmo acelerado do descartável, do oportunismo que vem caracterizando nossa época, impondo, muitas vezes, um descrédito a formas de compreensão críticas, no sentido de neutralizá-las.

As reflexões que permearam o presente texto visaram compartilhar um pouco do que experienciamos a partir de uma realidade que não mais acreditamos tal como se apresenta: neutra e natural; e a compartilhar nossa experiência teórico-prática enquanto psicólogas e pesquisadoras voltadas para o mundo do trabalho. Elas não se propõem como "novas", mas sim querem demonstrar que as novas formas do fazer não podem, de maneira alguma, prescindir das trajetórias dos sujeitos da(na) história.

É somente a partir do outro que podemos saber de nossas práticas, pois, enquanto seres isolados, não temos como sabê-las. Se nossas práticas são relativas, assim o são em relação a um outro que contém/está contido em um dado cenário. Sem esse outro, experimentamos a sensação tida ao sobrevoarmos, de avião, acima das nuvens. Se as nuvens se apresentam uniformes, tudo parece estático. Embora nos locomovamos a uma velocidade aproximada de 800 km/h, isso, por si só, não nos dá a saber que nos deslocamos. É necessário, pois, que o cenário se transforme, e, ao se transformar, nos dê a conhecer o efeito da prática que desenvolvemos.

Por longo tempo, a psicologia não se preocupou com a relação saúde e trabalho, como se ambos fossem objetos estáticos em relação a ela, tampouco considerou a perspectiva dinâmica daqueles que trabalham. Há de se considerar, entretanto, a existência de um outro mundo, não apreendido pela psicologia quando esta se utiliza apenas da técnica, não se mostrando interessada no trabalho, nem nos trabalhadores, mas apenas em maximizar a produção e a qualidade de mercadorias.

Sugestão de leituras

Um livro já considerado clássico e indispensável em relação ao trabalho e à saúde é o de Christophe Dejours *A loucura do trabalho: estudo de psicopatologia do trabalho*, 3. ed., São Paulo: Cortez/Oboré,

1988. De Pedrinho A. Guareschi e Carmem L.I. Grisci, *A fala do trabalhador*, Petrópolis: Vozes, 1993, é um livro em que a fala cristalina dos trabalhadores retrata a dura realidade do trabalho. O recente livro de Viviane Forrester, *O horror econômico*, São Paulo: UNESP, 1997, é uma ótima referência sobre o fenômeno atual do desemprego.

Bibliografia

CHANLAT, Jean François. Modos de gestão, saúde e segurança no trabalho. In: DAVEL, Eduardo & VASCONCELOS, João (orgs.). *"Recursos" humanos e subjetividade*. Petrópolis: Vozes, 1996.

DAVEL, Eduardo & VASCONCELOS, João (orgs.). *"Recursos" humanos e subjetividade*. Petrópolis: Vozes, 1996.

DEJOURS, Christophe. *A loucura do* trabalho: estudo de psicopatologia do trabalho. 3. ed. São Paulo: Cortez/Oboré, 1988.

DEJOURS, Christophe et al. *Psicodinâmica do trabalho*: contribuições da escola Dejouriana à análise da relação prazer, sofrimento e trabalho. São Paulo: Atlas, 1994.

FERREIRA, Aurélio B.H. *Novo dicionário Aurélio da Língua Portuguesa*. 2. ed. Rio de Janeiro: Nova Fronteira, 1986.

FORRESTER, Viviane. *O horror econômico*. São Paulo: Unesp, 1997.

GRISCI, Carmem L.I., PIVETTA, Ana & GOMES, Sandra. Gênero, saúde e risco no cotidiano do trabalho. In: ZANELLA, Andrea et al (orgs.). *Psicologia e práticas sociais*. Porto Alegre: Abrapsosul, 1997.

GUARESCHI, Pedrinho A. Ética e relações sociais: entre o existente e o possível. In: JACQUES, Maria da Graça et al (org.). *Relações sociais e ética*. Porto Alegre: Abrapsosul, 1995.

GUARESCHI, Pedrinho A. & GRISCI, Carmem L.I. *A fala do trabalhador*. Petrópolis: Vozes, 1993.

ITANI, Alice. *Subterrâneos do trabalho*: imaginário tecnológico no cotidiano. São Paulo: Hucitec/Fapesp, 1997.

LAZZAROTTO, Gislei D.R. *A organização do trabalho e a construção do sujeito*: uma apreciação crítica da psicologia: o caso da digitação. Porto Alegre: PUCRS, Dissertação de mestrado, 1992.

LIMA, Maria E.A. Os *equívocos da excelência*: as novas formas de sedução na empresa. Petrópolis: Vozes, 1996.

MAYA, Paulo Valério. *Trabalho e tempo livre*. Porto Alegre: PUCRS, Dissertação de mestrado 1996.

MATTOSO, Jorge. *A desordem do trabalho*. São Paulo: Escrita, 1995.

POSSAMAI, Hélio. *Minha culpa, meu destino*: representações sociais de acidente do trabalho. Porto Alegre: PUCRS, Dissertação de mestrado, 1997.

SOUZA-LOBO, Elisabeth. *A classe operária tem dois sexos*: trabalho, dominação e resistência. São Paulo: Brasiliense/SMC, 1991.

THOMPSON, John B. *Ideologia e cultura moderna*: teoria social crítica na era dos meios de comunicação de massa. Petrópolis: Vozes, 1995.

PSICOLOGIA SOCIAL E COMUNIDADE

Sissi Malta Neves
Nara Maria Guazzelli Bernardes

> *Na esfera humana é impossível entender o presente social se não tentarmos mudá-lo.*
>
> J.L. Moreno

No Brasil, a trajetória do saber-fazer da psicologia em relação à comunidade iniciou-se em meados dos anos 1960 e sofreu transformações teóricas, epistemológicas e metodológicas importantes neste espaço de tempo relativamente curto, o que resultou a diversidade que hoje pode ser encontrada com respeito ao desenvolvimento dos trabalhos dos(as) psicólogos(as) nas comunidades.

Uma perspectiva importante nessa diversidade é aquela que entende a psicologia comunitária como "uma área da psicologia social que estuda a atividade do psiquismo decorrente do modo de vida do lugar/comunidade; estuda o sistema de relações e representações, identidade, níveis de consciência, identificação e pertinência dos indivíduos ao lugar/comunidade e aos grupos comunitários. Visa ao desenvolvimento da consciência dos moradores como sujeitos históricos e comunitários, através de um esforço interdisciplinar que perpassa o desenvolvimento dos grupos e da comunidade. [...] Seu problema central é a transformação do indivíduo em sujeito" (GÓIS, 1993).

A inserção da psicologia comunitária no campo da psicologia social, por um lado, afirma o pressuposto de que o ser humano é construído sócio-historicamente e, ao mesmo tempo, constrói as concepções a respeito de si mesmo, dos outros e do contexto social. Por outro, marca uma diferenciação com outras perspectivas teóricas e práticas da psicologia em comunidade, importadas principalmente dos Estados Unidos, que se caracterizam por um caráter predominantemente assistencial-paternalista e são destinadas a pessoas consideradas desfavorecidas ou por um caráter promocional-desenvolmentista e são voltadas para o indivíduo e sua preparação para enfrentar as adversidades do cotidiano (BERNARDES, GUARESCHI, 1992; FREITAS, 1996).

A psicologia comunitária opera com o enquadre teórico da psicologia social crítica e propõe-se a compreender a constituição da subjetividade dos seres humanos numa comunidade, seja geográfica como, por exemplo, um bairro, ou psicossocial, como, por exemplo, os participantes de um centro comunitário. Ao compreender e para fazê-lo, funda-se no respeito ao saber e às práticas desses sujeitos e atua predominantemente com grupos. Lane (1992) acentua que o grupo é condição fundamental para o desenvolvimento da consciência, no qual um membro se descobre no outro, espelhando-se conjuntamente. Nesta atitude reflexa (de espelho) e reflexiva descobrir-se não resulta apenas de um discurso, mas de uma prática conjunta. Compete, portanto, aos psicólogos(as) comunitários(as) trabalharem na construção de uma consciência crítica, de uma identidade coletiva e individual mais autônoma e de uma nova realidade social mais justa.

Abordagem do psicodrama

Uma das possibilidades de assim trabalhar que vem se configurando, nas últimas décadas, consiste na abordagem do psicodrama.

O *psicodrama* foi definido por Moreno (1974, p. 17) *"como a ciência que explora a verdade por métodos dramáticos."* A palavra *drama* vem do grego e significa ação ou algo que acontece, mostrando que o berço do psicodrama é o teatro. A existência humana comporta-se à semelhança de um *drama,* representado por múltiplos atores cujo enredo é, para eles, inconsciente. Somente a revelação do drama pode transformar a existência.

A *metodologia psicodramática* leva em conta três contextos: social, grupal, dramático.

O contexto da realidade *social* impõe ao indivíduo os papéis que ele deve desempenhar.

Define-se papel como a menor unidade de conduta, em que se fundem componentes individuais, sociais e culturais. O desempenho dos papéis é anterior ao surgimento do "eu", pois o "eu" emerge dos papéis (MORENO, 1978). Os papéis *psicossomáticos* são indispensáveis à sobrevivência da criança; os papéis *psicológicos* ou *psicodramáticos* têm como função a fantasia e o imaginário e referem-se mais ao aspecto singular do psiquismo do sujeito; os papéis *sociais* são delimitados pela sociedade na qual o sujeito interage.

Todo papel exige a presença de um outro – o *contrapapel* – que, ao conter expectativas desse desempenho, denuncia as determinações ideológicas presentes na relação. A ideologia subjuga a espontaneidade e a criatividade do desempenho de papéis mediante suas práticas e seus rituais. Por exemplo, mesmo antes de nascer, há uma expectativa de que a criança venha a ser um tipo de sujeito adequado à configuração ideológica familiar.

O contexto *grupal* é formado pelos integrantes do grupo, cujo vínculo se mantém através do que Moreno denominou *tele*. A noção de *tele* (palavra de origem grega, cujo significado refere-se a algo que está distante ou à influência à distância) significa a mútua percepção íntima dos indivíduos. Derivou-se da experiência com o Teatro da Espontaneidade (inventado por ele) caracterizado pela improvisação do ator que, ao criar a forma e o conteúdo da dramatização ao invés de trabalhar com a forma acabada de uma peça teatral, revelava, ao mesmo tempo, o drama da plateia.

O contexto *dramático* é formado pelo produto do protagonista, no qual as cenas, repletas de significados, aparecem "como se" fossem a realidade. Este contexto caracteriza-se por cinco instrumentos fundamentais: protagonista (paciente ou grupo), cenário, egos auxiliares, diretor ou terapeuta e auditório. O *cenário* é o lugar em que se realiza a dramatização, desempenhando-se papéis em cenas que podem se modificar e alterar o tempo. *Ego auxiliar* é o integrante da equipe terapêutica, como um prolongamento do diretor, que contracena com o protagonista. *Diretor* é o responsável pelo psicodrama, deve iniciar a sessão terapêutica, detectar o emergente grupal e identificar o protagonista. Auditório consiste no conjunto de pessoas que estão no contexto grupal. *Protagonista* é a pessoa que traz o tema para ser dramatizado. A noção de protagonista remonta à tragédia grega, significando "*o primeiro combatente*" (ou o primeiro que enlouquece), um herói meio humano, meio divino, que voltava sua ação contra o destino. A tentativa de controlar estas ações, que eram possuídas por forças divinas, dá sentido ao termo *espontaneidade* (cujo termo de origem latina significa "vontade própria), e resume os *esforços do herói trágico.*

Na comunidade, o drama do protagonista, personagem central do enredo, é o emergente do grupo (contexto grupal) e porta-voz do sofrimento coletivo (contexto social) ao criar conjuntamente a cena psicodramática (contexto dramático).

O *protagonista* está embasado no conceito de *coinconsciente* ou *inconsciente comum,* uma espécie de *inconsciente social,* como reservatório de memória histórica que condensa as tradições transmitidas por várias gerações (NETO, 1985).

A categoria *drama* remete ao sujeito concreto, individual ou coletivo, relacionado às variadas dimensões da trama social, historicamente construída. Nas cenas dramáticas, ao serem focalizados os vínculos entre os papéis, ocorre o processo terapêutico de desalienação dos personagens, numa constante reflexão sobre aquilo que "desempenham sem saber" e aquilo que "gostariam de ser". Na linguagem moreniana, seria a dialética entre "tomar o papel" ou "criá-lo".

O *encontro,* que significa comunicação com o outro ou comunicação existencial, propõe o rompimento da "conserva cultural" pelo estímulo da espontaneidade/criatividade. A conserva *cultural é* tudo aquilo que se cristaliza após ser criado. Como produto do processo criativo, ela preserva os valores de uma cultura, ao mesmo tempo em que determina novas formas de expressão criativa.

O psicodrama acredita que *a inversão de papéis,* objetivando o encontro entre o Eu e o Tu, possibilite a um indivíduo assumir o papel de um outro e *recompor o sentido* da *unidade,* da *identidade* e do *pertencimento* ao *grupo.*

A *espontaneidade* e a *criatividade,* estando estrategicamente unidas, ocupam lugar central na visão moreniana de cultura. Quando aplicadas ao fenômeno social, conferem iniciativa e mudança aos indivíduos inter-relacionados.

A espontaneidade impele o indivíduo em direção à resposta adequada à nova situação ou à resposta nova para situação já conhecida. *"O universo é criatividade infinita. A definição visível de criatividade é a criança"* (MORENO, 1992, p. 151). A interação espontaneidade-criatividade manifesta-se por meio de variados estados ou atos criativos: no parto, nas artes, nas invenções tecnológicas, na criação de instituições sociais, nas conservas sociais e nos estereótipos, assim como no esforço dispendido para o surgimento de nova ordem social.

Para Moreno, o indivíduo deveria usar seu potencial espontâneo-criativo na mutiplicidade de papéis, constantemente em devir, não se deixando amarrar pelos laços que o fixariam na mesma forma de ser. Este convite a olhar, perceber e modificar a rigidez dos *papéis sociais*, vistos como parte do contexto relacional entre indivíduo e sociedade, faz do psicodrama uma proposta de transformação permanente.

A *experiência comunitária* traz em si o desafio do reconhecimento da alteridade a partir do respeito à diferença desse outro, como única possibilidade de encontro. Na vivência de sujeitos concretos, ao desvelarem a expressividade e os significados de suas ações, os corpos se recriam. Grupos em atos ou gestos de todos, em comunhão do sentir, são sinônimos de psicodramatizar.

Psicodrama em ato numa comunidade

O psicodrama vem sendo utilizado, desde 1993, em serviços da rede municipal de Porto Alegre: Centro de Comunidade, Escola Aberta e Projeto de Educação Social de Rua. Estas iniciativas destinam-se ao atendimento socioeducativo de *crianças e de adolescentes em situação de risco* cujas características de vida precária – trabalho, profissionalização, saúde, escolarização, habitação, lazer – colocam-nos em situação de dependência das instituições assistenciais.

O cerne dessas iniciativas está na trajetória das classes populares, da casa à rua[1], devido à conjuntura socioeconômica e política que cria obstáculos para que a família e a escola possam cumprir sua função de subsistência, de cuidado e de socialização. Tal socialização como processo de formação de valores, crenças, atitudes e padrões de comportamento das crianças de determinados segmentos das classes populares, parece configurar uma *cartografia da exclusão*. Há urgência de mapear o nomadismo institucional dessas crianças e desses jovens,

---

1. Em Porto Alegre, recente pesquisa identificou 376 jovens em situação de rua como vendedores, cuidadores de carro ou mendigos. Da amostra de 197 sujeitos, 84,27% identificou a necessidade de subsistência pessoal ou familiar como o motivo de estarem na rua. Destes, somente 50 seriam realmente "de rua", não retornando a casa no final do dia, por se encontrarem em processo de rompimento de laços familiares (REIS et al., 1997).

ou seja, traçar os movimentos de rompimento dos laços grupais que determinam sua mobilidade de pertencer ou não à família, à escola ou aos serviços de atendimento assistencial. A dificuldade de vinculação com o próprio grupo de iguais, com os educadores ou com os técnicos que os assistem é tão determinante para a "não permanência" quanto a inadequação das metodologias de trabalho dessas instituições.

Atualmente, embora os direitos das crianças e dos adolescentes sejam debatidos em esferas do poder público e jurídico, nas áreas da saúde e da educação, seu caráter polêmico e contraditório leva-nos à triste constatação de que a cidadania dos jovens das classes populares está longe de ser alcançada. O pano de fundo destes debates continua sendo a manutenção de direitos distintos para classes sociais diversas.

Enquanto o Estatuto da Criança e do Adolescente (ECA) afirma a garantia da proteção integral a *todas* as crianças e a todos os adolescentes, concebendo-os como pessoas em desenvolvimento (BRASIL, 1993), análises de nossa realidade denunciam a assistência das políticas sociais, voltadas aos meninos e às meninas em situação de risco, como *cidadania tutelada* pelo Estado.

A infância e a juventude excluídas estarão construindo sua cidadania de modo mais pleno quando participarem na discussão dos seus próprios direitos. Buscando esta construção, algumas estratégias de intervenção em contextos que assistem a estes jovens focalizam o desenvolvimento das relações interpessoais e sua influência no imaginário, tanto da instituição quanto da população atendida.

Psicodrama num centro de comunidade[2]

Iniciou-se em agosto de 1993 o projeto político-pedagógico "Jovem Cidadão", desenvolvido em nove Centros de Comunidade com a finalidade de manter e ampliar a assistência à população de baixa renda, nas regiões periféricas da cidade, com base no ECA (FESC, 1993). O Conselho Tutelar da região encaminhava os jovens envolvidos em situação de furto, drogadicção ou violência aos Centros para que recebessem atendimento socioeducativo.

---

2. As reflexões desse item se referem à dissertação de mestrado em Psicologia Social e da Personalidade (PUCRS) de Sissi Malta Neves, intitulada *Psicodramatizando a construção da cidadania: o ser criança e adolescente em um centro de comunidade*. Alguns aspectos deste estudo foram recentemente publicados (NEVES, 1997).

Na área da psicologia, a direção do projeto apontava a necessidade de acompanhamento psicológico que fosse adequado à situação de vida da maioria dos jovens, assim como à urgência de atender grande demanda. As *oficinas de psicodrama* possibilitavam o atendimento socioeducativo desejado, em virtude de suas características diferentes de um grupo terapêutico formal, pois não se apoiavam na dinâmica individual dos sujeitos para sua inclusão, mas no desejo de participação.

As *oficinas de psicodrama* abordaram a *socialização de crianças e de adolescentes em situação de risco* a partir da percepção dos participantes quanto ao seu mundo de relações interpessoais, e o consequente aprendizado e desempenho de papéis sociais face a seu cotidiano. Elas se caracterizaram como atos *terapêuticos* cujo objetivo era promover maior integração pessoal, além do resgate da linguagem espontânea e criativa dos participantes, naquele encontro específico.

O referencial metodológico das *oficinas* observou as etapas de uma *sessão de psicodrama*: o aquecimento, a dramatização e os comentários. O *aquecimento* facilitou a interação grupal, pelo relaxamento, sensibilização e atenção à tarefa proposta. A *dramatização* era a etapa da produção criativa, mediante recursos plásticos e dramáticos, em que os participantes compartilhavam suas fantasias. Os *comentários* integraram a escuta, a linguagem verbal e gestual. A integração grupal aconteceu devido à atenção e respeito à fala do companheiro, estímulos à entrega e à confiança de cada um ao ser escutado pelos demais.

A *técnica de inversão de papéis* foi uma experiência nova para os participantes das oficinas. Ao serem solicitados a dar voz a um desenho, ou a algo modelado na argila, ou mesmo a representar o papel de um colega de grupo, assumindo a existência deste "outro", falando e agindo como ele, desafiavam sua criatividade tantas vezes esquecida.

Assim, recriavam psicodramaticamente como interagiam com as pessoas mais significativas para eles, conforme seu *átomo social*. Entende-se átomo social como o núcleo de todos os indivíduos com quem uma pessoa está relacionada sentimentalmente, ou que lhes estão vinculadas ao mesmo tempo (MORENO, 1972).

A proposta de intervenção psicossocial objetivava uma *re-matriz de identidade* para esses meninos e meninas. A *matriz de identidade* (MORENO, 1978) é o primeiro processo de aprendizagem emocional da criança, no qual ela se relaciona com pessoas e objetos; geralmente esta matriz é a família que constitui a base do desempenho de papéis.

A conscientização dos papéis desempenhados psicodramática ou socialmente, na fantasia ou na realidade do contexto grupal, auxiliaria essas crianças a tomarem uma nova posição, pretendendo-se que, de sujeitos mais submissos, se tornassem sujeitos mais autônomos. Partia-se da convicção de que a mudança na qualidade dos vínculos, dentro e fora do contexto grupal, favoreceria a alteração de sua autoimagem, modificando seu átomo social.

O resgate da história individual de cada participante das oficinas foi possível, mediante a investigação das redes *sociométricas*. Estas são interconexões dos átomos sociais que revelaram os vínculos e as identificações processadas nos grupos (MORENO, 1972). A *sociometria grupal,* entendida como as relações de atração e de repulsa entre seus membros, foi averiguada em diversas atividades que demonstraram a constelação da rede afetiva existente.

O *instrumento do átomo social* variava, podendo sua representação dar-se a partir de uma configuração de vínculos afetivos que se expressavam por meio de desenhos, de marionetes, da modelagem na argila, de brinquedos ou até da dramatização. A *avaliação do átomo social* focalizava a criatividade de cada participante, os sentimentos despertados, as intromissões nos relatos e as manifestações quanto a falar ou fazer determinada tarefa.

A abordagem das relações entre o átomo social e os papéis sociais, desempenhados pelos sujeitos da pesquisa, permitiu visualizar os códigos de participação e exclusão em seu cotidiano familiar, escolar, religioso e do Centro de Comunidade. Os papéis sociais relativos ao gênero, à classe social, à raça e ao imaginário do mundo da rua, como espaço não institucional, estavam repletos de sentido para as crianças e os adolescentes.

A análise dos papéis sociais evidenciou que esses sujeitos são produzidos pela sua condição de classe social, de gênero, de etnia e que aprendem a ocupar os lugares, socialmente possíveis, conforme os ensinamentos da escola, da religião, da família e até mesmo do Centro de Comunidade. A "possibilidade" de tomar o seu papel, desempenhá-lo ou criá-lo, depende da estrutura socioeconômica que os diferencia das camadas "mais favorecidas", apenas quanto ao acesso a determinadas condições de subsistência, lazer, educação e concretização de projetos de vida futuros.

Meninos e meninas demonstraram diferenças significativas quanto ao seu autoconceito, as quais aumentavam com a idade, de acordo com os estereótipos sociais referentes ao *gênero*. A avaliação dos *papéis sociais relativos à raça* identificou a desqualificação nos comentários das crianças e adolescentes não negros, dirigidos aos colegas de raça negra, embora admirassem manifestações da cultura afro-brasileira (capoeira, pagode, dança e religião). Os *papéis sociais relativos à religião* reforçavam a noção de identidade e autoestima destes jovens, conforme a religião a que pertenciam.

Em relação ao contexto *familiar*, apareceu o modelo matrifocal como aquele que se organiza em torno da mulher, embora os papéis de pai e mãe fossem demarcados em territórios próprios para cada gênero. Estava presente a necessidade de zelarem pelos irmãos menores. Para eles, o *cotidiano escolar* era referência para construção de projetos de vida futura.

A rua aparecia como símbolo de liberdade, para onde se foge, além de ser lugar de conflito e representação do abandono. O *Centro de Comunidade,* como um espaço fora, de periferia, foi significado, por esses jovens, como sendo "deles", onde encontravam muitas possibilidades, dentre elas, o resgate de novos papéis sociais.

Tanto a instituição assistencial como a família e a escola contêm em si os princípios normatizantes e disciplinadores, responsáveis pela exclusão do convívio grupal. Como matriz cultural, necessitam de uma reestruturação, pois não estão mais conseguindo ser suporte afetivo para seus membros.

Essas experiências mostraram que as *oficinas de psicodrama* auxiliaram na maior interação das crianças e adolescentes para se organizarem em outros espaços. A *pedagogia de direitos* se concretizou em virtude do reconhecimento de si e do outro, da escuta recíproca, do respeito ao potencial criativo e da valorização da fantasia. Constatou-se que o primeiro ato de construção da cidadania sempre exige a trama de uma rede cultural entre os sujeitos.

Psicodrama da escola que se abre

A Escola Aberta é referência de lugar e de tempo para meninos e meninas que fazem da rua lugar de sobrevivência, em virtude de representar um corte no imediatismo de seus cotidianos.

A presente *intervenção psicodramática* em uma escola aberta, sob forma de *assessoria psicológica aos professores,* partiu da demanda da instituição quanto ao desejo de refletir sobre suas práticas, reordenando seus propósitos, mediante a qualificação do atendimento e adequação de metodologias. Ao investigar a *relação entre os papéis sociais* desempenhados pelos seus diversos atores, essa proposta avaliou o desenvolvimento do papel de educador, propiciando a conscientização de sua postura profissional, de sua percepção dos contextos da escola e da rua como referências de socialização, e da qualidade da relação estabelecida com os alunos e com os colegas neste fazer conjunto.

A *análise institucional* priorizou três aspectos da interação entre seus membros: *a comunicação, as determinações das relações de poder e o conhecimento de si e do outro*. Focalizou-se o desvelamento dos papéis desempenhados pelos professores a partir da noção de identidade grupal, da percepção do que comunicar e a quem, e da capacidade de reconhecer quem é este outro a quem se está vinculado e de como colocar-se diante dele.

O estudo das relações entre as várias instâncias hierárquicas da escola abordou a percepção da coordenação, professores e pessoal de apoio sobre a qualidade do vínculo entre eles e o existente com os alunos. Neste sentido, propunha-se uma nova configuração dos papéis institucionais em sua totalidade.

A *metodologia psicodramática* consistiu de recursos lúdicos, das linguagens expressivas corporal e gráfica, além de jogos dramáticos, centrando-se na *ação* como possibilidade de perceber o desenvolvimento dos papéis e as características de seu desempenho em referência à criatividade e à espontaneidade. Estabeleceu-se a *matriz grupal* que possibilitou cada vez maior envolvimento com as problemáticas do cotidiano institucional por meio da criação conjunta de histórias, de desenho grupal, de sensibilização corporal, de psicodrama interno e de cenas dramatizadas sobre o espaço da escola.

Quanto à *relação educador-educando* observou-se que a vivência subjetiva do tempo e do espaço, própria da classe social do educador, como trabalho e projeto de vida, induz a preconceitos relativos à sobrevivência dos jovens na rua. As expectativas dos professores, quanto às diferenças do ser masculino ou ser feminino (papel de gênero), são geradoras de dificuldades em lidar com questões referentes ao poder e à sexualidade no cotidiano escolar. A insuficiente rede de assistência aos alunos provoca ansiedade e depressão nos educadores devido ao fato de terem de trabalhar com os temores dos educandos diante das doenças sexualmente transmissíveis e dos efeitos das drogas de que fazem uso.

A *escola, como espaço pedagógico*, necessita de uma linguagem comum entre coordenação, professores, funcionários e guardas que construa códigos de pertencimento e exclusão dos alunos diferentes daqueles da rua, para não se reproduzir a dinâmica perversa do contexto social. Os professores e alunos percebem a peculiaridade desta escola pela importância dada à reflexão da ação pedagógica.

Com relação às *metodologias de ensino* constatou-se que a metodologia lúdica e corporal da assessoria é identificada como responsável pelo crescimento grupal, embora o educador, muitas vezes, não reconheça esse resultado em sua prática por desconsiderar a resposta do grupo como um espelho.

Psicodrama no projeto Educação Social de Rua

O projeto propunha a vinculação de educadoras com as crianças e os adolescentes em situação de rua para que retomassem os laços institucionais em processo de rompimento.

Inicialmente, a *sensibilização do estar na rua* possibilitou desvelar o imaginário das educadoras acerca deste processo. O grafodrama, técnica do desenho em psicodrama, explorou a dinâmica das relações sociais estabelecidas em uma das praças abordadas pela equipe. Partindo da noção de *rua,* como palco do social, recorreu-se à metáfora de um espetáculo teatral e seus diferentes atores como sendo os transeuntes e frequentadores em interação. Foram abordadas as determinações existentes entre o espaço público e privado de cada agente social implicado nesta dinâmica. Concluiu-se que cada ator social desempenha um papel que está ligado a alguém que com ele contracena e que a educadora social de rua, para aí inserir-se, deve saber ler estas relações que não estão explícitas, na maioria das vezes. Avaliou-se, também, como cada educadora sentiu o seu estar na rua diante das situações específicas dos vários pontos em que atuava.

O *relacionamento da equipe* foi investigado, revelando-se como os participantes percebiam seu trabalho, pelo recurso da sociometria, enquanto fenômeno grupal que demonstrava as atrações e rejeições estabelecidas entre seus componentes.

Alguns temas foram dramatizados, como o modelo de família que a educadora possui internalizado e aquele que possuem as crianças e adolescentes com as quais trabalhava. Apareceram cenas contrastantes da *família da rua* com o *modelo esperado de família* mantido de forma inconsciente pelas educadoras, os quais são geradores de dificuldades na vinculação com estes jovens. A família, em sua função de socialização primária dos indivíduos, instala controles sociais que são repetidos em outros espaços de convivência. Refletiu-se sobre este fenômeno, compreendendo-se que ele não era decorrente do espaço físico interno ou externo das instituições, mas estava relacionado ao mundo afetivo desses indivíduos, à sua capacidade de vincular-se.

Esta experiência demonstrou que a identidade do educador social de rua será construída por meio de uma reformulação, não somente conceitual, mas vivencial, da própria postura relativa à instituição e ao estar na rua.

Último ato

Os três contextos institucionais focalizados nesta análise mostraram que são importantes referências de laços afetivos na relação estabelecida entre a assistência e o excluído. Nesses palcos, cenas da comunidade expressaram o drama do vínculo. Alguns protagonistas teciam os fios que os ligavam, outros, sem que percebessem, saíam da rede como se desnecessária fosse a sua sobrevivência.

Finda o espetáculo. As cortinas se fecham. As luzes se apagam. Que os espectadores voltem a casa ou à rua sentindo que o teatro, como dizia Brecht, é, ainda, o ensaio da revolução.

Sugestão de leituras

Para saber mais sobre psicologia em comunidade é altamente recomendável a leitura da coletânea que apresenta reflexões do grupo de trabalho em psicologia social comunitária da Associação Nacional de Pesquisa e Pós-Graduação em Psicologia (Anpepp) organizado por Regina Helena de Freitas Campos, *Psicologia social comunitária: da solidariedade à autonomia*, também publicado pela Vozes, em 1996. Convém, igualmente, consultar a revista *Psicologia e Sociedade,* que vem sendo publicada pela Abrapso, uma vez que ali se encontram diversos trabalhos que focalizam essa temática. Para saber mais sobre intervenção psicodramática nas comunidades destaca-se o livro de Romana (1987) sobre *Psicodrama pedagógico* que resgata, no palco educacional, a afetividade e a capacidade simbólica presentes no ato de aprender, reconstruindo experiências individuais e coletivas, tanto de educadores quanto de alunos. Há um pequeno número de experiências em *instituições assistenciais* com segmentos de classes populares, destacando-se o atendimento em creche (FRANCO, 1984), o trabalho com grupos de mulheres da periferia (VIEIRA, 1988), e a preparação para o parto com grupos de grávidas (PAMPLONA, 1990). Ainda mais raras são aquelas relativas às populações excluídas, sejam prostitutas (SOUZA, 1984), sejam meninos ou meninas em situação de rua (RAMOS, 1994). Vale a pena examinar os Anais do 7º Congresso Brasileiro de Psicodrama – Psicodramatizando, realizado no Rio de Janeiro, em 1990.

Bibliografia

BERNARDES, N.M.G. GUARESCHI, P.A. El saber-actuar de la psicologia y la comunidad: reflexiones producidas desde um lugar latino-americano. *Intervención psicosocial.* Madri, vol. l, n. l, p. 67-77, 1992.

BRASIL, D.F. Congresso Nacional. Estatuto da Criança e do Adolescente. Lei n. 8.069, de 13 de julho de 1990. Dispõe sobre o Estatuto da Criança e do Adolescente, e dá outras providências. Porto Alegre, Centro Social Pe. João Calábria, 1993.

CAMPOS, R.H. de Freitas (org.). *Psicologia social comunitária*: da solidariedade à autonomia. Petrópolis: Vozes, 1996.

FESC – Fundação de Educação Social e Comunitária/Prefeitura Municipal de Porto Alegre. *Projeto de ampliação e qualificação do atendimento a crianças e adolescentes nos centros de comunidade da FESC.* Porto Alegre, ago., 1993.

FRANCO, V.L. Psicodrama e periferia. In: *Congresso Brasileiro de Psicodrama.* 4.1984, Águas de Lindoia. Revista da Febrap. Anais. Campinas, Federação Brasileira de Psicodrama, ano 7, n. 4,1984, p. 81-85.

FREITAS, M. de F.Q. Psicologia na comunidade, psicologia da comunidade e psicologia (social) comunitária: Práticas da psicologia em comunidade nas décadas de 1960 a 1990, no Brasil. In: CAMPOS, R.H. de Freitas (org.). *Psicologia social comunitária: Da solidariedade à autonomia.* Petrópolis: Vozes, 1996, p. 54-80.

GÓIS, C.W. de L. *Noções de psicologia comunitária.* Fortaleza: Edições UFC, 1993.

LANE, S. Psicologia da comunidade – história, paradigmas e teoria. In: *Congresso Brasileiro de Psicologia da Comunidade e Trabalho Social – Autogestão, participação e cidadania,* 1. 1992. Tomo 2. Belo Horizonte, Anais, ago., 1992, p. 49-53.

MORENO, J.L. *Quem sobreviverá?* Fundamentos da Sociometria, Psicoterapia de Grupo e Sociodrama. Vol. 1. Goiânia: Dimensão, 1992.

_____. *Psicodrama.* São Paulo: Cultrix, 1978.

_____. *Psicoterapia de grupo e psicodrama.* São Paulo: Mestre Jou, 1974.

_____. *Psicodrama.* Buenos Aires: Hormé S.A.E., 1972.

NAFFAH NETO, A. *Poder, vida e morte na situação de tortura.* São Paulo: Hucitec, 1985.

NEVES, S.M. Os papéis sociais e a cidadania. In: Zanella et al. (org.). *Psicologia e práticas sociais.* Porto Alegre: Abrapsosul, 1997, p. 39-59.

_____. *Psicodramatizando a construção da cidadania: o ser criança e adolescente em um centro de comunidade.* Porto Alegre, PUCRS, 1995. Dissertação (Mestrado em Psicologia Social e da Personalidade). Instituto de Psicologia, Pontifícia Universidade Católica do Rio Grande do Sul, 1995.

PAMPLONA, V. *Mulher, parto e psicodrama.* São Paulo: Ágora, 1990.

RAMOS, E. Meninos de rua: Problema sem solução? *Revista Brasileira de Psicodrama.* São Paulo, vol. 2, fascículo 1, 1994, p. 87-94.

REIS, C.N., PRATES, J., PRESTES, N. & NEVES, S.M. *Meninos e meninas em situação de rua em Porto Alegre:* Quem são? Qual seu modo de vida? Relatório de pesquisa. Fundação de Educação Social e Comunitária/Prefeitura Municipal de Porto Alegre/Faculdade de Serviço Social/Pontifícia Universidade Católica do Rio Grande do Sul. Porto Alegre, jan., 1997.

ROMAÑA, M. *Construção coletiva do conhecimento através do psicodrama.* Campinas: Papirus, 1992.

SOUZA, J.C.M. A carreira de prostituta ou leitura psicodramática da prostituição. In: *Congresso Brasileiro de Psicodrama.* 4.1984, Águas de Lindoia. Revista da Febrap. Anais. Campinas, Federação Brasileira de Psicodrama, ano 7, n. 2, 1984, p. 90-99.

VIEIRA, L.M. O método do psicodrama: Análise de aspectos de dominação e submissão nas relações familiares, A Partir de uma experiência com mulheres que vivem na periferia da cidade de São Paulo. In: *Congresso Brasileiro de Psicodrama*. 6. 1988. Tomo 3. Salvador. Anais, Salvador, Federação Brasileira de Psicodrama, p. 39-42.

ÍNDICE

Sumário, 5

Prefácio, 7

Apresentação, 9

Introdução, 13

PARTE 1 – Pressupostos 17
   História, 19
      Algumas rápidas palavras sobre "histórias", 19
      Um passeio pela psicologia social no Ocidente, 21
         a) O "Repúdio positivista de Wundt", 21
         b) "O longo passado e o curto presente da psicologia", 23
         c) Formas e formas de contar histórias da psicologia social, 24
   Psicologia social no Brasil, 30
   Indicações de leituras dos desdobramentos e atravessamentos teóricos, 31
   Bibliografia, 33
   Epistemologia, 36
      A crise e a perda de confiança na epistemologia, 37
      Novos espaços, novos paradigmas, 42
      Sugestão de leituras, 46
      Bibliografia, 47
   Ética, 49
      Introdução, 49
      Ética, o que é isso?, 50
      O paradigma da lei natural, 50

O paradigma da lei positiva, 51
Ética como instância crítica, 52
   a) A dimensão crítica e propositiva, 53
   b) A dimensão da relação, 54
Conclusão, 56
Leituras complementares, 56
Bibliografia, 57
Indivíduo, cultura e sociedade, 58
   Indivíduo e sociedade, 59
   Cultura, indivíduo e atividade, 60
   Outros enfoques sobre a relação indivíduo-cultura, 64
   A cultura, o "eu" e as atividades, a emoção e a motivação, 66
   Considerações finais, 69
   Leituras complementares recomendadas, 71
   Bibliografia, 71
Pesquisa, 73
   Definindo a atividade de pesquisa em psicologia social, 74
   Decorrências metodológicas, 77
   Alguns modos de pesquisar: a pesquisa-ação e a pesquisa participante, 80
   Sugestão de leituras, 83
   Bibliografia, 83

PARTE 2 – Temáticas 87
   Ideologia, 89
      Ideologia: domando um conceito amplo e complexo, 89
      Juntando as duas linhas, 93
      Um modo prático de se tratar a ideologia, 94
         a) Ideologia como uma concepção crítica, 96
         b) Sentido e formas simbólicas, 96
         c) O conceito de dominação, 97

d) Modos e estratégias como o sentido pode servir para estabelecer e sustentar relações de dominação, 97

e) A valorização das formas simbólicas, 99

Conclusão, 101

Leituras complementares, 101

Bibliografia, 102

Representações sociais, 104

Como nasceu esta teoria?, 104

Mas o que são as representações sociais?, 105

Para que estudamos as RS?, 107

Por que criamos as RS?, 108

Qual a diferença entre representações sociais e outras teorias?, 109

Que relações se podem estabelecer entre o estudo das RS e ideologia?, 111

Como investigamos as RS?, 112

Considerações finais, 114

Leituras complementares, 115

Bibliografia, 115

Linguagem, 118

O que é a linguagem?, 118

A linguagem segundo Vygotsky e Bakhtin, 120

À guisa de conclusão para o momento? 130

Leituras complementares, 130

Bibliografia, 131

Conhecimento, 133

Para uma perspectiva ecológica da cognição, 136

a) As instituições sociais como sistemas cognitivos, 137

b) As instituições pensadas como tecnologias intelectuais, 138

O conhecimento como rede sociotécnica, 140

Leituras complementares, 143

Bibliografia, 144
Comunicação, 146

Comportamentalismo, 147
Cognitivismo, 148
Psicanálise, 149
Teoria crítica, 150
Considerações finais, 155
Sugestão de leituras, 156
Bibliografia, 157
Identidade, 158
   Como os autores conceituam a identidade?, 159
   Como se constitui a identidade?, 160
   Que outras dicotomias superar para compreender a identidade?, 162
   O que a identidade é e não é?, 163
   Leituras complementares, 164
   Bibliografia, 165
Subjetividade, 167
   Do passado ao presente, 167
   Do presente ao futuro, 174
   Das escolhas, 177
   Sugestão de leituras, 177
   Bibliografia, 178
Gênero, 180
   Sexo e gênero, 181
   A questão da hierarquia de gênero, 184
   Variações em gênero através das culturas, 185
   O que é subordinação e como se expressa?, 187

Teorias sobre a hierarquia de gênero, 188
- O homem caçador: subordinação baseada nas origens humanas, 188
- O complexo da supremacia masculina: a guerra e o controle populacional, 189
- Teorias ligadas à sociobiologia, 190
- Teorias estruturalistas, 190
- A subordinação como um processo histórico, 190
- O gênero na psicologia, 193
- Leituras complementares, 195
- Bibliografia, 196

O processo grupal, 198
- A preocupação com o grupo, 199
- Grupo ou processo grupal, 200
- Como "funciona" o processo grupal, 202
- À guisa de fechamento, 203
- Sugestão de leituras, 204
- Bibliografia, 204

Psicologia política, 206
- Psicologia política ou psicologia da política, 209
- Um pouco de história, 211
- A psicologia política na América Latina e no Brasil: uma breve notícia, 213
- Sugestão de leituras, 215
- Bibliografia, 216

PARTE 3 – Experiências 219

Psicologia social e escola, 221
- Psicologia e educação: uma longa história, 222
- Psicólogo escolar – Técnico da Educação, 224
- O psicólogo na escola – Para além da função técnica, 225

Sugestão de leituras, 227
Bibliografia, 228
Psicologia social no trabalho, 230
    Para além dos modos tradicionais de fazer psicologia em relação ao trabalho, 232
    Alguns exemplos do fazer psicologia em relação ao trabalho, 235
    Considerações finais, 237
    Sugestão de leituras, 238
    Bibliografia, 239
Psicologia social e comunidade, 241
    Abordagem do psicodrama, 242
    Psicodrama em ato numa comunidade, 245
    Psicodrama num centro de comunidade, 246
    Psicodrama da escola que se abre, 249
    Psicodrama no projeto Educação Social de Rua, 251
    Último ato, 252
    Sugestão de leituras, 252
    Bibliografia, 253

PSICOLOGIA SOCIAL

Confira outros títulos da coleção em

livrariavozes.com.br/colecoes/psicologia-social

ou pelo Qr Code

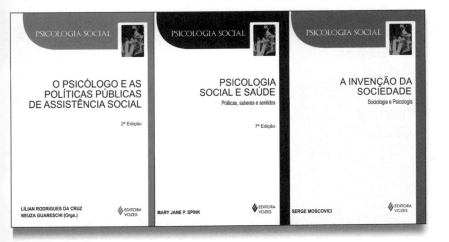

Conecte-se conosco:

- facebook.com/editoravozes
- @editoravozes
- @editora_vozes
- youtube.com/editoravozes
- +55 24 2233-9033

www.vozes.com.br

Conheça nossas lojas:

www.livrariavozes.com.br

Belo Horizonte – Brasília – Campinas – Cuiabá – Curitiba
Fortaleza – Juiz de Fora – Petrópolis – Recife – São Paulo

EDITORA VOZES LTDA.
Rua Frei Luís, 100 – Centro – Cep 25689-900 – Petrópolis, RJ
Tel.: (24) 2233-9000 – E-mail: vendas@vozes.com.br